IFRS17 内在原理及新财务报告

郭振华　著

上海交通大学出版社
SHANGHAI JIAO TONG UNIVERSITY PRESS

内容提要

新保险会计准则(IFRS17和财政部25号准则)的发布,颠覆了现有保险合同会计准则的确认和计量规则,即将引发保险行业会计实务的革命性变革,进而对保险公司经营管理产生重大影响,新保险会计准则的复杂度也给保险业执行准则带来了巨大挑战。本书力图系统阐述新保险会计准则的内在原理和新财务报告分析方法,促进相关知识在高校和行业的有效传播,协力应对挑战。

本书分五大部分,一是保险合同确认、业务分类和准则适用,二是通用模型法下的保险负债计量和损益确认,三是保险合同计量的三类特例:直接分红保险合同计量、亏损合同计量和保费分配法简化计量,四是分出再保险合同的资产计量和损益确认,五是新财务报告及其财务分析方法。

本书可作为保险行业工作人员,包括财务、会计、精算、投资、风控、IT等部门人员自学和培训用书,也可作为高等院校《保险会计》《保险公司财务分析》等课程的辅助教材。

图书在版编目(C I P)数据

IFRS17内在原理及新财务报告 / 郭振华著. — 上海:
上海交通大学出版社,2022.9(2025.3.重印)
ISBN 978 - 7 - 313 - 27112 - 9

Ⅰ.①I… Ⅱ.①郭… Ⅲ.①保险业-会计准则②保
险业-会计报表 Ⅳ.①F840.43

中国版本图书馆CIP数据核字(2022)第130782号

IFRS17 内在原理及新财务报告
IFRS17 NEIZAI YUANLI JI XINCAIWU BAOGAO

著 者:郭振华
出版发行:上海交通大学出版社　　　　　　　地　　址:上海市番禺路951号
邮政编码:200030　　　　　　　　　　　　电　　话:021 - 64071208
印　　刷:上海文浩包装科技有限公司　　　　经　　销:全国新华书店
开　　本:787mm×1092mm　1/16　　　　印　　张:14
字　　数:337千字
版　　次:2022年9月第1版　　　　　　　　印　　次:2025年3月第5次印刷
书　　号:ISBN 978 - 7 - 313 - 27112 - 9
定　　价:69.80元

专家评论与推荐

自从国际上的 IFRS17 与中国会计准则体系下的"新保险合同"准则相继发布,保险行业就掀起了一场自我认知的头脑风暴。同时,由于新保险合同准则理论新、专业繁、要求细,也给行业会计领域执行准则提出了艰巨而复杂的挑战。

当前,全行业专业人员都在潜心学习、解读新准则,郭教授出版这本书恰逢其时。郭教授用平实的语言、清晰的逻辑对新保险合同准则予以全面解读。其中,将新准则要求与现行准则实践加以对比,不仅彰显作者研究功力,更是对读者学习掌握准则非常有效的指导和借鉴。以此书作为学习新保险合同准则的辅助用书,对专业人员大有裨益。

杨征

新华保险党委委员、副总裁、首席财务官,曾任
国际财务报告准则解释委员会(IFRIC)委员

郭教授的新书详细介绍并系统阐述了 IFRS17 的内在原理和新的财务报告结构,逻辑清晰且内容详实。在仔细研读后,感觉一些实务问题也迎刃而解,深得启发。我相信,对于保险公司的财务、会计、精算、风控等人员,它无疑是一本非常实用的好书。

郑永强

三井住友保险中国有限公司副总经理 首席财务官 首席投资官

随着 IFRS17 在主要经济体的推行、以及中国版本的推出,如何理解和看待新准则实施后保险公司财务会计报表是一件不容易的事。郭教授潜心研究推出本书,给保险领域各界人士带来了巨大的福利。

娄道永

燕道(宁波)数据科技有限公司创始人兼 CEO,首批中国精算师

IFRS17 的推出与执行是全球会计趋同路径重要的里程碑,这一国际标准将触发保险行业在产品设计、营销、财务管理、资金运用与战略发展等多个维度的重大调整与变革。郭教授的专著深入解析 IFRS17 会计准则及其对保险公司财务报告的影响,系统、专业、易读、实用是本书的重要特点。

许闲

全国会计领军人才,复旦大学风险管理与保险学系主任

IFRS17 颠覆了现有保险合同会计准则的确认和计量规则,势必引发保险行业会计实务的革命性变革,进而对保险公司的经营管理、产品策略和风险管理等诸多领域产生重大的影响。同时,IFRS17 与之前的保险合同准则相比,难度非常大,不易理解。在 IFRS17 颁布之后保险业界和学界就掀起了学习研究 IFRS 17 的热潮,四大会计师事务所、保险业界专家、高校学者等都纷纷开始研究 IFRS17 并推出了相关的文章、书籍和资料。

郭振华教授这本《IFRS 17 内在原理及新财务报告》与之前的研究出版物相比,有下列特点:(1)全面性。内容覆盖了 IFRS 17 的全部内容,包括:保险合同确认、业务分类,保险合同计量的三大模型,亏损合同计量,再保险合同的计量和损益确认,新财务报告及其财务分析方法等。(2)系统性。对 IFRS17 的讲解符合中国人的思维,层层递进。譬如对保险合同的初始计量,先说明思路和方法,后举例说明。(3)结合实务,融入了自己对准则的理解。譬如,在讲到混合保险合同包含了"商品或非保险合同服务的承诺"是否应该分拆时,该书结合实务其中一段表述是这样的:为销售保单而向客户赠送的产品,如交通卡、购物卡、加油卡、食用油等,这些产品显然属于"可明确区分的商品或非保险合同服务",理论上应该从保险合同中分拆出去,但是,由于这种赠送属于"给予客户保险合同利益以外的利益"的违规行为,公司通常会隐蔽进行,不会主动将其列明并分拆出去。

郭振华教授的这本书凝聚了他的心血,能够进一步推动对 IFRS17 的学习和研究,相信也能帮助有志于学习 IFRS17 的读者迎接该准则高难度的挑战!

彭雪梅
西南财经大学教授

无论从实务还是学术角度来看,寿险会计都是一个复杂到近乎无解的难题。困难有三个方面,首先是管理会计对信息相关性的要求,其次是财务会计准则的落实与量化,最后以概率论为基础的寿险精算。每个难题对外行来说都有几分神秘,但其共同根源无非是未来不可预测。也许概率论大师拉普拉斯的教诲对我们能有所启发:"概率论说到底就是缩减为运算法则的常识。"这就是说,我们应该努力用常识和日常语言来解释跟预算和预测有关的问题,我想郭振华教授这本 IFRS 17 教材在这方面的优点是值得研究者、教师和学生仔细体会的。

黄向阳
中国人民大学统计学院副教授

保险会计准则国际趋同是我国经济发展战略的重要组成部分,IFRS17 打破了我国传统保险财务会计的结构体系,给保险学界和业界带来了新的挑战。郭振华教授这本书以问题为导向,每一章节均辅以案例,透彻和清晰地阐述了具有前沿性意义的 IFRS17 的内在原理以及新财务报告的体系框架。全书结构科学,逻辑清晰,语言生动流畅,方法得当。实务操作详细具体,深入浅出,可理解性强,适用范围广。本书不仅具有较强的理论价值,而且具有较强的实践运用价值。

侯旭华

湖南工商大学会计学院教授

自2011年开始在对外经济贸易大学保险学院任教以来,我就萌生了开设"保险公司财务报表分析"课程的想法,但苦于一直没有适合的教材,课程一直未开设起来。直至2018年郭老师的《保险公司经营分析:基于财务报告》一书出版面市,我如获至宝,结合保险公司报表仔细反复地学习后,终于有信心决定面向研究生开设《保险公司财务分析》课程(现更名为《保险公司财务报表识读》)。我将郭老师的《保险公司经营分析:基于财务报告》一书指定为课程教材,结合郭老师的教材体系和最新的保险公司财务报表,用理论结合实际报表进行讲授。授课过程中,每次就教学过程中遇到的问题与郭老师交流请教,郭老师总是毫无保留地给出他的看法。在郭老师的帮助下,我的课程顺利开设起来,同学们对课程也非常感兴趣。该课程至今共开设三个学期,连续三次被同学们评价为研究生教学质量前10%的课程。在这里,借郭老师新书即将出版之际,由衷地感谢郭老师在课程教学方面给予的大量无私帮助。

IFRS17会计准则即将对保险公司财务报告和经营带来重大影响,但IFRS17会计准则非常复杂,需要系统鲜活的分析解读和实践案例。《IFRS17内在原理及新财务报告》一书凝聚了郭老师大量的心血,有助于我们更好地理解IFRS17的内在原理及其对保险公司财务报告的影响,进一步更新相关课程教学内容,跟进前沿行业动态。

可以说,在保险公司财务报表分析相关领域,以往的教材建设是空白的,郭老师所做的大量工作都是开创性的,对我们整个保险学领域的教学科研和人才培养均具有重大意义。在本书付梓之际,恭喜郭老师又一力作出版,同时也要衷心地感谢郭老师作为国内保险财务教学科研领域的领军人物所做出的大量开创性贡献!

郝君富

对外经济贸易大学保险学院副教授

自　序

　　2018 年出版《保险公司经营分析：基于财务报告》后，市场销量很好，大量保险行业内人士和投资界人士将其作为了解保险财务的必读书籍，大量媒体人士则将其作为分析保险业事件的财务工具书，不少高校同行将其作为保险专硕或保险学专业本科生的"保险财务分析""保险公司经营分析"或"保险公司经营管理"课程的教材。

　　2020 年 6 月，国际会计准则理事会(IASB)发布了修订后的最终版《国际财务报告准则第 17 号——保险合同》(以下简称 IFRS17)。紧接着，2020 年 12 月，我国财政部发布了《企业会计准则第 25 号——保险合同》，内容与 IFRS17 基本一致，要求的执行时间为：①在境内外同时上市的企业以及在境外上市并采用国际财务报告准则或企业会计准则编制财务报表的企业，自 2023 年 1 月 1 日起执行；②其他执行企业会计准则的企业自 2026 年 1 月 1 日起执行。

　　对我来说，IFRS17 和 25 号会计准则的发布，无异于吹响了重大工程开工的号角，《保险公司经营分析：基于财务报告》的修订必须开工了。从 2021 年 1 月开始，学校一放寒假，我就开始着手在书中增加 IFRS17 的内容，我的长期讲授各类风险管理课程的同事朱少杰博士则开始增加偿二代二期工程的内容。

　　事情的发展往往出乎意料。第一个出乎意料是 IFRS17 的内容太丰富了，写出来的内容越来越多，无法将其装进《保险公司经营分析：基于财务报告》中，于是，我决定将其独立成书，这就是《IFRS17 内在原理及新财务报告》的由来。第二个出乎意料是偿二代二期工程的内容也非常丰富，朱老师也要专门出一本书了。于是，我决定先把《IFRS17内在原理及新财务报告》出版后再修订《保险公司经营分析：基于财务报告》。

　　说实话，IFRS17 在业内号称"天书"，好多细节令我头痛不已，好在大学里有搞清楚问题的独特环境。2022 年 1 月完成初稿后，利用 2022 年上半年这个学期，我为保险学硕士生讲了一学期的 IFRS17，在备课、讲述和交流讨论中，很多难以理解的细节被逐渐厘清了，我感觉真正实现了教学相长，同学们学到了行业最新内容，我随着教学进度完成了书稿修订。

　　本书分五大部分十二章，系统阐述了 IFRS17 的内在原理、未来的新财务报告结构及可能的财务分析指标，几乎每章都有计量案例供读者将理论用于实践。五大部分包括：第一部分，保险合同确认、业务分类和准则适用；第二部分，通用模型法下的保险负债计量和损益确认；第三部分，保险合同计量的三类特例：直接分红保险合同计量、亏损合同计量和保费分配法简化计量;第四部分,分出再保险合同的资产计量和损益确认;第五部分,新财务报告及其财务分析方法。

新保险会计准则即将于 2023 年正式实施,尽管部分会计师事务所和行业内财会高手已经深入研究并整理出了不少培训资料,部分保险会计学书籍也更新了相关内容,但系统阐述新保险会计准则内在原理和新财务报告分析方法的专门书籍仍属市场空白,本书力图填补这一市场缺口,促进相关知识在高校和行业内的有效传播。

本书可作为保险行业工作人员,包括财务、会计、精算、投资、IT 等领域人员自学和培训用书,也可作为高等院校"保险会计""保险财务分析"等课程的辅助教材。若高校同行选择本书作为教材或开设相关课程,为方便教学,我可以提供 PPT 支持。

由于自身知识的局限,书中肯定存在一些问题和缺陷,欢迎各位读者批评或提出宝贵建议,联系邮箱:13918418470@163.com,联系微信:18049711169。

郭振华

2022 年 6 月 6 日

目　录

第 一 部 分

保险合同确认、业务分类和准则适用

第一章　保险合同确认、业务分类和准则适用范围

在介绍新准则下的保险合同计量之前,需要先介绍保险合同的确认和分拆、保险公司的业务分类和新准则的适用范围。

本章第一节讨论保险合同的确认,确认是指确认新签保单是否属于保险合同;第二节讨论保险合同的分拆,分拆是指将已确认保险合同中的非保险成分拆除出去;第三节讨论与老准则相比,新准则下的确认和分拆发生了哪些变化;第四节讨论我国市场上销售的各类保险产品该如何被确认和分拆;第五节讨论新保险会计准则下保险公司的业务分类;第六节讨论保险公司各类业务分别适用什么会计准则;第七节介绍新准则下保险合同计量方法分类和本书框架。

第一节　保险合同的确认

一、新准则下保险合同如何确认? 关键看保险风险是否"重大"

新准则规定,保险合同是指企业(通常是保险公司,下文经常直接表述为保险公司)与保单持有人约定,在特定保险事项对保单持有人产生不利影响时给予其赔偿,并因此承担源于保单持有人重大保险风险的合同。企业应当评估各单项合同的保险风险是否"重大",据此判断该合同是否为保险合同。

那么,新准则对单项保险合同承担的保险风险是否"重大"是如何规定的呢? 下面是IFRS17的相关阐述和本书的一些拓展解释:

(1)当且仅当保险事故发生时,保险公司需要支付重大附加利益,而且只要在保险期限内任一时点满足"保险事故发生、支付重大附加利益"这一要求,该保险风险就是"重大"的(significant),不具有商业实质的情形(即保险风险对交易的经济意义没有可辨认的影响)除外。

(2)支付附加利益,是指保险公司需要支付比未发生保险事故情况下更多的金额或额外金额,附加利益或额外金额包括理赔处理费用和损失评估费用。而且,附加利益或额外金额的计算应考虑货币时间价值的影响,是双方现值(或终值)的差额。显然,支付附加利益意味着保险公司承担了实质性的保险风险,在保险事故发生时遭受了实质性的损失。以寿险产品为例,忽略理赔处理费用,附加利益=保险事故发生时的给付金额-无事故时可以给付的金额(保单现金价值或退保额),或,附加利益=死亡或全残给付-退保金,这个差额显然已经考虑了货币时间价值的影响。

（3）前面所说的保险事故，其发生概率无论多低都可以，这意味着，即便保单的风险保费远低于总保费（如两全型或返还型意外险，甚至是两全型航空意外险等），也可通过重大保险风险评估。

（4）判断保险风险重大与否，是以单项合同而非合同组合或合同组（portfolio or group of contract）为基础，即，保险人是对单项合同可能支付附加利益，而非对合同组合或合同组可能支付附加利益。原因是：保障通常只在各个单项合同上存在，在合同组合或和合同组层面上很可能不存在，因为在大数定律作用下，合同组合或合同组的总赔付超出总纯保费的可能性通常很小，附加利益很可能不存在。

（5）支付年金直至被保险人死亡的年金保险属于保险合同。

大家可能看出来了，上述界定中有两点比较模糊，需要进一步讨论：第一，到底要多大的附加利益才满足要求，才能被界定为重大保险风险呢？第二，到底何为"不具有商业实质的情形"或"保险风险对交易的经济意义没有可辨认的影响"呢？

二、附加利益到底要多大？

其实，在界定何为重大保险风险时，国际会计准则委员会收到不少建议，如建议采用美国会计准则中的界定原则，只有"以合理概率（reasonable probability）发生显著损失（significant loss）"时才属于重大保险风险。部分采用美国会计准则的公司将其进一步明确为"至少以10%的概率遭受10%保费的损失"，这里，"10%保费的损失"应该是指保险公司遭受的额外损失或客户得到的附加利益是保费的10%。

但是，国际会计准则委员会拒绝采用。原因是：委员会不想划定一个明确的数量化判断界限，因为这个界限将会导致保险公司将非常类似的产品划定为不同的合同（保险合同或投资合同），进而适用不同的会计准则，还可能引发保险公司进行会计套利（accounting arbitrage）。

如《保险公司经营分析：基于财务报告》（郭振华，2018）第一章所述，我国保险公司目前的重大保险风险测试标准是：①对于非年金保单，只要保险期限内任一时刻保险事故赔付额超过不发生事故下退保额的比例达到5%，就算通过了测试，反之则没有通过。②对于年金保单，转移了长寿风险的，确认为保险合同。

例如，中国人寿在其2020半年报中列明的判断标准如下：

（1）对于非年金保单，以原保险保单的保险风险比例来衡量保险风险转移的显著程度。如果原保险保单的保险风险比例在保险期间的一个或多个时点大于等于5%，则确认为保险合同。保险风险比例＝（保险事故发生情景下保险人支付的金额 － 保险事故不发生情景下保险人支付的金额）/保险事故不发生情景下保险人支付的金额×100%

（2）对于年金保单，转移了长寿风险的，确认为保险合同。

可以认为，上述判断标准符合新准则的要求，未来新准则实施后，上述判断标准将大概率延续使用。

三、何为"保险风险对交易的经济意义没有可辨认的影响"？

如前述的IFRS17阐述的第（1）点所述，保险风险重大的一个前提是，支付附加利益的情形要具备商业实质，即保险风险要对交易的经济意义有可辨认的影响。那么，何为

"保险风险对交易的经济意义没有可辨认的影响"呢？

所谓交易的经济意义，应该是指交易双方的交易目的。对于单项合同的保险交易来说，保险公司的目的自然是要通过保险交易来获取期望利润，客户的目的通常可分为三类：获得保障（纯保障目的）、获得保障和投资收益（保障和投资目的）、获得投资收益（纯投资目的）。在明确双方的交易目的后，我们就可以判断保险风险对交易的经济意义（或交易目的）是否有可辨认的影响。

例如，某投连险保单规定："如果被保险人身故，身故赔偿金为"客户已交保费"与"保单账户价值"之间的较高者。"显然，当被保险人在前几年死亡时，身故赔偿金＝已交保费；当被保险人死亡稍晚些、保单账户价值超过客户已交保费时，身故赔偿金＝保单账户价值。

对于上述投连险保单，仅从重大保险风险评估的角度看，当被保险人在前几年死亡时，死亡给付额（已交保费）大于甚至远大于保单现金价值（或退保金），附加利益水平看起来可以满足重大保险风险测试要求。

但是，这张保单显然是一个纯粹的投资产品，并没有实质保障功能，保险风险对客户的交易目的（获取投资收益）没啥影响，保险风险对保险公司的交易目的（获取期望利润）只有微弱影响——指保单前面几年，客户已交保费大于保单账户价值，针对极少数客户的死亡给付对公司期望利润有微弱影响。

因此，这类投连险保单，可能就属于 IFRS17 所提到的，具有重大附加利益，但保险风险对交易的经济意义没有可辨认的影响的情形，该保单很可能无法通过重大保险风险测试，应该将其归类为投资合同。

这种情形最简单的描述，就是"保单的保额要超过保费"，保额不超过保费的，不满足商业实质，无法通过重大保险风险测试。[1]

四、部分大单可能无法通过重大保险风险评估

有些保险合同保费很高（俗称大单），但却可能无法通过重大保险风险评估。例如，部分锁定综合成本率或锁定赔付率的团体医疗费用保险，如约定赔付率不高于 85%，或约定综合成本率不高于 98%。

这类保险，从团体中的每个被保险人看，该保单具备保额远超个体保费（或平均保费）的保障功能，但从总体或团体来看，该单项合同的赔付通常是不超过保费的，无法通过重大保险风险评估，进而无法被确认为保险合同。

第二节　保险合同的分拆

新准则规定，保险合同中包含多个组成部分的，企业应当将下列组成部分予以分拆，并分别适用相关会计准则：①拆出"嵌入衍生工具"（指符合《企业会计准则第 22 号——

---

① 这一说法参照了冯惠伟在《财险公司对新保险合同准则的理解与执行》(PPT)（2021 年 6 月）中的思想和表述。

金融工具确认和计量》分拆条件的嵌入衍生工具),适用金融工具相关会计准则;②拆出"可明确区分的投资成分",适用金融工具相关会计准则;③拆出"可明确区分的商品或非保险合同服务的承诺",适用《企业会计准则第 14 号——收入》。

也就是说,新准则要求保险公司将保险合同中的较为明确的非保险部分分拆出来,拆出部分适用其他会计准则,只有剩余的较为"纯正"的保险部分适用新保险会计准则。

之所以说"较为"纯正,是指剩余的适用新保险会计准则的保险部分也并一定是纯粹保障性保险,而是包含"不可明确区分的投资成分"和"不可明确区分的商品或非保险合同服务的承诺"。

一、拆出嵌入衍生工具

关于嵌入衍生工具的拆出,保险公司需要根据《企业会计准则第 22 号——金融工具确认和计量》或 IFRS9 的相关规定做出决策。

1. 何为嵌入衍生工具?

所谓衍生工具,是指其价值或支付是根据其他事物衍生出来的,其价值随其他事物的变动而变动,这些"其他事物"可能是各种价格(如利率、金融工具价格、商品价格、汇率),也可以是各种指数(如价格指数、费率指数、信用指数)或其他变量。

何为嵌入衍生工具呢? 根据《企业会计准则第 22 号——金融工具确认和计量》,所谓嵌入衍生工具,是指嵌入到非衍生工具(即主合同)中的衍生工具。衍生工具与主合同构成混合合同(hybrid contracts)。该嵌入衍生工具对混合合同的现金流量产生影响的方式,应当与单独存在的衍生工具类似,且该混同合同的全部或部分现金流量随特定利率、金融工具价格、商品价格、汇率、价格指数、费率指数、信用等级、信用指数或其他变量的变动而变动,变量为非金融变量的,该变量不应与合同的任何一方存在特定关系。

2. 为何要拆出嵌入衍生工具?

国际会计准则委员会认为,从主合同中拆出嵌入衍生工具对其进行单独计量可达成如下两个目标:①确保对创造相似风险暴露的合同的权利和义务采用相同的计量方法,无论它们是否被嵌入了某个主合同;②防止或抑制企业可能实施的如下行为:企业可能会故意将衍生产品嵌入非衍生主合同,以便逃避"衍生产品应以公允价值计量变动计入当期损益"的要求。在国际会计准则委员会看来,"以公允价值计量变动计入当期损益"是能够提供衍生产品有效信息的唯一计量基准,采用该计量基准对财务报告使用者识别衍生产品内含权利义务的本质信息至关重要。原因是:第一,衍生产品的价值常常会对市场变化产生不成比例的反应,公允价值是捕捉这种非线性反应的最佳计量基准;第二,如果将衍生产品按"成本法"或"以公允价值计量变动计入其他综合收益"计量,其减少或放大风险的角色就被掩藏了。

3. 哪些嵌入衍生工具需要从保险合同中拆出?

根据《企业会计准则第 22 号——金融工具确认和计量》,同时符合下列条件的,企业应当从混合合同中拆出嵌入衍生工具,将其作为单独存在的衍生工具处理:①主合同并非"金融工具确认和计量准则"规范的资产,如主合同是金融负债、权益工具、保险合同等;②嵌入衍生工具的经济特征和风险与主合同的经济特征和风险不紧密相关;③与嵌入衍生工具具有相同条款的单独工具符合衍生工具的定义;④该混合合同不是以公允价值计量且其变动计入当期损益的方式进行会计处理。

显然,作为混合合同的保险合同符合上述条件(1)和(4),条件(3)也比较容易判别,认定是否需要拆出的关键就集中在(2),即嵌入衍生工具是否与主合同紧密相关。IFRS17明确提出,如果双方紧密相关,意味着分拆计量的成本高于收益;但是,当如果双方不紧密相关,意味着分拆计量的成本低于收益,应该拆出。

例如,一个养老年金产品为被保险人提供终身年金给付,年金金额与生活成本指数挂钩。显然,该产品为客户提供长寿风险保障,属于保险合同。同时,年金给付额随某价格指数(生活成本指数)的变动而变动,说明有嵌入衍生工具。鉴于该衍生工具(随价格指数变动而变动的年金给付)和养老年金合同(支付终身年金)高度相关,你中有我,我中有你,该嵌入衍生工具无需拆出。

4. 现实中的三点考虑

从现实中的保险产品来看,有如下三种情况需要讨论:

(1)可能有人认为所有保险产品都像是衍生产品或者都有衍生产品成分,都是基于某一事件(死亡、残疾、疾病、生存等)进行给付,事实也是如此,但是,这类给付正是保险合同的核心部分,在保险合同中被界定为典型的保险部分而非衍生产品部分。另外,从金融工具准则中对嵌入衍生工具的定义来看,该定义要求,使衍生品价值随之变动的基础变量是非金融变量时,该变量与合同任一方均不存在特定关系,但上述保险风险事件显然与被保险方有特定关系。其实,这一点正是衍生合约与保险合同之间的关键区别,即,衍生合约通常适用于对那些由于无法预期的市场价格变化引起的风险进行套期保值,而保险合同则适用于为被保险人的特定损失风险进行对冲,也就是说,前者通常是基于市场价格的合约,后者则是基于被保险人特定损失的合约。因此我们可以这样认为,凡是保险风险事件引发的合同现金流变动均为保险部分,剩余其他变量的变动引发的合同现金流变动可能是衍生工具部分。

(2)有的产品看起来就像衍生产品,如各种与天气指数挂钩确定赔偿标准的灾害指数保险产品。灾害指数保险的赔付依据不是实际发生的损失,而是灾因指数达到和超过赔付阈值,例如,某灾害指数保险合同设定:"灾因是台风,指数是台风风速,赔付阈值是12级至17级台风,保险区域是监测范围的坐标面积。当实际台风中心进入监测坐标范围,2分钟持续风速达到12级或更高,保险赔付即可发生。"这类产品既然设计成了保险,就不能将上述衍生成分拆除,因为这个衍生部分本身就是主合同。

(3)有的产品包含了可能属于嵌入衍生工具的部分,主要是保单为客户提供的各种选择权和保证,如退保选择权、最低保证利率、最低保证收益等,这些权利可以被视为客户额外付费购买了衍生权利,在特定条件下,客户可以由此获得额外利益。如果这些权利属于嵌入衍生工具,保险公司就需要根据"其经济特征和风险"与"主合同的经济特征和风险"的相关程度进行判断,进而做出是否拆分的决定。从"嵌入衍生工具的经济特征和风险"与"主合同的经济特征和风险"的相关程度来看,保险合同提供的绝大多数选择权和保证,都与主合同的经济特征和风险高度相关,因此无需拆出。

5. 结论

保险合同中有的嵌入衍生工具,主要是为客户提供的各种选择权和保证,不过,绝大多数选择权和保证,都与主合同的经济特征和风险高度相关,因此无需拆出。

二、拆出"可明确区分的投资成分"

1. 为何要拆出"可明确区分的投资成分"？

新准则明确,所谓投资成分,是指无论保险事项是否发生均需偿还给保单持有人的金额。严格来讲,任何具有储蓄性的保单或有现金价值或账户价值的保单都是有投资成分的,投资成分的价值就是现金价值或账户价值,这部分钱即便不发生保险事故,保单持有人也可以通过退保拿回家。最显而易见的具有投资成分的保险是两全保险,无论被保险人生死都要给付保险金,客户所缴保费扣除手续费佣金外,其中只有很少部分作为风险保费购买保障,其余绝大部分都是存在了保险公司,将来要连本带利返还给客户的。

进一步地,投资成分又可分为"可明确区分的投资成分"和"不可明确区分的投资成分",这里需要拆出的是前者,后者将被计入保险合同、按照新保险会计准则计量。准则制定者是这么想的:大量人身险合同或明或暗都有投资成分,而且不少保单的投资成分与保险成分是紧密相关的,而且经常存在交叉补贴的情况,要是将所有投资成分都拆出来,一是工作量过大过复杂,二是拆不准,因此,只要求将"可明确区分的投资成分"拆出来就行了。但准则要求,那些未拆出的"不可明确区分的投资成分",将在每年的利润表中计算保险服务收入和保险服务费用时扣除,以使保险公司的利润表与其他金融机构(如商业银行)的利润表之间具有可比性。

2. 什么是"可明确区分的投资成分(distinct investment component)"？

IFRS17说,当且仅当同时满足以下两个条件时,该投资成分就属于可明确区分的投资成分:①投资成分与保险成分非紧密关联;②市场上有或可以有单独的、与投资成分相同的合同销售,销售主体可以是售卖该保险的保险公司,也可以是其他机构。

那到底如何界定投资成分与保险成分是否紧密关联呢？IFRS17进一步解释说,如下两种情形中的任一情形下(区别于同时满足如下两个条件),投资成分与保险成分是紧密关联的,进而无需拆出,整体按新保险会计准则计量:

(1)一种成分的价值,随另一种成分的价值的变动而变动,导致保险公司在计量相关的资产负债科目和收入支出科目时,无法在不考虑投资成分(或保险成分)的条件下单独计量保险成分(或投资成分)。市场上的典型案例是经典的保障性很强的终身寿险(区别于当下市场上流行的故意将保额做低的保障性极弱的增额终身寿险)或终身重大疾病保险,保单的现金价值(投资成分)与风险保额(保障成分)相互影响,尤其在保单交费期结束后,风险保费要从现金价值中支出,投资成分的价值显然在随保险成分的价值的变动而变动,如果拆出投资成分,保障成分也就无法存在了,因此,需要整体按照新保险会计准则计量。另一个案例是终身领取的养老年金,如果在年金积累期将投资成分拆出,未来的长寿风险保障也就消失了。

(2)一种成分的失效或到期,会造成另一种成分的失效或到期(同时失效或到期),导致保单持有人无法在保险成分(或投资成分)不在的条件下单独从投资成分(或保险成分)上获益。我的感觉,上一条要求还比较高,这一条要求就放宽太多了,因为,市场上几乎所有的保障储蓄性保险都是人身保险(而非财产与责任保险),而且几乎都是承保死亡风险的寿险产品和意外险产品(而非健康保险和养老年金产品),而几乎所有的人身保险都有同样的特征——"被保险人死亡会使保单终止"。这意味着,几乎所有的保障储蓄性保险都具有同样的特征:"被保险人死亡会造成保险成分的失效或到期,进而造成投资成分的失效或到期"。这意味着几乎所有的保障储蓄性保险都无需分拆投资成分,整体按照新保险会计准则计量。

3. 结论

基于以上分析,尤其是考虑到"同时失效或到期"的影响,大致可以这样认为,几乎所有保险合同都没有"可明确区分的投资成分"。

三、拆出"可明确区分的商品或非保险合同服务的承诺"

首先,IFRS17 说,企业不必将那些为履行合同(这里的合同是指拆分前的保险合同)而必须开展的各种活动拆分出去,除非这些活动是向保单持有人提供了商品或非保险服务。例如,为了获取和签订合同,保险公司采取和实施了大量的各种行政活动(内勤人员的各种相关工作),但是,这些活动并未将服务提供到保单持有人,因而不需要分拆。要分拆的,是那些明显的或可明确区分的非保险服务或商品。

1. 什么样的商品或非保险服务是"可明确区分的(distinct)"?

IFRS17 说:①如果保单持有人可单独从该商品或非保险服务上直接获益,或者可从"该商品或非保险服务与其他易获取资源的组合"上直接获益,该商品或非保险服务就是"可明确区分的",这里的"其他易获取资源"显然不是指保险。②反之,如果"该商品或服务的现金流和风险"与"合同中保险部分的现金流和风险"紧密相关,且保险公司将"保险部分"与"商品或非保险服务部分"整合成明显的一体化服务提供给保单持有人,则该商品或非保险服务就是"不可明确区分的"。

2. 现实中的几点考虑

从现实世界来看,保险公司开展保险业务时,开展的工作或服务可能包括如下两大类,下面分别讨论其中的分拆问题:

第一类,是客户感受不到的保险公司的中、后台的各类工作,如人力资源管理、财务会计、信息系统管理、风险管理、为监管机构报送各种数据等工作。如前所述,这类工作并未将服务直接提供到保单持有人那里,即便有非保险服务成分,也无需拆除。

第二类,是客户可以感受到的、或保险公司提供给客户的各种产品或服务,包括:

(1)保险销售、保险咨询、核保、理赔等保险服务。这些显然属于"纯正"的保险服务,不能分拆出去。

(2)为销售保单而向客户赠送的产品,如交通卡、购物卡、加油卡、食用油等,这些产品显然属于"可明确区分的商品或非保险合同服务",理论上应该从保险合同中分拆出去,但是,由于这种赠送属于"给予客户保险合同利益以外的利益"的违规行为,公司通常会隐蔽进行,不会主动将其列明并分拆出去;

(3)为使客户有更好的服务体验,提高客户对公司的忠诚度,保险公司还会在保险合同中提供或赠送保险相关服务,例如,与车险业务相关的道路救援、划痕补漆、酒后代驾等服务,与旅行保险相关的紧急救援服务,与健康险相关的专家预约服务,与部分财产险和责任险相关的防灾防损服务等。这些服务与保险合同密切相关,且是与保险服务整合在一起提供给客户的,属于"不可明确区分的商品或非保险合同服务",无需拆分。

（4）保险公司可能会将其他服务（如体检、洗牙、购药等健康管理服务①）与保险服务组合成一个大保险合同销售给客户，客户显然可以从如健康管理这样的服务中单独获益，但这种服务的现金流和风险并非与保险部分密切相关，而且市场上甚至保险公司就有类似的单独业务在单独出售，此时可以将这类服务从保险合同中拆分出去。

（5）在现有客户资源或现有业务基础上，保险公司可能在保险合同之外提供医疗、养老、殡葬等服务。既然已在保险合同之外，就不存在是否要拆分的问题。

3. 结论

保险合同中，除非常明显的、与保险合同非密切相关的商品或非保险服务，如部分健康管理服务需要分拆外，其他商品或非保险服务均无需分拆。

第三节　确认与分拆：新准则相对于老准则的变化

一、保险合同确认的程序不同

在保险合同确认方面，老准则（财政部 2009 年颁发的《保险合同相关会计处理规定》）明确："保险人与投保人签订的合同，使保险人既承担保险风险又承担其他风险的，应当分别下列情况进行处理：①保险风险部分和其他风险部分能够区分，并且能够单独计量的，应当将保险风险部分和其他风险部分进行分拆，保险风险部分，确定为保险合同；其他风险部分，不确定为保险合同。②保险风险部分和其他风险部分不能够区分，或者虽能够区分但不能进行单独计量的，如果保险风险重大，应当将整个合同确定为保险合同；如果保险风险不重大，不应当将整个合同确定保险合同。"

可以看出，对于保险合同的确认，老准则是"先分拆、后重大保险风险测试"；而新准则，如第一节所述，是"先重大保险风险评估、再分拆"。

二、重大保险风险评估标准基本相同

关于重大保险评估方法，新、老准则的规定基本相同，都是说：发生合同约定的保险事故可能导致保险人支付重大附加利益的（这里的"可能"等同于"保险期限内任一时点"），即可认定为该保险风险重大。至于什么样的附加利益是重大的，新、老准则都没有明确规定，既然没有明确规定，就可以认为保险公司们会延续现有的相当宽松的重大保险风险测试方法，即只要满足保险期限内任一时点的"保险事故发生赔付额"大于等于"未发生保险事故可以给付额"的 5%，就通过了测试或评估。

---

①　2009 年 10 月 31 日银保监会发布的《健康保险管理办法》中，第 55 条规定：保险公司可以将健康保险产品与健康管理服务相结合，提供健康风险评估和干预、疾病预防、健康体检、健康咨询、健康维护、慢性病管理、养生保健等服务，降低健康风险，减少疾病损失。第 56 条规定：保险公司开展健康管理服务的，有关健康管理服务内容可以在保险合同条款中列明，也可以另行签订健康管理服务合同。第 57 条规定：健康保险产品提供健康管理服务，其分摊的成本不得超过净保险费的 20%。超出以上限额的服务，应当单独定价，不计入保险费，并在合同中明示健康管理服务价格。

三、分拆标准有所不同

关于分拆标准,新、老准则规定不同,主要是新准则比老准则更为详细。

老准则的规定是:保险风险部分和其他风险部分能够区分,并且能够单独计量的,应当将保险风险部分和其他风险部分进行分拆,保险风险部分,确定为保险合同;其他风险部分,不确定为保险合同。确定为保险合同的,应当按照《企业会计准则第25号——原保险合同》(财政部,2006)、《企业会计准则第26号——再保险合同》(财政部,2006)等进行处理。

新准则的规定是:对通过重大保险风险评估的保险合同,应该从中拆出嵌入衍生工具、可明确区分的投资成分、以及可明确区分的商品或非保险合同服务的承诺,保险公司应当将合同现金流量扣除拆出的"嵌入衍生工具"和"可明确区分的投资成分"的现金流量后,在保险成分和"可明确区分的商品或非保险服务的承诺"之间进行分摊,分摊至保险成分的现金流量适用新保险会计准则(企业会计准则第25号——保险合同)(财政部,2020)。

四、保费收入确认的不同

之所以在讨论了保险合同确认之后,还要专门讨论保费收入确认,是因为,保险公司之间总会有当期业务规模大小的比较,会用到当期保费收入。

忽略保险合同中可能有的"嵌入衍生工具"和"可明确区分的商品或非保险服务",仅考虑保险合同中的投资成分,则保险公司的保费收入确认方法为:

老准则下,经过分拆和重大保险风险测试,保险公司将收到的保费分为原保险保费、保户投资款新增交费和投连险独立账户新增交费。只有原保险保费产生的保险负债按保险会计准则计量,监管口径目前仅统计原保险保费。也就是说,在老准则下,通常所说的保费收入,是指原保费收入。

新准则下,经过重大保险风险评估和分拆后,保险公司将收到的保费分为投资合同保费(未通过重大保险风险评估的保费流入)、可明确区分的投资成分和保险合同收入。其中,保险合同收入产生保险合同负债,按新保险会计准则计量。也就是说,新准则实施后,大概率会将当期保险合同收入,作为保费收入。

五、新准则下寿险公司保费收入比较的重要性大幅下降

这里需要特别强调的是,新准则实施后,寿险公司间进行保费收入比较的重要性将会大幅下降,因为当期保费收入对寿险公司当期营业收入的影响大幅减小了。

具体而言,老准则约束下,寿险公司将所有长险的原保费收入计入了营业收入,原保费收入的高低自然反映了营业收入的高低,其重要性不言而喻。但在新准则约束下,计入利润表中营业收入(更具体是保险服务收入)的,是"与提供当期保险合同服务相关的未到期责任负债减少额"与保险获取现金流量当期摊销额之和,而不是保险合同收入。新准则下的"与提供当期保险合同服务相关的未到期责任负债减少额"有两大特征,一是在计入保险服务收入时要剔除"不可明确区分的投资成分",二是未到期责任负债是多年业务的存量负债,其当期减少额是存量负债的对应于当期保险服务的释放,而不仅仅是

当期新增保费带来的新增负债的当期释放。（保险服务收入的概念和构成会在下一章给出详细解释，读者不必心急。）

也就是说，由于新、老准则对寿险公司营业收入的确认方法大相径庭，老准则下的当期原保费收入几乎一致性地反映了营业收入，新准则下的当期保险合同收入或保费收入并不一致性地反映营业收入，因此，在新准则下，寿险公司间比较保费收入的重要性大幅下降了。

第四节　市场上各类保险合同的确认和分拆

这里仍按《保险公司经营分析：基于财务报告》(郭振华，2018)中的分法，将保险产品分为纯保障性产品、纯投资性产品和保障储蓄性产品。忽略保险合同中可能有的"嵌入衍生工具"和"可明确区分的商品或非保险服务"，下面分别讨论三类产品的合同确认和投资成分分拆。

一、纯保障性产品的确认和分拆

纯保障性产品的特点是只有保障功能、没有任何投资功能，主要是指短期保险，包括各类财产保险、短期防癌险、医疗费用保险、短期重大疾病保险等。长期的定期寿险、工程内在缺陷保险(IDI)、抵押贷款保证保险等也可以视为纯保障性产品。

这类产品自然可以通过重大保险风险评估，且没有可分拆的投资成分，进而被确认为保险合同。

一个可能的例外是长期的定期寿险，它在保险期限内有先增长后降为零的现金价值，进而有投资成分，但是，其投资成分显然属于不可明确区分的投资成分，无需分拆。

二、保障储蓄性产品的确认和分拆

保障储蓄性产品的特点是既有保障功能又有投资功能，期限通常在1年以上，如终身寿险、两全保险、长期重大疾病保险、长期护理保险、养老年金保险、非养老年金等。保障储蓄性产品又可依据如何为客户的现金价值或账户价值支付利息或投资收益，分为普通保险、分红险、万能险和有保障功能的投资连结保险。

1. 保险合同确认

就非年金保险而言，从重大保险风险评估来看，在"保险姓保"监管政策，尤其是原保监会[2016]76号文《关于进一步完善人身保险精算制度有关事项的通知》(该文要求个人定期寿险、个人两全保险、个人终身寿险和个人护理保险产品的死亡保险金额或护理责任保险金额与累计已交保费或账户价值的比例应大于等于120%，而且年龄越低，这一比例要求越高，如表1-1所示)作用下，目前市场上的普通保险、分红险、万能险均可通过重大保险风险评估，进而可被认定为保险合同。

从投资连结保险的设计来看，市场上部分产品被设计成满足上述保障比例(原保监会2016年76号文)要求的有保障功能的投资连结保险，可以通过重大保险风险评估；部分产品被设计成没有任何保障功能的投资连结保险(被保险人身故时保险公司赔偿已交保费或账户价值),进而无法通过重大保险评估,只能被确认为投资合同。

表 1-1 产品设计规定:死亡保险金额或护理责任保险金额
与累计已交保费或账户价值的比例

到达年龄	比例下限
18—40 周岁	160%
41—60 周岁	140%
61 周岁以上	120%

注:到达年龄＝被保险人原始投保年龄＋当时保单年度数－1

就年金保险而言,可以分为养老年金和非养老年金。养老年金由于承保了长寿风险,可被认定为保险合同。非养老年金是近几年各寿险公司的热销产品组合"非养老年金＋万能型终身寿险"中的一种,保险期限多在 10 年左右,短则 7 年,长则 15 年或 20 年,通常被设计成固定利率的普通保险。其年金给付显然属于投资功能,其保障功能主要体现为身故责任或保费豁免。绝大多数非养老年金都有少许保障功能,进而可被认定为保险合同,根本原因是,寿险公司们有强烈意愿使非养老年金通过重大保险风险测试,以便计入原保费收入和营业收入。例如,有的公司将身故责任设计为:"(1)被保险人于本合同生效年满五个保单年度后的首个年生效对应日前身故,本合同终止,本公司按本合同所交保险费(不计利息)给付身故保险金;(2)被保险人于本合同生效年满五个保单年度后的首个年生效对应日起身故,本合同终止,本公司按'本合同未领取的年金和满期保险金之和'给付身故保险金。"可以看出,保单生效 5 年后的身故保险金往往高于保单现金价值,也高于所交保费,有一定的身故保障功能。

2. 投资成分分拆

既然有现金价值或账户价值,保障储蓄性产品自然有投资成分,需要搞清楚的是,这些投资成分是"可明确区分的"还是"不可明确区分的",然后拆出"可明确区分的投资成分"。

如第二节所述,要确定是否属于"可明确区分的投资成分",依据 IFRS17,关键是要判断保险成分和投资成分是否紧密相关,而是否紧密相关的判断标准有两条:

第一,一种成分的价值是否会随另一种成分的价值的变动而变动,如果是,就是紧密相关,进而无需拆分。按这一条,绝大多数保障储蓄性产品的保险成分和投资成分都是紧密相关的,因为交费期结束后,保障部分的保障成本或风险保费都是从现金价值或账户价值中支出的,投资成分的价值显然在随保险成分的价值的变动而变动,风险保额(保险成分的体现)也经常随现金价值(投资成分的体现)的变动而变动。当然,也有少量产品在客户交费期结束后,保单也就没有了保险成分,变成了纯投资,就不存在上述的紧密相关了,那些选择期交保费,且将死亡保险金额设计成不低于累计已交保费(而非账户价值)的 120% 的产品,可能出现这种状况。

第二,一种成分的失效或到期,是否会导致另一种成分的失效或到期,如果是,就是紧密相关,进而无需拆分。如第二节所述,按这一条,几乎所有保障储蓄性产品的保险成分和投资成分都是紧密相关的,因为保险成分到期或失效,投资成分几乎必然跟着到期或失效。

IFRS17举了一个案例,说一家保险机构签发了一张带有投资账户的寿险合同,保单签发时保单持有人交了1000元保费,投资账户余额每年随保单持有人自愿支付保费的增加而增加,随保险公司在特定资产上的投资回报而变动,并随保险机构的收费而减少。该保单的保险责任是:①若被保险人在保险期限内死亡,赔付金额为死亡保险金5000元与投资账户余额之和;②若保单持有人解除合同,则支付投资账户余额。IFRS17在分析中认为,尽管市场上有类似的投资产品在销售,但是,保单死亡给付责任(保险成分)的失效或到期与投资账户(投资成分)的失效或到期在同一时刻,因此,保险成分和投资成分是紧密相关的,因此,投资成分是"不可明确区分的",无需拆出,该保险合同将整体按IFRS17进行计量。

读者可能已经看出,上述案例中的保单很像我国市场上的万能险(附有投资账户)或带有保障功能的投连险(附有独立账户)。我们可以由此推断,不仅是普通保险和分红险,即便是具有清晰投资账户的万能险和(带有保障功能的)投连险,也无需拆分,直接按新保险会计准则计量。

之所以在可明确区分的投资成分的分拆上如此宽松,是因为IFRS17不希望因分拆而给保险公司在带来巨大工作量和复杂性的同时,却无法提供太多有用的会计信息,尤其是,当各部分间高度相互依赖、甚至存在相互补贴时,现金流拆分一定是较为武断和不准确的,可能导致各部分价值之和与合同总价值不相等。

三、纯投资性产品的确认和分拆

纯投资性产品自然无法通过重大保险风险评估,无法被确认为保险合同,自然也不存在投资成分分拆问题。

在我国保险市场上,纯投资性产品主要体现为部分非养老年金保险、没有保障功能的投资连结保险(如投资连结年金保险),还有少量的团体万能险和团体投连险等。

有少数非养老年金被设计成了纯投资性产品,没有任何保障功能,例如,某款非养老年金保险期限为15年,保险责任中除年金和满期保险金给付外,身故给付责任为:"若被保险人身故,按下列两项金额中的较大者给付身故保险金,本合同终止:(1)身故日本合同的现金价值;(2)截至身故日客户累计已交保险费减去保险公司累计已给付的生存年金后的余额。"

有部分投资连结保险被设计成了纯投资性产品,没有任何保障功能。例如,某款投资连结型年金保险,其年金给付并非是终身的,因而未承保长寿风险;其身故保障责任为:"(1)若被保险人身故,且本公司收到身故保险金给付申请书与本合同规定的所有证明材料当日个人账户尚未建立,则本公司将按本合同累计已交保险费(不计利息)给付身故保险金,本合同终止;(2)若被保险人身故,且本公司收到身故保险金给付申请书与本合同规定的所有证明材料当日个人账户已经建立,则本公司按收到保险金给付申请书与本合同规定的所有证明材料后的下一个资产评估日本合同的个人账户价值给付身故保险金,给付后个人账户价值即为零,本合同终止。"

4、我国保险市场上各类保险产品的确认和分拆结果

根据上述分析,预计的我国保险市场上各类保险产品的确认和分拆结果如表 1－2 所示。

表 1－2　市场上各类保险产品的确认和分拆

保险产品		重大保险风险评估	是否保险合同	是否拆出投资成分	保费收入确认④
纯保障性保险		通过	是	否	100％
保障储蓄性保险（死亡、护理、重疾）	普通险	通过	是	否	100％
	分红险	通过	是	否	100％
	万能险①	通过	是	否	100％
	投连险②	通过	是	否	100％
年金保险	养老年金（普通、分红、万能、投连）	通过	是	否	100％
	非养老年金（通常是普通险、提供死亡保障）	通过	是	否	100％
纯投资产品	非养老年金：（普通险、无死亡保障）	通不过	否	/	0％
	少量纯储蓄性团体保险	通不过	否	/	0％
	相机分红投资合同③	通不过	否	/	0％

注：①、②〔2016〕76 号文《关于进一步完善人身保险精算制度有关事项的通知》生效后,万能险、投连险的保障程度也满足最低要求,能够通过重大保险评估。

③ 相机分红投资合同在英国、我国香港、马来西亚、新加坡等地常见,也称分红基金,具有与长期保险合同类似的期限长、期交保费、获取成本高等特点。我国的许多分红险产品,其设计稍加改进(去除本来就很少的保障功能),就可变为相机分红投资合同。

④ 如前所述,新准则实施后,由于保费收入与营业收入高度不一致,公司间比较保费收入的重要性将会大幅下降。

第五节　新准则下保险公司的业务分类和界定

一、新准则下的保险公司业务分类

大家知道，从财务上来说，在老准则下，保费收入被分成了原保险保费、保户投资款新增交费和投连险独立账户新增交费，参照《保险公司经营分析：基于报告》的提法，保险公司的业务可对应分为原保险业务（或保险业务）、保户投资款业务和独立账户业务。

新保险会计准则下，保险合同分为具有直接参与分红特征的保险合同（insurance contract with direct participation features）和不具有直接参与分红特征的保险合同（insurance contract without direct participation features），投资合同被分为具有相机参与分红特征的投资合同（investment contract with discretionary participation features）和不具有相机参与分红特征的投资合同（investment contract without discretionary participation features）。如表 1 - 3 所示。

表 1 - 3　保险公司业务分类

保险合同	不具有直接参与分红特征的保险合同
	具有直接参与分红特征的保险合同
投资合同	具有相机参与分红特征的投资合同
	不具有相机参与分红特征的投资合同

下面首先讨论何为具有直接参与分红特征的保险合同，剩余的保险合同自然就是不具有直接参与分红特征的保险合同；再讨论何为具有相机参与分红特征的投资合同，剩余的投资合同自然就是不具有相机分红特征的投资合同。并讨论如何将保险市场上的各类保险产品归入以上四类。

二、何为具有直接参与分红特征的保险合同？

按照新准则规定，所谓具有直接参与分红特征的保险合同（以下简称"直接分红保险合同"），是指在合同开始日同时符合下列三个条件的保险合同：①合同条款规定保单持有人参与分享清晰可辨认的基础项目；②企业预计将基础项目公允价值变动回报中的相当大部分支付给保单持有人；③预计应付保单持有人金额的变动额中的相当大部分将随基础项目公允价值的变动而变动。

仅看上述三个必备条件，我们很难真正明白到底什么是具有直接参与分红特征的保险合同（以下简称"直接分红保险合同"），需要更多的解释。

下面依据 IFRS17 的规定和解释结合具体业务做些推断：

（1）IFRS17 说，直接分红保险合同是主要提供投资服务的保险合同，保险公司基于基础项目向客户提供投资回报，因代保单持有人管理基础项目并提供投资相关服务而获得"浮动收费"。由此推断，直接分红保险合同是储蓄为主或投资为主型保险合同。

（2）IFRS17 说，基础项目范围很广，可以是某一资产组合、保险公司的净资产、或保险公司净资产的指定部分。由此推断，基础项目可能是保费进公司后将其储蓄部分进行投资形成的资产组合（如投连险的独立账户资产），也可能是保费进公司后，保险公司经营该合同产生的盈余或净资产（如分红险的可分配盈余）。但是，特定的直接分红保险合同只是指定了基础项目，并非一定有专属的基础项目，可能是大量同类合同共享基础项目（可以简单想象成对应投资资产组合），甚至可能是跟具有相机分红特征的投资合同共享基础投资资产组合。

（3）IFRS17 说，尽管合同规定保单持有人参与分享清晰可辨认的基础项目，并不排除保险公司在决定支付客户金额大小上的自由裁量权，但是，支付客户金额必须与基础项目回报挂钩，这是硬约束；直接分红保险合同定义中的条件②、③就是对这一要求的强调和强化。在保险市场上，储蓄为主且回报变动型的产品主要是分红险、万能险和投连险，保险公司在分红险的分红和万能险的结算利率上显然有较大的自由裁量权，但在投连险的支付客户金额上裁量权极低（只能通过收费高低进行微调）。此外，判断支付客户金额是否与基础项目回报挂钩一定要看保险合同条款的具体约定，那种约定不清进而客户回报仅与保险公司资产总回报相关的储蓄型产品是不满足要求的。

（4）IFRS17 说，直接分红保险合同可能会承诺最低保证回报（guarantee of a minimum return），该最低保证回报与基础项目回报无关，进而可能出现两种情形：第一，当基础项目公允价值回报高于最低保证回报时，保险公司支付给保单持有人的现金流会随基础项目公允价值的变动而变动；第二，当基础项目公允价值回报低于最低保证回报时，保险公司支付给保单持有人的现金流就不随基础项目公允价值的变动而变动了。因此，条件（3）所说的"预计应付保单持有人金额的变动额中的相当大部分将随基础项目公允价值的变动而变动"其实是期望意义上的，并非每期都是这样。另外，上述说法还说明，直接分红保险合同可能有保证收益或保底收益（可以联想到分红险和万能险），也可能没有（可以联想到投连险）。

（5）直接分红保险合同的必备条件②和③均提到"基础项目公允价值"，意在强调基础项目通常要以公允价值度量。IFRS17 提到，通过修改其他会计准则，允许保险公司，当持有为投资者提供投资连结回报的投资基金时，或者当持有作为直接分红保险合同的基础项目的投资时，将自己拥有的份额确认为资产，并且以公允价值计量这些资产、自有负债和股东权益。国际会计准则理事会（IASB）决定，对于那些与基础项目回报相连结的合同（保险合同或投资合同），其基础项目几乎均以公允价值计量且变动计入当期损益（Fair Value through Profit and Loss，简称 FVTPL）。理事会认为，将自有资产份额、自有负债和股东权益的计量方法也以 FVTPL 计量，与绝大部分基础项目计量法保持一致，可以避免会计错配。

三、市场上哪些合同属于直接分红保险合同？

依据上述规定和解释，直接分红保险合同必须满足"储蓄（或投资）为主"、"合同条款指定清晰基础项目"、"客户收益与基础项目公允价值变动挂钩并将得到基础项目公允价值变动的相当大部分"这三个条件。

市场上储蓄为主的保险产品很多，绝大部分保障储蓄性保险都是储蓄为主的，其形式包括普通保险、分红险、万能险和投连险。

不过,合同条款中清晰指定了基础项目的,目前可能只有投连险和分红险。在投连险产品条款中常有这样的段落:"为履行投资连结保险产品的保险责任,我们依照国家政策和相关适用的法律、法规、规章及规定,为投资连结保险产品的资金运作设立一个或者数个专用投资账户。投资账户的投资组合及运作方式由我们决定。各投资账户的投资风险完全由您承担。投资账户价值划分为等额单位,以投资单位数计量。"分红险条款中常有这样的段落:"本合同为分红保险合同,您享有参与分配我们分红保险业务可分配盈余的权利。在本合同保险期间内,我们每年根据分红保险业务的实际经营状况确定红利分配方案。保单红利是不保证的。"

而且,投连险的独立账户以公允价值计量,满足"客户收益与基础项目公允价值变动挂钩并将得到基础项目公允价值变动的相当大部分"这一条件。分红险满足客户得到基础项目收益的相当大部分,但基础项目(可分配盈余)通常不是完全按公允价值计量的。

普通保险通常未指定基础项目,而且客户收益是固定利率的,自然不属于直接分红保险合同。

万能险的客户收益是浮动的,但万能险条款通常并未指定基础项目,客户收益仅与公司整体投资收益水平挂钩,而不是与合同指定基础项目挂钩,而且,目前在我国保险市场上,人身险公司主要将万能险与年金险放在一起组合销售,年金险和万能险明显存在相互依赖和相互补贴,年金险收益率极低,万能险的结算利率却很高,甚至会高到单独核算万能险会使公司亏损的程度。

因此,我们可以推断,目前市场上的保险产品,投连险肯定属于直接分红保险合同,分红险可能是也可能不是,万能险通常不是,普通保险一定不是。

当然,如果有必要,保险公司将来可以或可能通过对万能险设计的改造,使其符合直接分红保险合同的规定。

四、何为具有相机分红特征的投资合同?

1. 概念界定

按照准则规定,所谓具有相机参与分红特征的投资合同(以下简称"相机分红投资合同"),是指赋予特定投资者合同权利以收取保证金额和附加金额的金融工具。附加金额由企业(合同签发人)基于特定项目回报相机决定,且预计构成合同利益的重要部分。

更具体而言,相机分红投资合同同时满足如下特征:①相机分红投资合同首先是指那些没有向保险公司转移重大保险风险进而未通过重大保险测试的投资合同;②这些投资合同往往具有(与长期保险合同一样的)如下特点:期限长、期交保费和获取成本高;③客户将资金交给保险公司后,保险公司支付给客户的利益包括保证金额和附加金额,附加金额由保险公司基于投资回报相机决定;④保险公司基于特定项目回报确定支付给客户的附加金额,这个特定项目不一定是指这类合同的专属投资资产组合,而是可能与某些直接分红投资合同有共同的投资资产组合。

2. 一个产品案例

说来说去,还是得举一个例子才好,不过,在各类"保险姓保"的监管政策下,我国大陆保险市场上几乎找不到这样的产品。这里以我国香港某寿险公司销售的某分红储蓄产品[1]为例做一介绍,该产品合约的主要内容大致如下:

(1)交费期:5 年或 10 年;

(2)保障期间:到被保险人 100 岁,不过可以通过更换被保险人而使保单继续延期。(于是,无论被保险人年龄多大,利益演示表均按 100 个保单年度进行演示);

(3)保证利益:客户必然获得的保证现金价值(利益演示表显示:通常第 3 年末才有正的现金价值,交费期结束时保证现金价值远低于所交保费之和);

(4)非保证利益:第一,从第三年末开始,每年派发保额增值红利(利益演示表演示保额增值红利的现金价值),一经派发即成为保证利益,于被保险人身故时给付(保额增值红利的现金价值在客户退保时给付);第二,被保险人身故时支付终期红利(终期红利的现金价值在客户退保时给付)。

(5)退保金/满期保险金=保证现金价值+保额增值红利的现金价值+终期红利的现金价值。

(6)基本身故赔偿金为"已交保费总额+已交保费总额的 30%(仅当被保险人于保单生效 3 年后、60 岁前身故时才有这 30%)"和"保证现金价值"中的较高者,身故给付还包括保额增值红利和终期红利。

关于红利如何决定,其产品说明书解释说:

(1)您和其他保单持有人的保费将汇集成一个分红基金进行投资,在赚取投资回报的同时,我们会从分红基金中扣减开支、退保金额、索偿金额、费用及利润分享,此分红基金的价值称为"资产份额"。

(2)公司将根据资产份额、目前和未来预期的保证金额、以及分红基金未来预期可赚取的回报,来决定您的保单的保额增值红利和终期红利金额。

(3)红利高低主要与投资回报率、索偿和保单继续率有关,投资回报率越高、索偿金额越低,则红利越高。保单失效或退保时,若支付的利益与终止保单的资产份额不同,将会产生利润或亏损。

(4)为使公司目标与您和利益一致,公司的目标是将 90% 的利润和亏损分配给您,余下 10% 归公司。

(5)您的分红保单的目标是长线持有,因此,当公司确定您的保单红利时,在保险期限内较早的保单年度,保单红利将被调低以反映该目标。

(6)分红基金的价值可能在短期如几天内大幅波动,公司在确定红利时,可能会调缓短期波动幅度,以降低红利的波动性。

(7)由于您的保单会与其他类似的保单汇集在一起,因此,若您的保单所属组别内的保单特性出现变动,您的红利也可能随之改变。

(8)目前的目标资产配置为:政府债券、企业债券及其他类似投资工具占比 30%-100%,增长资产(主要为香港及新兴市场股票投资)占比 0%-70%。

大家可以看出:第一,严格来看,该产品没有实质性保障功能,按照本章第一节的讨

---

① 我国香港保险市场有不少这样的产品,产品设计相当有特色,不少大陆人士去香港买过。

论,通常无法通过重大保险风险评估;第二,该产品的交费形式、保险期限和获取成本水平①均与长期保险合同类似;第三,保险公司支付给客户的利益包括保证金额和附加金额,附加金额由保险公司基于投资回报相机决定。因此,该产品应该属于"具有相机分红特征的投资合同"。实际上,该保单销售宣传资料就标明是"储蓄计划"而非"保障计划"。

五、市场产品归类

基于以上分析,新准则下,我国直接保险市场(不包括再保险市场)的具体产品的大致归类如表1-4所示。

表1-4　保险公司业务分类和产品归类

保险公司签发的产品		具体产品
保险合同	不具有直接参与分红特征的保险合同	纯保障产品、普通保险、万能险、分红险(可能是)
	具有直接参与分红特征的保险合同	投连险、分红险(可能是)
投资合同	具有相机参与分红特征的投资合同	无保障功能的分红型储蓄计划
	不具有相机参与分红特征的投资合同	无保障功能的其他长期储蓄产品

注:具体产品如何准确归类要根据合同具体约定和产品运作模式确定。

第六节　保险公司各类业务的准则适用

一、老准则下各类业务的准则适用

大家知道,从财务上来说,在老准则下,保费收入被分成了原保险保费、保户投资款新增交费和投连险独立账户新增交费,分别对应着保险合同负债、保户储金及投资款负债和独立账户负债。

纯保障性保险和保障储蓄性保险中的普通保险、分红险、万能险的保险部分以及投连险的保险部分形成原保险保费和保险合同负债,适用保险会计准则。

万能险的投资部分形成保户投资款新增交费和"保户储金及投资款负债",投连险的投资部分形成独立账户新增交费和独立账户负债,两者都适用金融工具会计准则。

二、新准则下各类业务的准则适用

按照新保险会计准则规定,它适用于:①企业签发的保险合同(含分入的再保险合同);②企业分出的再保险合同;③签发保险合同的企业所签发的具有相机参与分红特征的投资合同。

此外,如前所述,对通过重大保险风险评估的保险合同,应该从中拆出嵌入衍生工

---

① 可以从保单前两年客户所交保费与保证现金价值金额之差看出,这个差额越大,保单获取成本通常越高。

具、可明确区分的投资成分、以及可明确区分的商品或非保险合同服务的承诺,将拆出的嵌入衍生工具和可明确区分的投资成分适用金融工具相关会计准则,将拆出的可明确区分的商品或非保险合同服务的承诺适用《企业会计准则第 14 号——收入》。

基于以上分析,保险公司各类业务的准则适用情况如表 1-5 所示。

表 1-5　保险公司各类业务的准则适用

签发的产品			具体产品	适用准则
保险公司签发	保险合同(含分入合同)	不具有直接参与分红特征的保险合同	纯保障产品、普通保险、万能险、分红险(可能是)	新保险会计准则
		具有直接参与分红特征的保险合同	投连险、分红险(可能是)	
	投资合同	具有相机参与分红特征的投资合同	无保障功能的分红型储蓄计划	
		不具有相机参与分红特征的投资合同	无保障功能的其他长期储蓄产品	金融工具相关会计准则
	保险合同中拆出的嵌入衍生工具、可明确区分的投资成分			
	保险合同中拆出的可明确区分的商品或非保险合同服务的承诺			企业会计准则第 14 号——收入
再保险分入人签发	分出再保险合同			新保险会计准则

三、相机分红投资合同为何适用新保险会计准则?

保险合同(含分入的再保险合同)和分出的再保险合同适用新保险会计准则很正常,为何要将保险公司签发的具有相机参与分红特征的投资合同(以下简称"相机分红投资合同")适用新保险会计准则而不是金融工具会计准则呢? IFRS17 解释说,这样做有三个好处:

(1)保险公司签发的相机分红投资合同与长期保险合同有共同的特点,如期限长、期交保费和获取成本高,这些特点在其他金融产品上非常罕见,因此,对相机分红投资合同采用保险会计准则核算可以提供更有用的财务信息。

(2)在保险公司内部,相机分红投资合同与连结特定基础项目的保险合同(属于直接分红保险合同)经常连结共同的基础资产组合,相机分红投资合同与保险合同在业绩上也可能有交叉补贴的情况,因此,对两者适用相同的会计核算方法可以为投资者提供更有用的财务信息,便于投资者对公司内部各类业务进行较为清晰的对比分析。

(3)如果保险公司签发的相机分红投资合同不适用 IFRS17,有些相机分红特征将被按照金融工具准则归入权益成分(equity component),而将这类合同拆分适用不同计量方法将会带来计量工作量和工作复杂性的大幅增加。

第七节　保险合同计量方法和本书框架

新准则主要规定的,就是各类保险合同(和分出再保险合同)的计量方法,保险合同(和分出再保险合同)计量的主要任务是核算保险合同负债的账面价值(和分出再保险合同资产的账面价值),并在核算保险合同负债账面价值(和分出再保险合同资产账面价值)当期变动的过程中确认相关损益。

下面简要介绍保险合同和分出再保险合同的计量方法,然后介绍本书的框架。

一、保险合同的计量方法

新保险会计准则约束下,保险合同(包括分入再保险合同)通常使用"通用模型法或要素法(Building Block Approach,简称 BBA)"进行计量。

对于一些有特殊性的保险合同,如直接分红保险合同、亏损保险合同、未来履约现金流与期初预期基本一致的保险合同或短期保险合同,新准则对通用模型法进行了一些修改,使其适应上述保险合同的特殊性。

1. 通用模型法

所谓通用模型法或要素法,就是将保险合同负债分为未来现金流量现值、非金融风险调整和合同服务边际(类似但又不完全相同于老准则下的合理估计负债、风险边际和剩余边际)三个要素进行计量的方法。

通用模型法体现了新准则的核心思维方式。

2. 特例一:浮动收费法

鉴于直接分红保险合同具有独特的显著特征(储蓄为主、合同条款指定清晰基础项目、客户收益与基础项目公允价值变动挂钩并将得到基础项目公允价值变动的相当大部分),保险公司的盈利模式也非常独特(主要通过浮动收费来盈利),新保险会计准则对通用模型法进行了一些修订,主要是对每期合同服务边际的调整项目做了修订,以适应直接分红保险合同的特点,并专节发布"具有直接参与分红特征的保险合同组计量的特殊规定"。

鉴于保险公司经营直接分红保险合同主要通过浮动收费来盈利,大量相关材料将其计量方法称为"浮动收费法(Variable Fee Approach,简称 VFA)"。

所谓浮动收费,是指经营直接分红保险合同,保险公司主要提供投资相关服务,并赚取随基础项目公允价值变动而变动的(浮动)收费。

3. 特例二:亏损合同的计量

鉴于亏损合同的计量过程有一定的特殊性,新准则对亏损合同(包括非直接分红保险合同的亏损合同和直接分红保险合同的亏损合同)计量中的特殊部分做了专节介绍。

所谓亏损合同计量的特殊性,主要是指保险公司需要将基于未来现金流估计的预期亏损立即确认,通过计入损益的方式由股东出资补足保险合同负债(形成保险合同负债的亏损部分),以保证客户利益,由此,在新准则下,亏损合同的保险合同负债将被分为两部分:"亏损部分"和"其他部分",并由此衍生出一系列特殊的会计处理方法。

4.特例三:保费分配法

新准则特别规定,鉴于通用模型法比较复杂,可以对一些保险期限短和未来履约现金流量没啥变化(或保单未来运行状况与初始预期基本一致)的合同组采用"保费分配法(Premium Allocation Approach,简称PAA)"进行简化计量。

所谓保费分配法,是指直接将保费(包括已收保费和预计收取的保费)按某种方式(如按时间)分配在保险责任期限内确认当期保险服务收入和期末未到期责任负债的方法。

二、分出再保险合同的计量方法

鉴于分出再保险合同与保险合同有很大差异,新准则对其计量方法给出了专门规定。

分出再保险合同与保险合同的差异主要有如下几点:①现金流入流出的差异。在保险合同中,现金流入是保费,现金流出是赔付和费用;但在分出再保险合同中,现金流入是摊回赔付和分保费用,现金流出是分出保费。②对资产负债表影响的差异。保险合同通常会形成保险合同负债,而分出再保险合同通常会形成分出再保险合同资产。③盈亏差异。保险合同通常会给公司带来潜在利润,合同服务边际为正;但分出再保险合同通常会给公司带来潜在亏损,合同服务边际为负。

本质而言,分出再保险合同的计量方法与保险合同的计量方法是一致的,仍然主要采用通用模型法计量,满足一定条件时可采用保费分配法进行简化计量。不过,尽管计量方法一致,但由于分出再保险合同与保险合同有至少如上三点差异,导致其计量复杂性大幅增加,理解起来会相对困难一些。

三、本书框架

本书主要介绍各类保险合同的计量方法,并在明晰计量方法的基础上讨论新财务报告结构及其财务分析方法。

本书共分五大部分:

第一部分讨论保险合同的确认和分拆以及保险公司的业务分类和准则适用,包含第一章。

第二部分讨论通用模型法下的保险合同负债计量和损益确认,包含第二、三、四章。第二章讨论保险负债计量和损益确认涉及的重要概念;第三章讨论保险负债计量;第四章讨论保险损益确认。

第三部分讨论计量特例,包含第五、六、七章。第五章讨论直接分红保险合同组的浮动收费法计量;第六章讨论亏损合同组的计量;第七章讨论如何采用保费分配法对部分保险合同进行简化计量。

第四部分讨论分出再保险合同的计量,包含第八、九、十章。第八章讨论分出再保险合同组的初始计量;第九章讨论分出再保险合同组的后续计量;第十章是一个分出再保险合同计量的综合案例。

第五部分讨论新财务报告及其分析方法,包含第十一、十二章。第十一章讨论资产负债表和利润表的列示和披露;第十二章讨论新财务报告的财务分析方法。

第二部分

通用模型法下的保险负债计量和损益确认

第二章　保险负债计量和损益确认涉及的重要概念

保险会计准则的核心,就是规定保险公司如何进行保险负债计量和损益确认。在正式讨论保险负债计量(第三章)和保险损益确认(第四章)前,本章先介绍保险负债计量和损益确认涉及的重要概念。

首先,新准则实施后,保险负债的计量单元明确为"保险合同组",本章第一节对保险合同组的概念及保险公司如何对保险业务进行分组进行介绍。

其次,新准则实施后,最核心的计量方法是通用模型法,通用模型法下,相对于老准则,保险负债及其构成要素的名称和内涵发生了一些变化,本章第二节讨论保险负债的分类、构成要素和内在含义。

最后,新准则实施后,利润表所有科目将贯彻"权责发生制",并且区分了保险服务业绩和投资业绩,保险服务业绩是保险公司通过提供保险服务所赚到的利润,投资业绩是保险公司通过提供投资服务所赚到的利差收益。本章第三节讨论与提供保险服务相关的收入、费用和利润;第四节讨论与提供投资服务相关的收入、费用和利润。

第一节　计量单元:保险合同组

老准则文件《保险合同相关会计处理规定》(财政部,2009)中说:保险人在确定保险合同准备金时,应当将单项保险合同作为一个计量单元,也可以将具有同质保险风险的保险合同组合作为一个计量单元。

新准则对计量单元做出了更加明确的规定,明确要求保险公司应当以合同组(group of insurance contracts)作为计量单元,还特别要求在初始确认时及时识别亏损合同,将其归入亏损组单独计量,不得与盈利合同的计量结果相互抵消。

一、保险合同分组

1. 从签单业务到合同组合

首先,保险公司要将卖掉的保单归类为保险合同组合(portfolio of insurance contracts)。新准则规定,保险公司应当将具有相似风险且统一管理的保险合同归为同一保险合同组合。

何为具有相似风险的保险合同呢? 可以大致理解为同一产品线或同一险种内的保险合同,例如,车损险业务的所有合同承保相似的与车相关的相似风险,企财险业务的所有合同承保与企业财产相关的相似风险。

所谓统一管理的保险合同,是指公司会对合同进行分类管理,于是,同类合同就是被统一管理的保险合同。最简单而言,如果公司是按险种或产品线来管理保险业务的,则,同一产品线或同一险种内的保险合同就是被统一管理的保险合同。这样,同一产品线或同一险种的合同就同时满足相似风险和统一管理两个条件,就是一个保险合同组合,保险公司就可以按照险种或产品线将签单业务分成不同的合同组合。IFRS17举例说,趸交保费固定收益年金和期交保费定期寿险显然是两个不同的产品线,进而可归类为两个保险合同组合。

但是,如果公司在管理方面更加细化,例如,除按照险种外,还按照销售渠道的不同来分别管理,或者还按照地域(或分公司)的不同来分别管理,则合同组合的数量就会大幅增加。

2. 从合同组合到合同组

其次,是将保险合同组合内的保单进一步分为:初始确认时存在亏损的合同组、初始确认时盈利且无显著可能性在未来发生亏损的合同组、该组合中剩余合同组成的合同组。剩余合同,其实就是那些初始确认时盈利,但在未来保险期限内可能变为亏损的合同,即初始盈利程度较为薄弱的合同。因此,下文将上述三类合同组分别简称为亏损组、厚利组和薄利组。

分组的具体做法是,对合同组合内的保单,保险公司要在其初始确认时[①]通过逐单评估盈利性确定其归属的合同组,即判断属于亏损组、厚利组还是薄利组,后续不再重新评估和调整。后续不再重新评估和调整的含义是,即便合同组的盈利性在后续发生了重大变化,也不会对其组别进行调整。例如,亏损组即便盈利了,仍旧是亏损组。

所谓评估盈利性,就是估计每张保单的现金流入和现金流出,并考虑现金流的不确定性(读者可以联想老准则下的风险边际),若综合评估结果为净流入(指现值)则为盈利合同,综合评估结果为净流出(指现值)则为亏损合同,对于盈利合同,还要评估未来保险期限内可能发生的各种变化是否会导致合同产生亏损。显然,根据上述评估结果,就可敲定每张保单归属的合同组。但是,如果有可靠信息表明多项合同的盈利程度类似,保险公司就不必逐单评估,而是直接将多项合同归类为合适的合同组。

此外,新准则还要求,保险公司不得将签发时间间隔超过1年的合同归入同一合同组。

3. 分组方法和分组案例

也就是说,大致在每一会计年度,保险公司会按产品线或其他标准将自己签发的所有保险业务分为不同的合同组合,在每一合同组合内根据盈利性评估分为亏损组、厚利组和薄利组。此外,保险公司还可以按照获利水平、亏损程度、未来发生亏损的可能性等,将上述亏损组、厚利组、薄利组进一步细分为更小的合同组。上述分组方法可用表2-1来直观描述。

---

① 保单初始确认时点是如下三个时点中的较早时点:一是保单责任期开始日,二是保单持有人首付款到期日(或企业实际收到首付款日),三是发生亏损时。第三章第一节会详述。

表2-1　保险合同分组方法

所有签单业务在初始确认时进行合同分组						
合同组合1			合同组合2			…
签发时间间隔不超过一年的合同分在一起			签发时间间隔不超过一年的合同分在一起			…
亏损组	厚利组	薄利组	亏损组	厚利组	薄利组	…

由此推断,若一家寿险公司已经经营10年,每年经营20个产品线且均为10年期以上长期保险,则,在追溯适用新准则(或该公司自成立之日起就适用新准则)条件下,若按产品线划分不同的合同组合,则该寿险公司手上就有20个保险合同组合;每年会产生至少60(＝20×3)个合同组,包括亏损组、厚利组和薄利组;目前该寿险公司手上共有至少600(＝10×60)个合同组。之所以说"至少",是因为该寿险公司还可以将上述合同组进一步细分。

合同分组时,公司需要权衡分组细密程度对自己造成的影响,通常,分组越细,分组核算的负债和损益结果越全面,越有利于经营管理的细化,但合同组越多,计算强度越大,对公司信息系统的运算和承载能力要求越高,总体工作量越大。例如,如果上述寿险公司增加分公司维度34个,则合同组数量就变为20400(＝600×34)个,总工作量就会显著扩大。

二、计量单元和相关特色

1. 计量单元:合同组

新准则明确,保险公司应该以合同组作为计量单元,在合同组初始确认时和资产负债表日,计量每个合同组的保险合同负债,并在合同组层面在资产负债表日调整合同服务边际和释放利润。相关概念和内容后面会详述,这里强调的是"将合同组作为计量单元"。[①]

2. 保险合同金融变动额的会计处理:合同组合层面

所谓保险合同金融变动额,是指货币时间价值和金融风险的影响所导致的保险合同负债账面价值变动额。

新准则明确,保险公司应该在合同组合层面对保险合同金融变动额的会计处理在以下两种方式中作出选择:①将保险合同金融变动额全额计入当期保险财务损益;②将保险合同金融变动额分解计入当期保险财务损益和其他综合收益。这意味着,同一公司可以对自己的不同合同组合采取不同的保险合同金融变动额会计处理方式。

关于保险合同金融变动额和保险财务损益的概念,后面会详述,这里强调的是,有些科目要在"合同组合"层面进行计量或会计处理,读者不必心急。

3. 计量特色

与老准则相比,关于计量单元,新准则最大的特色,就是要求保险公司在保单初始确

---

① 特别地,根据新准则22条,企业也可以在高于合同组或合同组合的层面估计履约现金流量,并采用系统合理的方法分摊至合同组。

认时识别亏损合同并组成亏损合同组。

其实无论新准则还是老准则，亏损合同的亏损都要在合同初始确认时计入当期损益，即是由股东立刻承担这些亏损。但是，老准则并不要求保险公司单独披露这些亏损，新准则要求保险公司单独披露这些亏损。

具体而言，老准则约束下，在资产负债表及其附注里，我们看不到有多少数量准备金的业务是初始确认亏损的；在利润表里，亏损合同的亏损和盈利合同的盈利混合体现在"提取保险责任准备金（或保险责任准备金提转差）"里，存在相互抵消的状况，从报表附注也无法看出亏损合同到底产生了多少首日亏损。

新准则约束下，一方面，新准则第 89 条要求，对于当期初始确认的亏损合同组，保险公司应当在附注中单独披露其对资产负债表影响的信息，包括未来现金流出现值、未来现金流入现值、非金融风险调整和合同服务边际，我们可由此推测亏损合同的规模；另一方面，新准则第 46 条要求，合同组在初始确认时发生的首日亏损，保险公司应当确认亏损并将其计入当期保险服务费用，我们可以在财报附注中看到"保险服务费用：亏损部分的确认"这样的科目。

第二节　保险负债的分类、构成和内在含义

老准则将保险负债称为保险责任准备金，新准则将其直接称为保险合同负债（以下常简称为"保险负债"）。

一、保险合同负债的分类和构成要素

1. 保险合同负债的分类

新准则下，保险合同负债分为未到期责任负债（liability for remaining coverage）和已发生赔款负债（liability for incurred claims），读者可以联想到老准则下的未到期责任准备金和未决赔款准备金。

下面分别讨论初始计量和后续计量时保险合同负债的构成要素。

2. 初始计量时保险合同负债的构成

合同组初始计量时，自然只有未到期责任负债，不可能有已发生赔款负债。由于，未到期责任负债＝履约现金流量＋合同服务边际，履约现金流量＝未来现金流量现值＋非金融风险调整，因此，

初始计量时的保险合同负债＝未到期责任负债＝未来现金流量现值＋非金融风险调整＋合同服务边际。

读者可以在脑中将"未来现金流量现值、非金融风险调整和合同服务边际"这三项保险合同负债要素与老准则下未到期责任准备金的"合理估计负债、风险边际和剩余边际"相对应，三项要素的具体含义在第二部分详述。

3. 后续计量时保险合同负债的构成

到后续的资产负债表日时，若保险合同尚未到期，自然会有未到期责任负债，合同组内有那么多的保险合同，前期自然会有一定数量的保险事故发生，这些事故不可避免地

会有一定程度的赔付延迟,这就有了已发生赔款负债。

于是,后续计量时的保险合同负债＝未到期责任负债＋已发生赔款负债。其中,

未到期责任负债＝履约现金流量＋合同服务边际＝未来现金流量现值＋非金融风险调整＋合同服务边际;

已发生赔款负债＝(与已发生赔案及其他相关费用有关的)履约现金流量＝未来现金流量现值＋非金融风险调整。

二、保险合同负债各项构成要素的内在含义

保险合同负债分为未到期责任负债和已发生赔款负债两类,鉴于已发生赔款负债不涉及合同服务边际,且其履约现金流量的计算思路和方法与未到期责任负债的履约现金流量的计算思路和方法完全一致,下面,我们聚焦于未到期责任负债,对其三项构成要素"未来现金流量现值、非金融风险调整、合同服务边际"的内在含义进行解释,其中,未来现金流量现值又被拆分为未来现金流量和折现率分别讨论。

1. 未来现金流量

所谓保险合同组的未来现金流量(future cash flows),就是保险合同组的未来发生的现金流入和现金流出,既然是未来发生的,当下就只能是估计,下面介绍估计未来现金流量时面临的各种问题及其处理方式:

第一,保险合同现金流的特点是蕴含不确定性,以长期人身险保单的初始计量为例,除首期保费(和已支出的保险获取现金流量)外,所有未来现金流入和现金流出都是不确定的,即是以一定的概率发生的。那该如何描述保险合同未来现金流的大小呢? 新准则明确,未来现金流量估计值为无偏的概率加权平均值,即用期望值来描述。这其实与老准则的规定是一致的,老准则下合理估计负债的分子(未来现金流出－未来现金流入)也是期望值。

第二,估计未来现金流量的依据,是以当前公司可获得的信息为基础,反映计量时的现实情况和假设条件。这意味着,后续的每个资产负债表日,公司都要根据当时的信息更新估计未来现金流的假设条件,要用更新的死亡率、发病率、费用率、退保率等假设条件来估算未来现金流量。这一点也与老准则一致。

第三,估算中包括的未来现金流(新准则第24条称为"合同组内各单项合同边界内的现金流量",以下简称为"合同边界内的现金流量"[1])有:①保费;②赔付,包括已发生未赔付部分,随基础项目回报而变动的给付,由合同内未拆出的嵌入衍生工具(选择权和保证)产生的给付,以及采用实物赔付时公司承担的额外成本;③将合同组合保险获取现金流量分摊至该合同组的部分,保险获取现金流量是指因销售、核保和承保已签发或预计签发的合同组而产生的,可直接归属于其对应合同组合的现金流量。④理赔处理费用;⑤保单管理和维持费用;⑥基于交易的税和费,包括保费税、增值税、保险保障基金交费等;⑦保单持有人委托保险公司代缴的税费;⑧保险公司可能在赔案中追回来的款项,如损余物资处理款和代位追偿款;⑨公司发生的固定费用和可变费用(如会计、人力资

---

[1] IFRS17 的 B65 解释说,合同组内各单项合同边界内的现金流量,是指那些与履行这些合同直接相关的现金流量,包括可归属于对应合同组合的保险获取现金流中分摊至该合同组的部分。

源、信息技术支持、建筑物折旧、租金、维修等费用)中,可采用合理方法直接分摊至本合同组的部分。

第四,估算中不包括的未来现金流(以下简称为"合同边界外的现金流量")有:①投资收益。处理方式:投资资产和投资收益将会被单独按其他会计准则确认、计量和列报;②分出的再保险合同产生的现金流。处理方式:分出再保险合同将会被单独确认、计量和列报;③无法直接归属于包含本合同组的合同组合的成本,如一些产品开发和培训成本。处理方式:这些费用在发生时直接计入损益。④为履行保险合同而浪费掉的非正常性开支,包括非正常的人力资源开支和非人力资源开支。处理方式:发生时直接计入损益;⑤企业所得税支出。处理方式:按所得税会计准则计量和列报;⑥从保险合同中拆分出来的其他部分,包括嵌入衍生工具、可明确区分的投资部分等。处理方式:按相关准则计量和列报。

新准则第24条规定:"企业估计未来现金流量时应当考虑合同组内各单项合同边界内的现金流量,不得将合同边界外的现金流量用于合同组的计量。"大家可以看出,合同边界内、外现金流量界定的松紧,将会影响未来现金流出的大小,这一松紧可能主要体现在上述③中所说的"无法直接归属于包含在本合同组的合同组合的成本"的界定上。显然,合同边界外的现金流出越多(少),合同边界外的其他费用支出就越多(少),合同边界内的履约现金流量越少(多),在保费流入一定的条件下,合同服务边际就越高(低)。

2. 计算未来现金流量现值时的折现率

无论初始计量还是后续计量,要得到的保险合同负债都是现值,因此,保险公司需要将上述未来现金流折现,计算未来现金流量现值,折现率反映未来现金流的货币时间价值和未包含在未来现金流量估计值中的有关金融风险。

折现率如何确定呢? 新准则规定,折现率基于与保险合同具有一致现金流量特征的金融工具当前可观察市场数据来确定,要反映货币时间价值、保险合同现金流量特征以及流动性特征。这一规定有如下四个关键意思:

(1)要去金融市场上找与保险合同现金流特征类似的有可观察市场数据的金融产品,有可观察市场数据意味着可以知道该金融产品的未来现金流和当前市价,进而可以计算其内部收益率(或收益率曲线),保险公司就是要利用这些与保险合同现金流类似金融产品的内部收益率(或收益率曲线)来推断保险合同未来现金流的折现率。

(2)折现率是基于当前可观察市场数据确定,与老准则下要求普通寿险折现率采用过去三年移动平均国债到期收益率作为基准利率明显不同,老准则下显然不仅考虑了当前、还考虑了前期的市场数据。这将导致,与老准则相比,新准则实施后,未来现金流量现值随市场利率变动的波动幅度比老准则中合理估计负债随市场利率变动的波动幅度要大一些。此外,折现率是基于当前可观察市场数据确定,还意味着在每个资产负债表日均需要按当时的市场数据调整折现率,这个调整节奏与老准则要求相同。

(3)折现率要反映保险合同现金流量特征和流动性特征,这意味着,虽然可以在金融市场上找与保险合同现金流特征类似的有可观察市场数据的金融产品作为参照系或起点,但这个参照金融产品往往与保险合同在现金流量特征和流动性特征上还是有一定区别,因此,保险公司需要识别双方的区别,在参照金融产品内部收益率(或收益率曲线)基础上进行调整(调高或调低),以反映保险合同现金流量特征和流动性特征。比如,当保险合同的流动性弱于参照金融产品(如普通寿险的流动性弱于参照的无风险国债)时,需要在参照收益率基础上增加流动性溢价。再比如,如果保险合同给付的信用风险低于(高于)参照金融产品,就需要在参照收益率基础上降低(提高)风险溢价。

(4)折现率要反映保险合同现金流量特征和流动性特征,还意味着,在保险产品内部,不同类别的保险合同往往有着不同的现金流量特征和流动性特征,确定折现率时要反映这些不同。例如,普通寿险的未来现金流不随资产投资收益的波动而波动,万能险的未来现金流会随资产投资收益的波动而波动,则,针对这两类不同的保险产品,前者的折现率无需反映这种波动性,后者的折现率则要反映这种波动性。

3. 非金融风险调整

(1)何为非金融风险调整?

非金融风险是相对于金融风险而言的。何为金融风险(financial risk)呢?如前所述,在保险合同负债计量中,金融风险主要是指保险合同组未来现金流的波动性和流动性风险,是通过折现率来反映的(体现在未来现金流量现值公式的分母上)。所谓非金融风险(non-financial risk),是指合同组的未来现金流本身是有不确定性的(体现在未来现金流量现值公式的分子上),但前述的未来现金流量估计值仅仅是期望值而已,并未反映这种不确定性,这种不确定性(未来现金流量现值公式分子的不确定性)被称为"非金融风险",将通过"非金融风险调整"来反映。

非金融风险调整(Risk adjustment for non-financial risk)是对保险公司承担非金融风险的补偿。非金融风险调整在未来现金流量现值之外单列,其与未来现金流量现值(未来净流出现值)之和,被称为"履约现金流量(fulfilment cash flows)"。这意味着,在未来净流出现值基础上,增加非金融风险调整后,这么多的"履约现金流量"足够履行对客户的合同偿付义务了。

非金融风险有两类来源:①保险风险,即保险承保风险的赔付在未来保险期限内是不确定的,而前述的未来现金流现值仅考虑了未来赔付的期望值,保险公司需要为承担保险风险而获得补偿,这个补偿就形成了一部分非金融风险调整。②其他非金融风险,即保险合同带来的保险风险(风险事件导致的赔付的不确定性)之外的其他风险,如客户提前退保风险、保险合同管理费用超预期上升风险等,同样地,保险公司需要为承担其他非金融风险而获得补偿,这个补偿形成了另一部分非金融风险调整。

(2)影响非金融风险调整大小的因素。

显然,保险风险越大,其他非金融风险越大,非金融风险调整就越大。例如,①在期望损失相同的条件下,"低频率、高损失"风险带来的承保风险显然大于"高频率、低损失"风险带来的承保风险,进而需要更高的非金融风险调整;②承保风险性质类似(如都是承保死亡风险)条件下,保险期限越长,未来赔付的不确定性越大,非金融风险调整越高;③保险风险概率分布越宽(窄),非金融风险调整越高(低);④对保险风险的未知程度越大,非金融风险调整越高。

此外,非金融风险调整的大小还与保险公司的三个因素有关:一是保险公司承保标的数量的多寡,承保标的数量越多,标的分布地域越广,合同组总承保风险会越逼近大数定律,合同组总承保风险越低(体现为离散系数越小),进而需要相对较低的非金融风险调整;二是保险公司管理层或承保决策层的风险厌恶程度,风险相同或概率分布相同,管理层或承保决策层的风险厌恶程度越大(小),要求的非金融风险调整越大(小);三是保险公司管理层和承保决策层的模糊厌恶程度,当无法获得清晰的保险风险概率分布时,保险风险是未知的、模糊的,此时,对于未知程度类似、大小其实相同的未知风险,公司管理层和承保决策层的模糊厌恶程度越大(小),要求的非金融风险调整越大(小)[1]。

(3)非金融风险调整的计量。

无论是初始计量还是后续计量,非金融风险调整都是现值,需要将未来每期的非金融风险调整折现,折现率与前述未来现金流量折现率相同。

不过,新准则并未指定非金融风险调整的评估方法,但要求保险公司在财务报告中披露确定非金融风险调整的计量方法以及计量结果所对应的置信水平(新准则第95条)。这样的披露,显然有利于财务报告使用者对不同公司计量的非金融风险调整进行比较。

此外,在老准则下,有的公司会披露风险边际(如中宏人寿),但不少保险公司直接通过降低折现率的方法反映"风险边际"的大小,将金融风险和非金融风险合并反映在了折现率中。例如,中国人寿和中国平安在计算普通寿险和新型寿险的准备金时,就使用了包含风险边际的折现率。但新准则第26条明确,保险公司应该单独估计非金融风险调整,不得在未来现金流量和折现率的估计中隐含非金融风险调整。这将使非金融风险调整的披露更加透明,也方便财务报告使用者对公司进行更深入的财务分析和公司间比较。

4.合同服务边际

合同服务边际(contractual service margin)是保险公司通过保险合同提供未来服务所获的潜在利润或未赚利润,由于获利依赖于在未来保险期限内向客户提供服务,因此作为潜在利润的合同服务边际将随着不断向客户提供服务而在保险期限内逐步被确认为实际利润。在被确认为实际利润之前,合同服务边际"存储"或"隐藏"在保险合同负债中,是保险合同负债的组成部分,例如,合同组初始计量时,保险合同负债=履约现金流量+合同服务边际=未来现金流量现值+非金融风险调整+合同服务边际。

对于合同组初始计量时的合同服务边际,读者可以这样理解:合同组就是保险公司的一组已售产品,该组产品会有其现金流入和流出,这些现金流会在不同的时间发生,于是,在初始计量时,我们计算所有相关现金流的净现值,若净现值为正(即为有净流入),则有利可赚,这个利润等于净流入;反之则会形成亏损,这个亏损等于净流出。唯一与其他生意或非保险业务不同的是,即便生意已经签单,保险业务给公司带来的未来现金流本身也具有高度不确定性,由此在履约现金流量中增加了"非金融风险调整"这个流出项,以便最大程度地保证对客户的履约责任。因此,当保险合同组有未来净流入,且"未来现金净流入现值"大于"非金融风险调整"时,才算有利可赚,才有合同服务边际。

下面举一个非常简化的小例子[2],来说明合同服务边际的含义:

假设在第0年末,美能达保险公司同时签发了1000张完全一样的3年期定期寿险保单,每张保单均为趸交保费3元,保额均为600元,保费收入合计3000元。佣金支出占保

---

① 读者可参看《行为保险经济学》(郭振华,2020)第十四章第三节"保守型定价:风险厌恶和模糊厌恶的影响"。
② 该案例改编自安永公司的《IFRS17简介》(2020年8月)。

费的10%，共计300（＝3000×10%）元。预计每年末会有1个被保险人死亡，美能达保险公司在被保险人死亡时向其受益人立即支付600元，3年共计赔付1800元。保单维持和管理费用每年190元，3年合计570元，忽略其他税费支出。初始确认时估计的非金融风险调整为120元。

将上述1000张保单归为一个合同组，忽略货币时间价值和金融风险，假设折现率为0%，请帮助美能达保险公司估计所有现金流均未支付（即保费尚未流入、佣金也尚未支出）时，合同组初始确认的合同服务边际。

分析与计算：

（1）折现率为0%，则，未来现金净流出现值＝流出－流入＝（佣金＋赔付＋维持管理费）－保费＝（300＋1800＋570）－3000＝－330（元）。

（2）非金融风险调整＝120（元）。

（3）履约现金流量＝未来净流出现值＋非金融风险调整＝－330＋120＝－210（元）。

即，"未来现金净流入现值"超过"非金融风险调整"达210元，意味着考虑未来现金流不确定性基础上的净流入为210元，因此，210元即为该合同组初始确认时的潜在利润，美能达保险公司可将其确认为合同服务边际。

第三节　提供保险服务产生的费用、收入和利润

本质而言，保险公司主要提供保险服务和投资服务，于是，新准则下，保险公司的主要收支将被划分为两部分：保险服务部分和投资服务部分。本节讨论保险服务部分的收支构成，下一节讨论投资服务部分的收支构成。

所谓保险服务，就是大家心目中认为的保险公司为客户提供的保障服务，唯一可能出乎大家意料的是，新准则有一点特别较真，要求在计算保险服务的收支时，要剔除所有的投资成分，以便保险服务的收支仅反映"纯正的"或"纯洁的"保险服务或保障服务。

具体而言，保险合同组确认后，就会形成保险负债，经过任一会计期间后，保险公司会因在该会计期间为客户提供保险服务而产生保险服务费用（insurance service expenses），同时，保险合同负债会因向客户提供保险服务而释放，产生保险服务收入（insurance revenue）。

一、保险服务费用

某一会计期间的保险服务费用，简称"当期保险服务费用"，是指该期间保险公司实际提供给客户的保险服务所花费的费用，包括：

1. 当期发生赔款（剔除投资成分）及其他相关费用

当期发生赔款，是指当期事故所导致的赔款，包括当期事故发生后支付的赔款和应支付但延期支付的已发生赔款（或未决赔款），但要剔除投资成分。

其他相关费用，是指当期发生的赔款之外的各种费用支出，如理赔处理费用、保单管理和维持费用、其他的公司固定费用和可变费用等。

2. 保险获取现金流量的摊销

上一节提到,保险获取现金流量是指因销售、核保和承保已签发或预计签发的合同组而产生的,可直接归属于其对应合同组合的现金流量。

但事实上,细究而言,与未来现金流量可分为"合同边界内的现金流量"和"合同边界外的现金流量"类似,保险获取现金流量也可分为"合同边界内的保险获取现金流量"和"合同边界外的保险获取现金流量",上述概念仅指前者(下文不做特别说明时,均指前者)。①

这里所说的"保险获取现金流量摊销",是指保险公司应该按新准则第32条规定,将"合同边界内的保险获取现金流量"按时间流逝系统分摊至合同组保险责任期内的每个财务报告期,计入各期的保险服务费用,称为"保险获取现金流量摊销额"。

可能需要说明的是,之所以要将保险获取现金流量单列,而不是直接计入上面的"当期已发生赔款及其他相关费用",原因可能有如下两点:第一,准则委员会认为保险获取现金流量肯定是费用,但与提供当期保险服务不直接相关;第二,保险获取现金流量要按当期摊销额而非当期发生额计入保险服务费用,其核算方式有独特性。

3. 与过去服务相关的变化,主要指"已发生赔款负债相关履约现金流量的变动"

与过去服务相关的变化,自然是指与前面会计期间而非本会计期间的保险服务相关的变化。因此,标题中的"已发生赔款负债相关履约现金流量的变动",不是指当期发生事故尚未赔款的情形(这种情形已被包含在"当期发生赔款"中),而是指往期的已发生未支付的赔款,延续到本期也未支付,但由于物价变化等原因,本期末的估计值发生了变化,这部分变化自然会增加或降低保险公司的赔付成本,应被计入当期保险服务费用。

4. 与未来服务相关的变化,主要指"亏损部分的确认和转回"

首先,如第一节讨论计量单元时所述,按新准则第46条,合同组在初始确认时发生的首日亏损,保险公司应当确认亏损并将其计入当期保险服务费用。此外,在合同组后续计量中,如果产生新增亏损,保险公司也应确认亏损并将其计入保险服务费用。

其次,如果在前期的保险服务费用中有被确认的亏损,则后期的保险服务费用中还会产生"亏损转回"。(亏损转回的原理将在第六章"特例:亏损合同组的负债计量和损益确认"中深入讨论,读者不必心急。)

讨论到这里,保险服务费用就介绍完了。正如新准则第86条中的(五)所述,当期保险服务费用包括四项:①当期发生赔款及其他相关费用;②保险获取现金流量的摊销;③已发生赔款负债相关履约现金流量变动;④亏损部分的确认和转回。

读到这里,读者可能会觉得保险服务费用有些复杂,不好理解。这是正常的,等到读完后面几章示范的计量案例,再返回来看,就能完全理解了。对于保险服务收入的理解,可能也需要经历同样的过程。

二、保险服务收入

保险公司的当期保险服务收入,反映的是保险公司提供合同承诺的当期保险服务而

---

①　有些保险获取现金流量与合同组合的销售、核保和承保直接相关,可归属于合同组合,进而可分摊至合同组,属于前者;有些总公司或分公司层面开销的保险获取现金流量,可能不容易划分至各合同组合,更不容易划分至各合同组,属于后者。(在第四章第五节"保险获取现金流量的损益确认"中,读者可以看到相关案例。)

有权获得的预期对价。对任一保险合同组而言,其在当期创造的保险服务收入包括两部分:一是与提供当期保险合同服务相关的未到期责任负债减少额,二是与保险获取现金流量相关的金额。

1. 与提供当期保险合同服务相关的未到期责任负债减少额

我们可以想象,未到期责任负债就是针对未来履约责任而准备的,合同组过了一个会计期间,意味着合同组的未到期责任负债中的履约责任少了一个会计期间的,于是,应该将对应这一会计期间履约责任的未到期责任负债(预期对价)确认为当期保险服务收入。

于是,新准则第31条规定:"保险公司应该将因提供当期保险合同服务而导致的未到期责任负债账面价值的减少额,确认为保险服务收入"。这句话的核心是"因提供当期保险合同服务导致的"。因为,保险合同组尤其是长险合同组在确认后的保险责任期内,通常会不断有现金流入和流出,如续期保费流入、投资成分的利息增值(流入)、保险获取成本流出、赔付和相关费用流出等,所有这些流入、流出都会对合同组的未到期责任负债账面价值造成影响,但在核算当期保险服务收入时,我们仅将因提供当期保险合同服务导致未到期责任负债账面价值的减少额,确认为保险服务收入。

按照"因提供当期保险合同服务导致未到期责任负债账面价值的减少额"这一思路,可将当期保险服务收入细分为:

(1)期初预计的当期会发生的保险服务费用。

包括期初预计的当期赔款和期初预计的其他保险服务费用。需要特别强调的是,这里指的是"期初预计值",而不是实际发生值。原因是,期初未到期责任负债的账面价值本来就是"期初预计值",自然也应该按照"期初预计值"在当期进行释放。

但不包括:

(a)分摊至未到期责任负债的亏损部分的金额。所谓"未到期责任负债的亏损部分",是指当合同组发生初始计量亏损或后续亏损时,意味着实有的未到期责任负债余额不足,应该由股东补足以保障客户利益,这部分由股东补充到未到期责任负债中的部分,就是"未到期责任负债的亏损部分",其他未到期责任负债可称为"未到期责任负债的其他部分"。所谓"分摊至未到期责任负债的亏损部分的金额",是说"因提供当期保险合同服务导致未到期责任负债账面价值的减少额"中,部分来自"未到期责任负债的亏损部分"的释放,部分来自"未到期责任负债的其他部分"的释放,前者释放出来的,就是"分摊至未到期责任负债的亏损部分的金额"。这里强调是的是,前者释放出来的"分摊至未到期责任负债的亏损部分的金额",包括预期赔款和其他保险服务费用、非金融风险调整释放等,不应计入当期保险服务收入。(原因是,这部分释放出来的保险服务资金,本质上来自于股东,而非来自客户,更详尽的分析请参看第六章。)

(b)赔款中包含的投资成分(或投资成分在当期的返还金),以及与保单贷款相关的未到期责任负债变动。如前所述,保险服务收支中不能包含任何投资成分,与投资成分相关的任何变动都不会形成保险服务费用,也不会形成保险服务收入,因为投资成分与保险服务无关。

(c)第三方收取的交易税费(如保费税、增值税、保险保障基金交费等)。如前节所述,这部分现金流出属于未到期责任负债计量时的"合同边界内的现金流量",自然会在保险责任期限内从未到期责任负债中释放出来,但准则委员会认为它们不属于向客户提供的保险服务,就被从保险服务收入中剔除了。[①]

(d)保险获取现金流量。保险获取现金流量也属于未到期责任负债计量时的"合同边界内的现金流量",但是,准则委员会认为保险获取现金流量与当期保险服务不直接相关,所以不计入这里的"期初预计的当期会发生的保险服务费用",而是在后面单列。

新准则还特别强调,"期初预计的当期会发生的保险服务费用"不包括与非金融风险调整相关的金额,非金融风险调整形成的保险服务收入下面专门讨论。

(2)期初预计的当期非金融风险调整释放额。

经过任一会计期间后,保险负债中对应于该期间的非金融风险就没有了,期末时,对应于该期间的预期的非金融风险调整就会释放出来,计入当期保险服务收入。

但不包括:

(a)分摊至"未到期责任负债的亏损部分"的非金融风险调整变动额。如(1)(a)所述,"因提供当期保险合同服务导致未到期责任负债账面价值的减少额"中,凡是从"未到期责任负债的亏损部分"中释放出来的,都不应计入当期保险服务收入,而从"未到期责任负债的亏损部分"释放出来的非金融风险调整释放,就是"分摊至未到期责任负债的亏损部分的非金融风险调整变动额"。

(b)与未来服务相关进而引发合同服务边际调整的非金融风险调整变化额。即,每个会计期末,保险公司会对未来履约现金流量进行重新估计,履约现金流量中的非金融风险调整自然可能发生变化,这些变化通常会被合同服务边际吸收(除非履约险现金流量增加额超过了合同服务边际余额),不属于因提供当期服务而导致的非金融风险调整释放,不应被计入当期保险服务收入;

(c)计入保险合同金融变动额中的非金融风险调整变化额。任一会计期间,保险合同金融变动额是指保险合同负债的当期利息增值与期末折现率变动导致的保险合同负债变动之和(下一节有详细介绍),这里要说的是,保险合同负债中的非金融风险调整在当期产生的保险合同金融变动额,或计入保险合同金融变动额中的非金融风险调整变化额,与当期提供的保险服务无关,不计入当期保险服务收入。

表 2－2　七项不计入保险服务收入的科目及其原因

不计入保险服务收入的科目		原因
期初预计的当期会发生的保险服务费用中,不包括这四项:	分摊至未到期责任负债的亏损部分的金额	未到期责任负债的亏损部分来自股东,而非客户
	赔款中包含的投资成分(或投资成分在当期的返还金)	与当期提供的保险服务无关
	第三方收取的交易税费(如保费税、增值税、保险保障基金交费等)	与当期提供的保险服务无关
	保险获取现金流量	与当期提供的保险服务不直接相关

---

① 我猜想,既然不被计入保险服务收入,也不应计入保险服务费用。即,在保险服务费用中的"当期发生赔款及其他相关费用"中,也不包括第三方收取的交易税费。

（续表）

不计入保险服务收入的科目		原因
期初预计的当期非金融风险调整释放额中，不包括这三项	分摊至未到期责任负债的亏损部分的非金融风险调整变动额	未到期责任负债的亏损部分来自股东，而非客户
	与未来服务相关进而引发合同服务边际调整的非金融风险调整变化额	与当期提供的保险服务无关
	计入保险合同金融变动额中的非金融风险调整变化额	与当期提供的保险服务无关

（3）当期合同服务边际摊销额。

如第二节所述，合同服务边际是保险公司通过保险合同提供未来服务所获的潜在利润或未赚利润，将随着不断向客户提供保险服务而在保险责任期限内被逐步确认为实际利润，这些被逐期确认的实际利润，就是每期的合同服务边际摊销额。未到期责任负债＝履约现金流量＋合同服务边际，当期合同服务边际摊销额显然是从未到期责任负债中释放出来的，属于"因提供当期保险合同服务导致未到期责任负债账面价值的减少额"，应该被计入当期保险服务收入。

简单想想，与提供当期保险合同服务相关的未到期责任负债减少额，确实应该是上述三部分之和：一是期初预计的当期保险服务费用（赔款和其他费用），二是非金融风险调整在当期的释放额，三是合同服务边际在当期的摊销额。至于各项之中的细节，包含什么不包含什么，如何核算，还需要结合后面章节的案例进一步理解。

（4）其他金额。

这个其他金额可能有也可能没有，新准则只提供了一个可能发生的其他金额，即与当期服务或过去服务相关的保费经验调整。

2. 与保险获取现金流量相关的金额

按照新准则第 32 条规定，保险公司应该将本节第一部分提到的计入保险服务费用的"保险获取现金流量摊销额"，同时计入保险服务收入。

为何要将"保险获取现金流量摊销额"计入保险服务收入并单列呢？如前所述，由于准则委员会认为保险获取现金流量与当期保险服务不直接相关，于是未将其计入保险服务费用中的"当期发生赔款及其他相关费用"，也未将其计入保险服务收入中的"期初预计的当期会发生的保险服务费用"，但是，保险获取现金流量毕竟属于未到期责任负债计量时的"合同边界内的现金流量"，保险获取现金流量摊销额毕竟属于摊销至当期的费用，于是被单列在了保险服务收入和保险服务费用中。

三、保险服务费用和保险服务收入中要剔除哪些投资成分？

在上述保险服务收入和保险服务费用的核算中提到，要分别从"当期预计赔款"和"当期实际赔款"中剔除投资成分。读者自然会联想到第一章提到的保险合同确认后，在合同计量前，要拆出"可明确区分的投资成分"并将其用金融工具会计准则计量。

如第一章所述，"可明确区分的投资成分"其实很少，这导致大量投资成分被留在了保险合同中,通过使用新保险会计准则计量,形成了保险合同负债。

这里要剔除的投资成分,就是指这些已被纳入保险合同计量并计入保险合同负债的剩余投资成分,按照新准则要求,在确认保险服务收入和保险服务费用时,要将剩余投资成分(any investment component)全部剔除。实际上,就是要从预计支付赔款或实际支付赔款中扣除保单现金价值或账户价值(包括保单贷款部分的金额),也称投资返还金(repayments of investment component)。

即,剩余投资成分可以进负债表,但不能进利润表。

四、保险服务业绩

1. 核算公式

如本节第一、二部分所述,忽略或有的(可能有也可能没有的)保险服务收入中的"其他金额",

保险服务收入=期初预计的当期会发生的保险服务费用+当期非金融风险调整释放额+当期合同服务边际摊销额+保险获取现金流量摊销额;[①]

保险服务费用=当期发生赔款及其他相关费用+保险获取现金流量摊销额+已发生赔款负债相关履约现金流量变动+亏损部分的确认和转回。

则,

保险服务业绩

=保险服务收入-保险服务费用

=(期初预计的当期会发生的保险服务费用-当期发生赔款及其他相关费用)+当期非金融风险调整释放额+当期合同服务边际摊销额-已发生赔款负债相关履约现金流量变动-亏损部分的确认和转回

=当期营运偏差+当期非金融风险调整释放额+当期合同服务边际摊销额-已发生赔款负债相关履约现金流量变动-亏损部分的确认和转回。

其中,

当期营运偏差=期初预计的当期会发生的保险服务费用-当期发生赔款及其他相关费用

2. 简单讨论

若忽略保险服务费用中的后两项"已发生赔款负债相关履约现金流量变动"和"亏损部分的确认和转回",则,保险服务业绩=当期营运偏差+当期非金融风险调整释放额+当期合同服务边际摊销额。

从营运偏差对保险服务业绩的影响来看,若实际赔款及其他相关费用高于(低于)期初预期,保险服务业绩会降低(升高)。

可以想象,当期初预计的当期赔款及其他相关费用与实际运行结果一致时,当期营运偏差为零,保险服务业绩=当期非金融风险调整释放额+当期合同服务边际摊销额。

---

① 保险服务收入也可间接计算:保险服务收入=(未到期责任负债的当期所有变动额(不含亏损部分的变动)-未到期责任负债当期变动额中与当期保险合同服务无关的部分)+保险获取现金流量摊销额。

第四节　提供投资服务产生的收入、费用和利润

如上一节开头所述,保险公司主要提供保险服务和投资服务,相应地,新准则下,保险公司的主要收支被划分为保险服务部分和投资服务部分,本节讨论投资服务部分的收支构成。

一、投资服务的收入:投资收益

所谓投资收益,是说保险公司通过签发保单、收取保费形成保险负债,然后,公司会将负债资金与公司净资产一起去投资,形成投资资产,进而在每期产生投资收益或投资收入。

二、投资服务的成本:保险财务损益

下面从"保险负债的利息增值"和"折现率变动导致的保险负债变动"出发,层层递进讨论何为保险财务损益,以及为何投资服务的成本是保险财务损益。

1. 保险负债的利息增值

用于投资的保险负债资金是有资金成本的,因为保险负债会在每一会计期内计息增值。具体而言,任一会计期间内,保险负债中的履约现金流量会按上期末负债计量时所用的折现率计息增值(从上一节讨论未来现金流量现值和非金融风险调整现值中可以体会到),保险负债中的合同服务边际则会按合同组初始计量用折现率(或初始计量未来现金流量现值所用折现率,或初始计量履约现金流量所用折现率)计息增值[①](这一点在下一章详述)。

这些计息增值部分随同保险负债的变动逐期释放(释放时要扣除所有投资成分)为保险服务收入,并且会随着保险赔付和退保而部分给到客户手中,也会随着(非金融风险调整释放和)合同服务边际摊销而部分成为保险公司的利润。

也就是说,保险负债的利息增值已经全部体现在了保险服务收入中,进而形成客户利益、公司费用和保险服务业绩。或者说,核算保险服务业绩时已经假定保险负债会计息增值,或者说,保险服务业绩就是在假定保险负债会计息增值的条件下计算得到的。

因此,保险负债的利息增值,可视为或属于保险公司提供投资服务的资金成本。

2. 折现率变动导致的保险负债变动

如第二节讨论保险负债三要素时所述,计算未来现金流量现值和非金融风险调整现值时要用折现率,该折现率要基于当前可观察市场数据确定,这是要求保险公司在每个资产负债表日都按照当时的相关市场数据来调整折现率。

市场总在变化,于是,每个会计期末,折现率几乎都会发生变动,这会导致履约现金流量(包括未来现金流量现值和非金融风险调整)发生变动,进而会导致保险负债(未到期责任负债和已发生赔款负债)发生变动。具体而言,当折现率下降时,履约现金流量或

---

① 更精确而言,根据新准则第29条(二),合同服务的计息利率,为该合同组内合同确认时,不随基础项目回报变动的现金流量所适用的加权平均利率。

保险负债会增加；当折现率上升时，履约现金流量或保险负债会下降。

这类变动虽然是针对未来净流出的期末履约现金流量的一次性变动，也需要体现在当期的成本（或收入）中，会形成保险公司投资服务的成本（或收入）。具体而言，折现率下降引发的保险负债增加额（实际是保险负债中的履约现金流量增加额）是成本，折现率上升引发的保险负债减少额（实际是保险负债中的履约现金流量减少额）是收入。

因此，折现率变动导致的保险负债变动，也可视为或属于保险公司提供投资服务的成本或收入。

3. 保险合同金融变动额

新准则第 33 条规定：“企业应当将货币时间价值及金融风险的影响导致的未到期责任负债和已发生赔款负债账面价值变动额，作为保险合同金融变动额”，而货币时间价值及金融风险对保险负债账面价值的影响就体现为如上两个方面，一是保险负债的利息增值，二是期末折现率变动导致的保险负债变动。因此，

保险合同金融变动额＝保险负债的利息增值＋期末折现率变动导致的保险负债变动。

4. 保险财务损益

如新准则第 34 条所述，所谓保险财务损益（insurance finance income or expenses），是指计入当期及以后期间损益的保险合同金融变动额。保险财务损益，包括企业签发的保险合同的“承保财务损益”和分出的再保险合同的“分出再保险财务损益”。

上述保险财务损益概念的潜台词是，保险公司不一定要将当期的保险合同金融变动额全额计入当期损益，而是可以在保险合同金融变动额较大时进行某种平滑处理（具体处理方式将在第四章第四节“保险合同金融变动额损益确认的平滑处理”中详述）。考虑到保险公司有平滑利润的普遍动机，预计大多数寿险公司在大多数会计期末都会对保险合同金融变动额的损益确认进行某种平滑处理。

因此，若不考虑分出再保险合同的影响（分出再保险财务损益将在第九章“分出再保险合同的后续计量”中详细讨论），最终计入当期投资服务成本的，通常是经过某种平滑处理之后的当期承保财务损益。

进一步地，为何称为保险财务“损益（income or expenses）”呢？这是因为，保险合同金融变动额中，保险负债的利息增值通常会形成投资服务的资金成本，形成“保险财务费用（insurance finance expenses）”；但期末折现率变动导致的保险负债变动，则既可能是正向变动，也可能是负向变动，进而既可能形成“保险财务费用”，也可能形成“保险财务收益（insurance finance income）”。

因此，当期保险财务损益，才是最终计入当期损益的保险公司提供投资服务的资金成本。

三、投资业绩

1. 核算公式

保险公司提供投资服务获得的收入是投资收益，提供投资服务的成本是保险财务损益，提供投资服务的业绩就是投资收益与保险财务损益之差，即，

$$投资业绩＝投资收益－保险财务损益。$$

若不考虑分出再保险业务,则,

$$投资业绩＝投资收益－承保财务损益。$$

2. 简单讨论

仔细一想,这里的投资业绩其实是"利差收益"或"净投资收益",类似于商业银行利润表中的营业收入中的"利息净收入"。当然,保险负债是有资金成本的,保险财务损益反映的就是这个成本,但保险公司用于投资的净资产是没有会计成本的。

可以想象,总体而言,保险财务损益通常体现为保险财务费用。但在极端情况下,当折现率变动导致的履约现金流量或保险合同负债大幅减少时,会形成规模很大的保险财务收益,在抵消掉保险负债的利息增值形成的保险财务费用后,最终可能会体现为保险财务收益而非保险财务费用。

第三章 保险负债计量

需要提前说明的是,第三、四章所讨论的保险负债计量和保险损益确认,均采用"通用模型法"进行。其他的各种特殊情形,包括直接分红保险合同组的浮动收费法计量、亏损合同组计量、以及采用保费分配法进行简化计量,将在第五、六、七章专门讨论。

此外,鉴于新准则下的计量单元是"保险合同组",本章所讨论的保险负债计量和下一章讨论的损益确认均在合同组层面进行。

本章第一、二节讨论保险负债的初始计量,第三、四、五节讨论保险负债的后续计量。对负债计量的讨论,既涉及思路和方法,也会展示计量案例。

第一节 保险负债的初始计量:思路与方法

如上一章第一节所述,按照新准则,保险公司首先应当对签单业务进行分组,然后以合同组作为计量单元开展初始计量。

一、初始计量思路

所谓保险合同组的保险负债的初始计量,就是在合同组初始确认时核算一下,公司在这组合同上,到底欠保单持有人多少钱,即算一下净现金流出的现值。例如,如果计算得到净现金流出为 10 万元,则保险合同负债为 10 万元。这与核算任何投资项目盈亏的净现值法的思路是一致的。

与核算一般投资项目净现值不同的是:

(1)如果计算得到净现金流出为−10 万元,实际就是预计可以从保单持有人手里赚到 10 万元,但是,保险合同负债不是记为−10 万元,而是将这 10 万元记为"合同服务边际",藏在保险合同负债里,保险合同负债记为零。原因是,保险合同通常是有一定期限的(经常是长期的),潜在利润需要在合同责任期内逐步释放为实际利润;

(2)如上一节介绍合同服务边际时所述,与其他生意或其他产品不同的是,保险产品本身的现金流就具有高度不确定性,由此,保险合同组的净流出被分为两项,一项是净流出期望值的现值,一项"非金融风险调整",合称"履约现金流量"。

二、初始计量时点

1. 初始计量时点的规定

新准则规定,合同组在其初始确认时点进行初始计量,而企业应当在各保险合同的下列时点中的最早时点确认其归属的合同组：①责任期开始日；②保单持有人首付款到期日，或者未约定首付款到期日时企业实际收到首付款日；③发生亏损时。

这就有四个时间点会影响合同确认时点或初始计量时点，分别是：责任期开始日、首付款到期日、实际首次付款日、签发日（该时点可判断是否发生亏损）。下面通过 5 个保险合同案例来分析其合同确认时点或初始计量时点，如表 3－1 所示。

表 3－1　不同保险合同的确认日

保险合同	签发日	是否亏损	约定的首次付款到期日	责任期开始日	实际的首次付款日	合同确认日
A	2023/11/30	否	无	2024/01/01	2023/12/31	2023/12/31
B	2023/11/30	是	无	2024/01/01	2023/12/31	2023/11/30
C	2023/11/30	否	2023/12/01	2024/01/01	2023/12/31	2023/12/01
D	2023/11/30	否	无	2024/01/01	2024/01/02	2024/01/01
E	2024/02/01	否	无	2024/01/01	2024/02/03	2024/01/01

注：五个保险合同案例来源于冯惠伟的培训课程讲义《财险公司对新保险合同准则的理解与执行》（2021 年 6 月），略有改动。

可见，合同确认日或初始计量日可能早于责任期开始日，原因至少有如下几种：①有约定的首次付款到期日且早于责任期开始日；②无约定的首次付款到期日，但实际的首次付款日早于责任期开始日；③保单签发日早于责任期开始日，且发现合同亏损。

2. 对保险公司的影响

根据《保险合同相关会计处理规定》（财政部，2009）和《企业会计准则第 25 号——原保险合同》（财政部，2006）中的相关规定，老准则下的初始计量通常是在确认保费收入（趸交保费或期交首期保费）时进行的，而且，确认保费收入的同时，满足下列条件的，才能予以确认：（一）原保险合同成立并承担相应保险责任；（二）与原保险合同相关的经济利益很可能流入；（三）与原保险合同相关的收入能够可靠地计量。可以大致认为，老准则下的初始计量是在收到保费且合同责任期开始时进行的。

根据上述第 1 部分的分析，新准则实施后：第一，那些在保单责任尚未开始时已提前收取保费的合同，将要在收到保费时确认并进行初始计量。如电话车险业务、寿险业的部分开门红业务等；第二，那些亏损合同将会在保单签发日就进行初始计量，当保单签发日早于责任期开始日时，亏损将要被提前确认。

由于当前寿险公司的部分开门红业务会在保险责任期开始前提前签单和/或提前收费，上述两点很可能会迫使寿险公司将按当前模式运行的开门红业务提前确认和提前初始计量，例如，可能要将 2024 年的开门红业务在 2023 年第四季度进行确认和初始计量，这些 2024 年开门红业务的合同服务边际、新业务价值、新单亏损等就会提前影响 2023 年的公司业绩。当然，如果寿险公司认为这样的结果不可接受，新准则的实施可能会使寿险公司对开门红业务的运作模式进行一定的调整。

三、计量方法

在合同组初始确认时按照履约现金流量与合同服务边际之和对保险合同负债进行初始计量,即,保险合同负债=履约现金流量+合同服务边际=未来现金流量现值+非金融风险调整+合同服务边际。

并非所有保险合同组都有合同服务边际。具体而言,初始确认时,对任一保险合同组,只有当其"所有现金流的现值之和+非金融风险调整"(这里的现金流,包括合同组确认后、确认前和确认时的合同边界内的所有现金流)体现为现金净流入时,才说明保险公司预计会从这一合同组上赚钱,潜在利润或未赚利润等于计算所得的现金净流入,于是,按照会计准则,保险公司将其确认为合同服务边际。反之,如果上述计算结果体现为现金净流出,就说明保险公司预计会从这一合同组上亏钱,潜在亏损等于计算所得的现金净流出,于是,按照会计准则,保险公司将现金净流出作为"首日亏损"计入当期损益。[①]

新准则第 46 条规定,合同组在初始确认时发生首日亏损的,或合同组合中的合同归入其所属亏损合同组而新增亏损的,保险公司应当确认亏损并计入当期保险服务费用,同时将该亏损部分增加未到期责任负债账面价值。即是由股东掏钱填上窟窿,客户利益是无论如何都要保证的。此时(初始计量时),亏损合同组的保险合同负债账面价值等于其履约现金流量,合同服务边际为零。

四、保险获取现金流量对保险合同负债计量的影响

1. 保险获取现金流量的分类

如第二章第三节讨论保险服务费用时所述,类似于将合同组未来现金流量分为"合同边界内的现金流量"和"合同边界外的现金流量",同样可将保险获取现金流量分为"合同边界内的保险获取现金流量"和"合同边界外的保险获取现金流量"。

显然,合同边界外的保险获取现金流量不会对保险合同负债计量造成影响,因此,这里仅讨论合同边界内的保险获取现金流量(以下简称保险获取现金流量)对保险负债计量的影响。

2. 保险获取现金流量对保险负债计量的影响

对于合同边界内的保险获取现金流量,新准则按照发生时间,将其分为合同组确认前、确认时、确认后的保险获取现金流量。

第一,对于合同组确认前发生的保险获取现金流量,根据新准则第 17、18 条,其在发生时应被确认为"保险获取现金流量资产",当合同组初始确认时,保险公司应该将该保险获取现金流量资产"终止确认"。显然,合同组初始确认前发生的保险获取现金流量,属于合同组现金流出,但不是未来现金流出,因此,所谓终止确认,就是在保险合同负债初始计量时,直接从合同服务边际中扣除保险获取现金流量资产,保险合同负债自然等额减少。

---

① 如新准则第 27 条所述:企业应当在合同组初始确认时计算下列各项之和:(一)履约现金流量;(二)在该日终止确认保险获取现金流量资产以及其他相关资产或负债对应的现金流量;(三)合同组内合同在该日产生的现金流量。上述各项之和反映为现金净流入的,企业应当将其确认为合同服务边际;反映为现金净流出的,企业应当将其作为首日亏损计入当期损益。

第二,对于合同组确认时发生的保险获取现金流量,在保险合同负债初始计量时,也不属于未来现金流量,因此也直接从合同服务边际中扣除,保险合同负债等额减少。

第三,对于合同组确认后发生的保险获取现金流量,显然属于未来现金流出,应该计入未来现金流量,正常计量就可以了。从计量结果看,它会提高净流出或履约现金流量,降低合同服务边际,保险合同负债通常不变。

上述讨论已经涵盖了保险获取现金流量对合同组初始计量和后续计量的影响,因此在保险负债的后续计量中不再专门讨论。

第二节　保险负债的初始计量:案例分析

一、案例描述[①]

假设在第 0 年末,万事达保险公司同时签发了 100 张 3 年期保单,保单签发的同时,保单责任期开始了。每张保单的价格均为趸交保费 9 元,公司预期合同签发后即可收到保费 900 元。万事达将这 100 张保单视为一个合同组。

为简化分析,假设在保险期限结束前所有保单均未失效。

为了能在该案例中同时讨论盈利和亏损两种情形,假定万事达保险公司对这组保单的未来赔付(期望值)有如下两种估计:

情形 1(盈利组):未来三年中,每年末赔付支出 200 元,共计赔付 600 元,万事达根据合同组现金流特征、货币时间价值和金融风险确定折现率为 5%,将三期赔付支出折现后的现值之和为 545 元;

情形 2(亏损组):未来三年中,每年末赔付支出 400 元,共计赔付 1200 元,折现率仍为 5%,将三期赔付支出折现后的现值之和为 1089 元;

另外,上述两种情形下,合同组初始确认时估计的非金融风险调整均为 120 元。

忽略所有其他费用,请帮助万事达保险公司对该合同组进行初始计量,即:计算保险合同负债,展示其内部结构;如有亏损,立即确认为当期损益。

二、案例分析

1. 初始确认时点或初始计量时点

本例中,签发日、保单责任开始日和保费付款日应该是同一天,但严格来讲,签发时点和保单责任开始时点在同一时刻,且均略早于保费付款时点,因此,可以把保单责任开始时点(或保单签发时点)作为初始确认时点或初始计量时点。

此外,考虑到该合同组在第二种赔付估计情形下是亏损组,保单签发时点就应该发现亏损,因此应以保单签发时点(与保单责任开始时点重合)作为初始确认时点或初始计量时点。

---

① 该案例改编自 IFRS17 Insurance Contracts 中的 Illustrative examples 中的 Example 1。

2. 保险负债的初始计量

初始计量时点是保单责任开始时点（或保单签发时点），此时尚未收到900元保费，计量结果如表3-2所示。

表3-2　保险合同组负债的初始计量　　　　　　　　　　　单位:元

		情形1 （盈利组）	情形2 （亏损组）
保险负债的 初始计量	①未来现金流量现值 未来现金流入的现值（保费） 未来现金流出的现值（赔付）	(355) (900) 545	189 (900) 1089
	②非金融风险调整	120	120
	③履约现金流量（①＋②）	(235)	309
	④合同服务边际	235	0
	⑤初始确认的保险合同负债（③＋④）	0	309
初始计量对 利润表的影响	保险服务费用:亏损部分的确认	—	(309)

注:(1)未来现金流入通常只有保费，但未来现金流出不一定只有赔付，这里是案例简化的结果;(2)保险合同负债＝履约现金流量＋合同服务边际。

表3-2中，可能有两点需要解释:

(1)表内数据是否带括号（括号表示负值）的问题。表中之所以选择"现金流入为负、现金流出为正"，是为了保证"盈利合同组的合同服务边际为正，亏损合同组的合同服务边际为零":(a)当合同组盈利（情形1）时，上述选择就使履约现金流量为负，体现合同组盈利，合同服务边际＝－履约现金流量，进而保证了合同服务边际为正;(b)当合同组亏损（情形2）时，上述选择就使履约现金流量为正，体现合同组亏损，合同服务边际记为零。

(2)亏损合同组的计量问题。当合同组亏损（情形2）时，未收到保费条件下履约现金流量为正的309元，意味着该合同组考虑风险调整后亏损了309元，初始确认的保险合同负债就记为309元。相当于合同组刚签发，就欠了客户309元（现值），要记在负债表中。这309元从哪儿来呢？显然无法从该合同组来，只能从股东兜里掏出309元补上。于是，这309元就作为利润表中的支出，记在了"保险服务费用"里，体现为"亏损部分的确认"。

3. 收到900元保费时的负债计量

收到900元保费后，合同组的账面价值会有变化，结果如表3-3所示。

表 3-3　收到保费后的合同组负债计量　　　　　　　　　　　　单位:元

	情形 1 (盈利组)	情形 2 (亏损组)
①未来现金流量现值	545	1089
未来现金流入的现值(保费)	0	0
未来现金流出的现值(赔付)	545	1089
②非金融风险调整	120	120
③履约现金流量(①+②)	665	1209
④合同服务边际	235	0
⑤保险合同负债(③+④)	900	1209

表 3-3 可能有四点需要加深理解:

(1)合同组初始确认后即收到保费,几乎没有时间差,保费流入属于预期的现金流入,因此,收到保费不会改变合同组的合同服务边际。

(2)已收到保费,意味着未来现金流入变为 0。现金流入减少 900 元,就使未来现金流量现值增加 900 元,履约现金流量也增加 900 元。由于合同服务边际不变,保险合同负债相应增加 900 元。

(3)保险合同负债=履约现金流量+合同服务边际=未来现金流量现值+非金融风险调整+合同服务边际,收到保费后,盈利组的保险合同负债结构为 900=665+235=(545+120)+235,亏损组的保险合同负债的结构为 1209=1209+0=(1089+120)+0。

(4)对于亏损组而言,合同组的首日亏损已经在收到保费前被确认为保险服务费用,这里无需再次重复确认。

第三节　后续计量:思路和方法

后续计量,就是在合同组初始计量之后的保险期限内的每个资产负债表日对保险合同负债进行计量,并确认相关的当期损益。此时的保险负债往往既有未到期责任负债,也有已发生赔款负债。不过,已发生赔款负债的估计相对简单,下文主要讨论未到期责任负债的计量及相关损益的确认,最后简单讨论一下已发生赔款负债的后续计量。

一、未到期责任负债后续计量的思路

我们做一假想或思想实验,假定在 0 年末签发一批同类保险产品保单,进而组成一个合同组[①],初始确认日和初始计量日就是 0 年末,已知初始确认时的未到期责任负债,现在需要计量的,是 1 年末、2 年末、……、合同组保险期限最后 1 年末的未到期责任负

_____

　① 　这样假设是明显地简化了,现实中,1 年内,同类产品在不同时间点不断签发,形成一个合同组。

债,该如何做呢?

如前所述,无论何时,面向未来,未到期责任负债都等于"履约现金流量＋合同服务边际",进而等于"未来现金流量现值＋非金融风险调整＋合同服务边际"。使后续计量变得较为复杂的是,初始计量的各种假设在未来可能不变,但更可能发生变化,保险公司需要在每个资产负债表日根据当时的情形更新各种计量假设后,再据此估计未到期责任负债。

因此,讨论未到期责任负债后续计量可以分两步:第一步,我们先讨论未来所有参数均与初始计量时的预期完全一致时的未到期责任负债计量,简称"参数与预期完全一致时的未到期责任负债后续计量";第二步,将可能发生的各种变化考虑进去,讨论未来参数与初始计量时的预期(以及期初计量时的预期)不一致情况下的后续计量,简称"参数与预期不一致时的未到期责任负债后续计量"。

另外,未到期责任负债计量中有几点较为特殊,需要进一步专门讨论:一是保险合同金融变动额的选择性会计处理;二是非金融风险调整的简化处理;三是合同服务边际的当期变化。

二、参数与预期完全一致时的未到期责任负债后续计量

如果未来所有参数(如保费、赔付、费用、非金融风险、折现率等)都与初始计量时的假设一致,就可以将未到期责任负债视为一个蓄水池,预期的现金流入(保费流入、利息增加等)会使未到期责任负债增加,预期的现金流出(赔付、退保、费用支出等)、非金融调整释放和合同服务边际摊销会使未到期责任负债减少,这些未来的流入、流出、释放和摊销均与初始计量时的预期或假设相同。

以资产负债表日为初始计量后的 1 年末为例,过去 1 年内的(合同边界内的)任何现金流入,如保费、未到期责任负债的利息等会增加未到期责任负债,1 年内的(合同边界内的)任何现金流出(如赔付、退保、费用支出)、非金融风险调整释放和合同服务边际摊销都会减少未到期责任负债。在期初未到期责任负债账面价值基础上,将上述所有流入、流出、释放和摊销都算进去后,就得到了 1 年末的未到期责任负债账面价值。

后续每个资产负债表日的未到期责任负债计量都是如此。

三、参数与预期不一致时的未到期责任负债后续计量

现实会复杂一些的是,初始确认日之后,未来各种参数都可能发生变化,这会导致,对于每一会计期间,到期末(资产负债表日)算账时,保险公司都可能发现三类与期初预期的不一致或偏差:①当期现金流入流出与期初预期的不一致,简称"当期经验调整";②期末对未来现金流的估计与期初预期的不一致,简称"未来现金流预期偏差";③期末折现率与期初预期的不一致,简称"折现率预期偏差"。

因此,除上述第二部分讨论的预期流入、预期流出、非金融调整释放和合同服务边际摊销会影响合同组后续计量外,这里的三类偏差也会影响合同组后续计量。下面分别讨论这三类偏差对合同组计量的影响。

1. 当期经验调整的影响

当期经验调整及其影响可分为两类:

（1）与当期服务相关的偏差（也称当期营运偏差）。

与当期服务相关的偏差不影响未到期责任负债账面价值，但会影响当期损益。具体而言，当期赔付可能低于（或高于）期初的预期，进而形成赔付的营运偏差；当期的其他相关费用（理赔费用、保单维持和管理费用等）也可能低于（或高于）期初的预期，进而形成其他相关费用的营运偏差。这些营运偏差不会影响未到期责任负债的账面价值，但应被计入当期损益。

例如，若期初预期的当期赔付为 200 元，实际当期赔付为 150 元，就产生了＋50 元的营运偏差。此时，未到期责任负债仍按期初预计的赔付额减少 200 元，偏差额＋50 元被计入当期损益，当期公司利润提高了 50 元。也可以这样理解，因提供当期保险服务，未到期责任负债释放了 200 元，其中，150 元赔付给了客户，50 元形成了公司利润。

若期初预期赔付为 200 元，实际当期赔付为 400 元，就产生了－200 元的营运偏差。此时，未到期责任负债仍按期初预计的赔付额减少 200 元，偏差额－200 元被计入当期损益，公司当期利润减少（或亏损增加）了 200 元。也可以这样理解，因提供当期保险服务，未到期责任负债释放了 200 元，与公司股东自掏腰包 200 元合并在一起，赔付给客户 400 元。

可以看到，无论赔付低于预期还是超出预期，未到期责任负债都是按期初预期的赔付进行释放，营运偏差通过损益变动进行调节。

（2）与未来服务相关的当期保费收入及相关现金流变化。

一是当期保费收入的变化，二是与当期保费收入相关的保险获取现金流和保费税的变化。这些现金流虽然在当期发生，但却是与未来服务相关的，因此将其变化称为"与未来服务相关的当期保费收入及相关现金流的变化"。这种偏差通常会改变履约现金流量，进而改变合同服务边际。原因在于，未来保险责任不变，这些变化自然会使合同组的潜在利润发生变化。

例如，若当期保费收入减少或低于期初预计（但未来责任未变）、保险获取现金流增加或高于期初预计、保费税增加或高于期初预计等，这些参数变化均与当期保险服务无关，但却在不减少未来保险责任或未来赔付支出的条件下，减少了收入或增加了支出，进而会使合同组的履约现金流量增加和潜在利润降低，合同服务边际减少。反之，若当期保费收入增加（未来责任不变）、保险获取现金流减少、保费税减少等，则会使合同组的履约现金流量减少和潜在利润增加，合同服务边际增加。

这类变化被 IFRS17 称为"当期经验调整导致与未来服务相关的履约现金流量变动"，合同服务边际要相应调整。

2. 未来现金流预期偏差的影响

未来现金流预期偏差，是指期末估算未来现金流的各种假设与期初不一致。具体而言，任一期末与期初（或上期末）计量时相比，对未来保险期限内的死亡率、发病率、各种费用支出、退保率等的估计可能发生变化，这会导致估计的未来现金净流出和非金融风险调整发生变化，即会导致与未来服务相关的履约现金流量发生变动（这里假定折现率不变）。

可以想象，对于盈利合同组，若上述与未来服务相关的履约现金流量增加，意味着合同组潜在利润减少，因此，应该相应减少资产负债表日的合同服务边际；反之，若上述与未来服务相关的履约现金流量减少,意味着合同组潜在利润增加,应该相应增加资产负债表日的合同服务边际。这一增一减,与上期末计量时预计的相比,本期末的未到期责任负债总额并未发生变化,但其内部结构已经发生了变化。

可以想象,对于薄利合同组,若上述与未来服务相关的履约现金流量增加过大,可能会超过合同服务边际账面价值,进而使合同组从盈利变为亏损,亏损额为"超出部分",此时,应该将亏损额计入当期保险服务费用,合同组的未到期责任负债按增加后的履约现金流量计量,合同服务边际为零。

可以想象,对于亏损合同组,若上述与未来服务相关的履约现金流量增加,应确认新增亏损并计入当期保险服务费用,合同组的未到期责任负债按增加后的履约现金流量计量;若上述与未来服务相关的履约现金流量减少,应冲减当期保险服务费用,未到期责任负债相应减少;若上述与未来服务相关的履约现金流量减少额过大,可能会超出亏损金额,就应该将超出部分确认为合同服务边际,计入未到期责任负债中。

可见,新准则下,与未来服务相关的履约现金流量变动,通常会用合同服务边际吸收,除非合同服务边际余额因吸收履约现金流量的正向变动而被"清零"。但在老准则下,读者可能还记得,剩余边际以保单生效年度的假设(死亡率、折现率等)确定,在保险期限摊销,剩余边际不随估算未来现金流的假设的调整而变化(读者可参看新准则实施前,中国人寿年报和中国平安年报中的相关表述)。

在新准则第 87 条中,这类与未来服务相关的变动(假设折现率不变)被称为"调整合同服务边际的变更"。

3. 折现率预期偏差的影响

上述第 2 部分讨论的估算未来现金流的假设的变化中,并未考虑折现率的变化。但实际上,与初始计量日或上一个资产负债表日相比,后续资产负债表日的折现率(反映货币时间价值和金融风险,基于与保险合同具有一致现金流量特征的金融工具当前可观察市场数据来确定)也可能发生变化,这会使未来现金流量现值、非金融风险调整现值发生变化,即会使履约现金流量发生变化。例如,当折现率上升时,履约现金流量会下降,当折现率下降时,履约现金流量会上升。

不过,合同服务边际不会吸收上述履约现金流量的变动,而是直接将其计入未到期责任负债的变化中。由此,折现率上升(下降),会造成未到期责任负债下降(上升)。这一点与老准则是一致的。

在新准则第 87 条中,这类与未来服务相关的变动被称为"不调整合同服务边际的变更"。

四、未到期责任负债后续计量中涉及的三个特殊点

上述第二、三部分的讨论已经涉及了与未到期责任负债后续计量相关的各种因素,但仍有三个特殊点需要进一步深入讨论。

1. 保险合同金融变动额的会计处理

无论是未到期责任负债还是已发生赔款负债,计量时都要"从未来算到现在",都要折现。反过来,在每个会计期间内,从期初到期末,都经历了"从现在到未来"的过程,负债会产生利息,负债账面价值还会因期末折现率变动而变动,因此,每期都会产生保险合同

金融变动额。

如第二章第四节所述,保险合同金融变动额＝保险负债的利息增值＋期末折现率变动导致的保险负债变动。这里讨论保险合同金融变动额的会计处理。

一是保险合同金融变动额对负债计量的影响:显然,无论是利息增值,还是折现率变动引起的变动,保险合同金融变动额都会对未到期责任负债账面价值或已发生赔款负债账面价值产生等值影响。

二是保险合同金融变动额对损益表的影响:如新准则第 34 条规定,在利润表(其实是综合收益表)中,对保险合同金融变动额,保险公司可以在合同组合层面进行如下选择性处理:一种选择是将其全额计入当期保险财务损益,另一种选择是将其分解计入当期保险财务损益和其他综合收益。(分解计入当期保险财务损益和其他综合收益的方法,将在第四章第四节详述。)

2. 非金融风险调整的简化处理

新准则第 33 条规定,保险公司可以选择将货币时间价值及金融风险的影响导致的非金融风险调整变动额不作为保险合同金融变动额。

即是说,非金融风险调整本来是有计息(每期都会产生利息)和折现(从未来折至现在算现值)这回事儿的,其利息增值和因折现率变动导致的变动,本应形成保险合同金融变动额,进而形成保险财务损益。但是,根据新准则第 33 条,在每一会计期间,保险公司可以不必将非金融风险调整的上述变动额(利息增加和折现率变动导致的变动)作为保险合同金融变动额,自然也不会形成保险财务损益。

更直观地,是说非金融风险调整可以不计利息(实质上是不反映利息),在合同组保险期限内直接将初始确认时的非金融风险调整分配至后面各期进行释放。例如,某合同组的保险期限为 3 年,初始确认的非金融风险调整为 120 元,若像 IFRS17 中的许多案例那样特别说明"将在未来保险期限内的每个年度平均释放并确认损益",就意味着未来每年释放 40 元,无需考虑折现和计息问题。

这将导致非金融风险调整不形成保险财务损益,即非金融风险调整会影响保险服务业绩,但不影响投资业绩。

3. 两个资产负债表日间合同服务边际的变化

任一会计期间,期末合同服务边际是由期初合同服务边际经过如下变化后得到的。

(1)组内新增合同的影响。

如果计算从合同组的初始确认日起 1 年内某资产负债表日的期末合同服务边际,需要考虑这期间不断加入合同组的新合同贡献的合同服务边际。

(2)产生当期利息。

合同服务边际作为潜在利润藏在未到期责任负债里,这些钱当期被保险公司拿去投资了,因此会产生投资收益。按照新准则,合同服务边际的实际投资收益被分为两部分:一部分投资收益是按合同组初始计量时确定的折现率计息而得的,通过计入合同服务边际进而被计入未到期责任负债中;剩余部分,即因实际投资收益率超过合同服务边际计息利率而得到的超额投资收益,则作为投资业绩(或净投资收益)体现在利润表中(当然,超额投资收益也可能是负值)。

关于合同服务边际的计息利率,如新准则第 29 条所述,对于不具有直接参与分红特征的保险合同组,合同服务边际在当期的计息利率为该合同组内合同确认时、不随基础项目回报变动的现金流量所适用的加权平均利率。

(3)吸收与未来服务相关的履约现金流量变动。

前面曾经谈及,合同服务边际会吸收与未来服务相关的履约现金流量变动,即与未来服务相关的履约现金流量增加(减少),会使合同服务边际减少(增加)。

可被吸收的履约现金流量变动包括:①前面提到的一部分当期经验调整,即与未来服务相关的当期保费收入及相关现金流(如保险获取现金流和保费税)的变化;②前面提到的预期未来现金流偏差,即期末时,由未来保险期限内的死亡率、发病率、各种费用支出、退保率等的假设变化导致的未来现金流现值的变化和非金融风险调整的变化,折现率采用合同组初始计量用折现率;③当期赔付中,期初预计的投资成分金额与实际投资成分金额之差(该差额与保险服务无关,无法计入当期损益,于是计入了合同服务边际)。

如下履约现金流的变化与未来服务无关,不应该被合同服务边际吸收:①履约现金流量在当期的利息增加,以及期末折现率变化引发的履约现金流量变化;②已发生赔款负债的履约现金流量估计值的变化;③除与未来服务相关的当期保费收入及相关现金流(保险获取现金流和保费税)的变化之外的当期经验调整(即当期营运偏差)。

两种特殊情况是:第一,当与未来服务相关的履约现金流量增加额超过合同服务边际账面价值时,合同服务边际归零,就无法吸收履约现金流量变动了,超出部分形成当期亏损;第二,当合同服务边际归零且形成当期亏损后,在未到期责任负债中就有了股东出资形成的"未到期责任负债的亏损部分",如果后续与未来服务相关的履约现金流量减少,将优先用于抵消"未到期责任负债的亏损部分",然后才会影响合同服务边际。

(4)当期汇兑差额。

如果考虑外币的影响,还要计算合同服务边际在当期产生的汇兑差额。

(5)当期摊销形成利润。

按照新准则,保险公司应当按照提供保险合同服务的模式,合理确定合同组在责任期内各个期间的责任单元(coverage units),以责任单元作为摊销因子,根据本期责任单元数量在"本期责任单元数量和未来责任期内责任单元数量之和"中的占比,对调整后的待摊合同服务边际,即对"期初合同服务边际＋组内新增合同的影响＋当期利息＋吸收的履约现金流量变动＋当期汇兑差额"进行摊销(其中,吸收的履约现金流量变动和当期汇兑差额可正可负),确定计入当期损益的合同服务边际,将剩余的合同服务边际计入期末未到期责任负债。

所谓提供保险合同服务的模式,是指保险公司向保单持有人提供的是保险保障服务、投资回报服务(investment-return service)还是投资相关服务(investment-related service)。对不具有直接参与分红特征的保险合同而言,除提供保险保障服务外,保险公司还向客户提供投资回报服务,赚取利差收益。(对具有直接参与分红特征的保险合同而言,保险公司主要向客户提供投资相关服务,赚取投资管理费或资产管理费。)

合同组中责任单元的数量,是指该组内所有合同提供的保险合同服务的数量,由保险公司根据每份合同提供的给付数量(the quantity of the benefits)和预期保障期限(expected coverage period)来确定。

(6)期末合同服务边际的计算。

这样,期末合同服务边际＝期初合同服务边际＋组内新增合同的影响＋当期利息＋吸收的履约现金流量变动＋当期汇兑差额－当期摊销

其中,吸收的履约现金流量变动和当期汇兑差额可正可负。

这部分内容有些复杂,读者需要结合后面两节的案例反复理解。

五、已发生赔款负债的后续计量

在后续的任一资产负债表日,已发生赔款负债＝履约现金流量＝未来现金流量现值＋非金融风险调整。这些履约现金流量,既包括当期发生案件产生的延迟赔付或未决赔款,也包括往期发生案件产生的长尾延迟赔付或未决赔款。

在后续计量时,由于计息增值、与赔偿相关的物价变化和期末折现率变化等原因,已发生赔款负债账面金额会产生变化。

后续计量时,需要将下列变化确认为收入或费用:

(1)在任一会计期间,当索赔和相关理赔导致已发生赔款负债增加时,保险公司要将上述增加额(扣除投资成分)确认为保险服务费用。

(2)当已发生事故尚未赔款案件的履约现金流量估计值发生任何后续变化时,将后续变化额确认为保险服务费用。

(3)将已发生赔款负债当期产生的利息,以及期末时因折现率变动而导致的已发生赔款负债的变化,即已发生赔款负债的保险合同金融变动额,全额计入保险财务损益或分解计入当期保险财务损益和其他综合收益。

第四节　后续计量案例:盈利合同组

第四、五节用案例来说明保险公司如何对合同组进行后续计量。为展示合同组在其保险期限内的多种变化可能性,本节以持续盈利合同组为例进行讨论,第五节讨论该合同组在后期变为亏损情形下的后续计量,可分别视为厚利组和薄利组的后续计量案例。

合同组后续计量的任务,主要是计量资产负债表日保险合同负债(未到期责任负债和已发生赔款负债)的账面价值,同时确认保险合同负债变化对利润表的影响。

一、后续计量结果的展示思路

1. 新准则对保险合同负债的披露要求

从新准则对保险合同负债的披露要求来看,在资产负债表中,保险公司仅会披露保险合同负债总额,在附注中则要求更加详尽的披露。

根据新准则第87条或IFRS17第101条,保险公司要在附注中单独披露履约现金流量余额调节表和合同服务边际余额调节表,以反映与保险合同账面价值变动有关的下列信息:

(1)保险合同负债的期初和期末余额以及净额调节情况;

(2)未来现金流量现值当期变动情况;

(3)非金融风险调整当期变动情况;

（4）合同服务边际当期变动情况；

（5）与当期服务相关的变动情况，包括合同服务边际的摊销、非金融风险调整的变动、当期经验调整；

（6）与未来服务相关的变动情况，包括当期初始确认的保险合同影响金额、调整合同服务边际的估计变更、不调整合同服务边际的估计变更；

（7）与过去服务相关的变动情况，包括已发生赔款负债相关履约现金流量变动；

（8）与当期服务无关但影响保险合同账面价值的金额，包括当期现金流量（收到保费、支付保险获取现金流量、支付赔款及其他相关费用）、保险合同金融变动额、其他与保险合同账面价值变动有关的金额。

2. 后续计量结果的展示思路

其实，新准则第 87 条提供了一个思路，即，我们可将影响保险合同负债账面价值当期变动的因素分为四类：

（1）与当期服务相关的变化：包括合同服务边际摊销、非金融风险调整释放、当前经验调整。当期经验调整主要对应于上一节讨论的"当期营运偏差"，如赔付超出或低于预期等。

（2）与未来服务相关的变化：包括当期初始确认的保险合同影响金额、调整合同服务边际的变更、不调整合同服务边际的变更。当期初始确认的保险合同影响金额，是指新合同进入合同组带来的负债变动；调整合同服务边际的变更和不调整合同服务边际的变更，请参看上一节第四部分中"两个资产负债表日间合同服务边际的变化"，有些履约现金流量变动会被合同服务边际吸收，属于调整合同服务边际的变更，有些履约现金流量变动不会被合同服务边际吸收，属于不调整合同服务边际的变更。

（3）与过去服务相关的变化：主要指与已发生赔款负债相关的履约现金流量变动，未到期责任负债的变动基本与此无关。例如，2 年前发生的保险事故因延迟赔付而产生已发生赔款负债，现在，由于对事故赔款有了新的估计，事故赔款预期增加了，这会导致已发生赔款负债账面价值的增加。上一节第五部分也有相关讨论。

（4）与当期服务无关但影响保险合同账面价值的金额：指合同组期初预期的现金流入流出和利息增值，包括当期现金流量（收到保费、支付保险获取现金流量、支付赔款及其他相关费用）、保险合同金融变动额、其他与保险合同账面价值变动有关的金额，这些自然也会影响保险合同负债账面价值，但与当期服务无关。

保险公司将在附注中展示上述详细信息，这些附注信息将使我们详细知晓保险合同负债是如何从期初账面价值变化到期末账面价值的，期间受到了哪些因素的影响，这些变化又是如何影响保险公司利润表的。

二、案例描述[①]

仍使用第二节中的案例，但仅考虑盈利组情形：假设在第 0 年末，万事达保险公司同时签订了 100 张 3 年期保单，保单签订即生效，每张保单趸交保费 9 元，公司预期合同签订即可收到保费 900 元。万事达将这 100 张保单视为一个合同组。为简化分析，假设在

---

① 该案例改编自 IFRS17 Insurance Contracts 中的 Illustrative examples 中的 Example 2 及 2A。

保险期限结束前所有保单均未失效。

初始计量时，万事达保险公司对这组保单（盈利组）的未来赔付（期望值）预计为，未来三年中，每年末赔付支出 200 元，共计赔付 600 元，万事达根据合同组现金流特征、货币时间价值和金融风险确定折现率为 5%，将三期赔付支出折现后的现值为 545 元（这些现金流量不会因任何基础项目回报的变化而变化，该合同组为不具有参与分红特征的保险合同组）；

另外，合同组初始确认时估计的非金融风险调整为 120 元。假设保险公司选择将货币时间价值及金融风险的影响导致的非金融风险调整变动额不作为保险合同金融变动额，且将在未来保险期限内的每个年度平均释放并确认损益，这意味着：未来每年释放非金融风险调整 40 元，且无需考虑其折现和计息问题。

（1）假设第 1 年，所有事件均按预期发生，而且，年末时保险公司不改变与未来相关的所有假设。

（2）假设第 2 年末，保险公司不但发现当年的已发生赔款与预期不一致，且改变了对第三年履约现金流的预期（履约现金流量发生有利变化，合同组预期盈利能力上升）：

①第 2 年的实际赔付金额为 150 元，比期初预期少了 50 元；

②第 2 年末，保险公司改变了对第 3 年的现金流出（赔付支出）的预期，预计赔付 140 元（现值 133 元），取代了第 1 年末的预计赔付 200 元（现值 191 元），这将使第 2 年末的未来现金流出现值减少 58（＝191－133）元；

③第 2 年末，保险公司改变了与第 3 年现金流估计相关的非金融风险调整的预期，预计的非金融风险调整为 30 元，取代了期初预计的 40 元，降低了 10 元。

（3）第 3 年末，保险公司发现年底赔付金额确实是 140 元，与第 2 年末时预计的相同，同时合同组的 3 年保险期限结束了。

（4）假设所有事故均发生在年末，且事故发生即刻支付赔款，即所有赔款均发生在年末，且期末不存在已发生赔款负债。

忽略所有其他费用，请在第二节合同组（盈利组）初始计量结果基础上，帮助万事达保险公司进行后续计量，按照新准则第 87 条展示保险合同负债及其分项的余额调节表，并给出该合同组对公司资产负债表和利润表的影响。

三、案例分析

从案例描述可知，该合同组的保单签发日、责任期开始日和收到保费日，均在同一日，为方便后续分析，这里直接使用收到保费时的合同组负债计量结果（见表 3－3）作为初始计量结果（以下案例分析均采用这一模式）。表 3－4 给出了保险合同负债初始计量结果及初始预期的后续每年末的履约现金流。

表3-4　初始计量结果及对后续每年末的履约现金流量估计　　　　单位:元

	初始计量结果	初始预期的后续每年末的履约现金流		
		第1年末	第2年末	第3年末
预期的未来现金流入现值	0	—	—	—
预期的未来现金流出现值	545	372	191	—
预期的未来现金流量现值	545	372	191	—
非金融风险调整	120	80	40	—
履约现金流量	665	452	231	—
合同服务边际	235			
初始确认时的保险合同负债	900			

注:① 预期的未来现金流量现值＝预期的未来现金流入现值＋预期的未来现金流出现值;

②履约现金流量＝预期的未来现金流量现值＋非金融风险调整;

③保险合同负债＝ 履约现金流量＋合同服务边际。

④ $372 = \dfrac{200}{1.05} + \dfrac{200}{1.05^2}$;$191 = \dfrac{200}{1.05}$。

⑤数据已做四舍五入处理,后面表格也是这样。

1. 第1年末的保险合同负债计量

由于事故发生时立即支付赔款,所以,本合同组3年内均没有已发生赔款负债,或者说,已发生赔款负债仅在事故发生后很短时间内存在,迅速赔款后就消失了,这里计量的保险合同负债其实就是指未到期责任负债。

第1年末,保险合同负债(未到期责任负债)及其分项(未来现金流量现值、非金融风险调整、合同服务边际)的余额调节表见表3-5。

表3-5　第1年的保险合同负债及其分项余额调节表　　　　单位:元

	预期的未来现金流量现值	非金融风险调整	合同服务边际	保险合同负债
期初余额	545	120	235	900
与未来服务相关的变化	—	—	—	—
现金流入量	—	—	—	—
保险合同金融变动额	27	—	12	39
与当期服务相关的变化	—	(40)	(82)	(122)
现金流出量	(200)	—	—	(200)
期末余额	372	80	165	617

注:没有已发生赔款负债,意味着没有"与过去服务相关的变化",后面的表格类同。

阅读类似表3-5的保险合同负债及其分项余额调节表时,我们要想到按照新准则第

87 条的展示要求,可将影响保险合同负债账面价值当期变动的因素分为四类:与当期服务相关的变化、与未来服务相关的变化、与过去服务相关的变化、与当期服务无关但影响保险合同账面价值的金额。由于本案例合同组没有已发生赔款负债,自然就没有"与过去服务相关的变动"。

下面对表 3-5 中的各行数据解释如下:

(1)与未来服务相关的变化:第 1 年末时,保险公司不改变与未来相关的所有假设,因此,没有与未来服务相关的变化。

(2)当期现金流入量和现金流出量:它们属于与当期服务无关但影响保险合同账面价值的金额,现金流入为零,现金流出(赔付)200 元会使保险合同负债减少 200 元。

(3)保险合同金融变动额:如前所述,非金融风险调整不计利息,剩余的保险合同负债按期初假设折现率 5% 计息,包括:未来现金流量 545 元按 5% 计息 27 元,合同服务边际 235 元按 5% 计息 12 元,合计形成 39 元保险合同金融变动额,使保险合同负债增加 39 元。(并且,这 39 元利息会在利润表中形成等额的当期保险财务费用。)

(4)与当期服务相关的变化,是指当期营运偏差、非金融调整释放和合同服务边际摊销,它们会使保险合同负债额发生相应变化。其中,当期赔付与期初预计一致,无当期营运偏差;非金融风险调整按预期释放 40 元;当期合同服务边际摊销 82 元(计算方法在(5)中专述),合并起来,保险合同负债因此减少 122 元。

(5)合同服务边际摊销:如上一节所述,按照新准则,保险公司应当根据本期责任单元数量在"本期责任单元数量和未来责任期内责任单元数量之和"中的占比,对调整后的待摊合同服务边际,即对"期初合同服务边际+组内新增合同的影响+当期利息+吸收的履约现金流量变动+当期汇兑差额"进行摊销,确定计入当期损益的合同服务边际当期摊销额,将剩余的合同服务边际计入未到期责任负债。合同组中责任单元的数量,是指该组内所有合同提供的保险合同服务的数量,由保险公司根据每份合同提供的给付数量(the quantity of the benefits)和预期保障期限(expected coverage period)来确定。在本合同组的第 1 年中,期初合同服务边际为 235 元,组内新增合同的影响为 0 元,当期利息为 12 元,吸收的履约现金流量变动为 0 元,当期汇兑差额为 0 元,则,调整后的待摊合同服务边际为 247(=235+0+12+0+0)元。此外,如案例描述所述,合同组保险责任期限为 3 年,每张保单都不会提前失效,且每张保单在每一年均提供相同的(预期)给付数量,这意味着合同组在每一年均提供相同数量的保险服务,或每一年的责任单元数量均相同。因此,第 1 年的合同服务边际当期摊销额为 82(=247/3)元,剩余的留在期末保险合同负债里的合同服务边际为 165(=247-82)元。

(6)等到 1 年末时,期末未来现金流量现值为 372(=545+27-200)元,期末非金融风险调整为 80(=120-40)元,期末合同服务边际为 165(=235+12-82)元,期末保险合同负债为 617(=372+80+165)元。也可从最后一列数据得到期末保险合同负债为 617(=900+39-122-200)元。

2. 第 2 年末的保险合同负债计量

第 2 年末,保险公司不但发现当年的已发生赔款与预期不一致,且改变了对第三年履约现金流的预期:

①第 2 年的实际赔付金额为 150 元,比期初预期少了 50 元;

②第 2 年末,保险公司改变了对第 3 年的现金流出(赔付支出)的预期,预计赔付 140 元(现值 133 元),取代了第 1 年末的预计赔付 200 元(现值 191 元),这将使第 2 年末的未来现金流出现值减少 58(=191-133)元;

③第 2 年末,保险公司改变了与第 3 年现金流估计相关的非金融风险调整的预期,预计的非金融风险调整为 30 元,取代了期初预计的 40 元,降低了 10 元。

由此,第 2 年末,保险公司修正了对履约现金流量的估计,如表 3-6 中的第 3 列数据所示。

表 3-6 第 2 年末的修正后的履约现金流量估计 单位:元

	初始确认时	第 1 年末	第 2 年末	第 3 年末
预期的未来现金流入现值	0	—	—	—
预期的未来现金流出现值	545	372	133	—
预期的未来现金流量现值	545	372	133	—
非金融风险调整	120	80	30	—
履约现金流量	665	452	163	—
合同服务边际	235			
初始确认时的保险合同负债	900			

第 2 年,保险合同负债(未到期责任负债)及其分项(未来现金流量现值、非金融风险调整、合同服务边际)的余额调节表见表 3-7。

表 3-7 第 2 年的保险合同负债及其分项余额调节表 单位:元

	预期的未来现金流量现值	非金融风险调整	合同服务边际	保险合同负债
期初余额	372	80	165	617
保险合同金融变动额	19	—	8	27
现金流入量	—	—	—	—
与未来服务相关的变化	(58)	(10)	68	—
与当期服务相关的变化	(50)	(40)	(121)	(211)
现金流出量	(150)	—	—	(150)
期末余额	133	30	120	283

注:表中数据经过了四舍五入的处理。

对表 3-7 的各行数据解释如下:

(1)容易理解:①期初余额是上年末(第 1 年末)的期末余额;②与第 1 年一致,保险合同金融变动额仅考虑未来现金流量现值的利息和合同服务边际的利息,非金融风险调整不计息,计息利率仍为5%,保险合同金融变动额会使保险合同负债增加,是正数;③第2年没有保费流入,现金流入量为0元。

(2)与未来服务相关的变化:第2年末,保险公司改变了对第3年履约现金流的预期,一是第3年的赔付支出会减少,导致未来现金流出现值比上年末预计的降低了58元;二是与第3年现金流相关的非金融风险调整会降低,比上年末预计的降低了10元。按照新准则,与未来服务相关的履约现金流变动应被合同服务边际吸收,于是,合同服务边际增加了68(=58+10)元。这些变化只是调整了保险合同负债的内部分项的各自金额,不会对保险合同负债总额造成影响。

(3)与当期服务相关的变化:一是当期赔付少了50元(属于正向营运偏差);二是非金融风险调整在当期释放40元;三是合同服务边际在当期摊销121元(计算方法在(4)中专述)。这三项变化除影响保险合同负债外,还会被计入当期损益。

(4)合同服务边际摊销:按照新准则,摊销前的第2年末的合同服务边际总额为241(=期初数+当期利息+吸收未来履约现金流量变动=165+8+68)元,然后,基于第2、3年的责任单元数量相同,保险公司将其平均分配至第2年和第3年,于是,第2年的摊销额为121(=241/2)元,余额为120元。

(5)现金流出量:容易理解,现金流出量150元是指当期赔付,现金流出会使保险合同负债减少,故为负数。

(6)本质而言,我们应该将现金流出量150元和当期少赔额50元合并理解为:保险合同负债按期初预计的当期赔付额200元释放,其中,150元体现为赔付支出(计入保险服务费用),50元体现为营运偏差(创造保险服务利润)。

(7)第2年末,期末未来现金流量现值为133(=372+19-58-50-150)元,期末非金融风险调整为30(=80-10-40)元,期末合同服务边际为120(=165+8+68-121)元,期末保险合同负债为283(=133+30+120)元。也可按照最后一列数据计算,期末保险合同负债为283(=617+27-211-150)元。

3. 第3年末的保险合同负债计量

第3年末,保险公司发现年底赔付金额确实是140元,与第2年末时预计的相同,同时合同组3年保险期限结束了,剩余合同服务边际30元被确认为利润。

根据相关信息和数据,第3年,保险合同负债(未到期责任负债)及其分项(未来现金流量现值、非金融风险调整、合同服务边际)的余额调节表见表3-8。

表3-8　第3年的保险合同负债及其分项余额调节表　　　　　　　　单位:元

	预期的未来现金流量现值	非金融风险调整	合同服务边际	保险合同负债
期初余额	133	30	120	283
保险合同金融变动额	7	—	6	13
现金流入量	—	—	—	—
与未来服务相关的变化	—	—	—	—

（续表）

	预期的未来现金流量现值	非金融风险调整	合同服务边际	保险合同负债
与当期服务相关的变化	—	（30）	（126）	（156）
现金流出量	（140）	—	—	（140）
期末余额	—	—	—	—

注:表中数据经过了四舍五入的处理。

到现在为止,读者对保险合同负债余额调节表比较熟悉了,表3－8也就好理解多了:

（1）容易理解:①期初余额是上年末（第2年末）的期末余额;②保险合同金融变动额中,按照5%的利率,期初未来现金流量现值133元在当期产生7元利息,期初合同服务边际120元在当期产生6元利息,非金融风险调整不计利息;③第3年没有现金流入,所以现金流入量为0元;④第3年末已经没有未来了,所以与未来服务相关的变化均为0元。

（2）与当期服务相关的变化中:当期现金流出与期初预期一致,所以未来现金流量现值的当期变化为0元;非金融风险调整30元全部释放,进入当期损益;合同服务边际126元全部释放,进入当期损益。这些变动导致保险合同负债相应减少156元。

（3）保险合同负债及其分项的期末余额均为0元,说明计算正确。具体而言,期初保险合同负债283元,期间产生13元利息,赔付支出140元,剩余的156元全部释放,进入当期损益,期末保险合同负债为0元。

4.该合同组对资产负债表和利润表的影响

上述保险合同负债计量结果及其对损益的影响将会体现在保险公司的资产负债表和利润表中,如表3－9所示。

表3－9　该合同组对保险公司资产负债表和利润表的影响　　　　单位:元

对资产负债表的影响				
	第0年末	第1年末	第2年末	第3年末
资产	（900）	（700）	（550）	（410）
保险合同负债	900	617	283	0
股东权益	0	83	267	410
对利润表的影响				
	第1年	第2年	第3年	总计
与当期服务相关的变化	122	211	156	489
保险财务费用	（39）	（27）	（13）	（79）
利润	83	184	143	410

注:第0年末的保险合同负债,实际是从0变为900,即该合同组在收到保费前的负债是0,但收到900元保费后,负债立即变为900。

对表 3-9 中可能存在的疑惑解释如下：

(1)鉴于这里仅展示 IFRS17 计量,不展示各类投资资产的计量,因此,表 3-9 未考虑资产的实际投资收益,利润表中没有投资收益科目。

(2)资产额是由保险合同负债与股东权益之和计算出来的。如,第 1 年末的资产额 700 元是由 617 元保险合同负债与 83 元股东权益相加得到的。

(3)合同组对每年末股东权益的影响额,来源于每年的累积利润:第 1 年末的股东权益为第 1 年的合同组利润 83 元,第 2 年末的股东权益为第 1、2 年的累积利润 267(=83+184)元,第 3 年末的股东权益为第 1、2、3 年的累积利润 410(=267+143)元。

(4)与当期服务相关的变化其实代表了当期保险服务业绩:如第二章第三节所述,保险服务业绩=(当期营运偏差+当期非金融风险调整释放额+当期合同服务边际摊销额)-已发生赔款负债相关履约现金流量变动-亏损部分的确认和转回。本例中,"已发生赔款负债相关履约现金流量变动"和"亏损部分的确认和转回"均为零,而"与当期服务相关的变化"正好来自于"当期营运偏差、非金融风险调整释放和合同服务边际摊销"。因此,本例中,与当期服务相关的变化正好形成了当期保险服务业绩。

(5)由于每期末折现率均未发生变动,不存在折现率变动导致的保险负债变动,因此,本案例中的保险合同金融变动额=保险负债的利息增值,假定将其全部计入保险财务损益,就会形成等额的保险财务费用。保险公司在计算投资业绩时,会将资产投资收益作为收入(这里不考虑),将保险财务费用作为支出,因此,保险财务费用是负值。

第五节　后续计量案例:盈变亏合同组

本节仍采用与上一节同样的案例,通过施加变化,讨论该合同组在后期变为亏损情形下的后续计量。

一、案例描述[①]

本案例基本情况与上一节相同,只是:

(1)在第 2 年末,保险公司不但发现当年的已发生赔款与预期不一致,且改变了对第 3 年履约现金流的预期(履约现金流量发生不利变化,合同组预期盈利能力下降):

①第 2 年的实际赔付金额为 400 元,比期初预期多了 200 元;

②第 2 年末,保险公司改变了对第 3 年的现金流出(赔付支出)的预期,预计赔付 450 元(现值 429 元),取代了第 1 年末的预计赔付 200 元(现值 191 元),这将使第 2 年末的未来现金流出现值增加 238(=429-191)元;

③第 2 年末,保险公司改变了与第 3 年现金流估计相关的非金融风险调整的预期,预计的非金融风险调整为 88 元,取代了期初预计的 40 元,增加了 48 元。

(2)第 3 年末,保险公司发现年底赔付金额确实是 450 元,与第 2 年末时预计的相同,

---

① 该案例改编自 IFRS17 Insurance Contracts 中的 Illustrative examples 中的 Example 2B。

同时合同组 3 年保险期限结束了。

(3)假设所有事故均发生在年末,且事故发生即刻支付赔款,即所有赔款均发生在年末,且合同组不存在已发生赔款负债。

忽略所有其他费用,请在该合同组初始计量结果基础上,帮助万事达保险公司进行后续计量,按照新准则第 87 条展示保险合同负债及其分项的余额调节表,并给出该合同组对公司资产负债表和利润表的影响。

二、案例分析

合同组第 1 年的运行结果与上一节完全相同,下面仅展示该合同组第 2、3 年的计量结果。

第 2 年末,保险公司修正了对履约现金流量的估计,如表 3-10 中的第 3 列数据所示。

表 3-10 第 2 年末的修正后的履约现金流量估计 单位:元

	初始确认时	第 1 年末	第 2 年末	第 3 年末
预期的未来现金流入现值	0	—	—	—
预期的未来现金流出现值	545	372	429	—
预期的未来现金流量现值	545	372	429	—
非金融风险调整	120	80	88	—
履约现金流量	665	452	517	—
合同服务边际	235			
初始确认时的保险合同负债	900			

1. 第 2 年末的保险合同负债计量

第 2 年,保险合同负债(未到期责任负债)及其分项(未来现金流量现值、非金融风险调整、合同服务边际)的余额调节表见表 3-11。

表 3-11 第 2 年的保险合同负债及其分项余额调节表 单位:元

	预期的未来现金流量现值	非金融风险调整	合同服务边际	保险合同负债
期初余额	372	80	165	617
保险合同金融变动额	19	—	8	27
现金流入量	—	—	—	—
与未来服务相关的变化	238	48	(173)	113
与当期服务相关的变化	200	(40)	—	160
现金流出量	(400)	—	—	(400)

（续表）

	预期的未来现金流量现值	非金融风险调整	合同服务边际	保险合同负债
期末余额	429	88	—	517

注：表中数据经过了四舍五入的处理。

有了上一节的分析基础，表 3 - 11 好理解多了，这里仅对表中可能存在的疑惑解释如下：

（1）与未来服务相关的变化有两个：一是预计的第 3 年的赔付支出大幅增加，导致未来现金流出现值比上年末预计值增加了 238 元；二是与第 3 年现金流相关的非金融风险调整增加了，比上年末预计的增加了 48 元。按照新准则，与未来服务相关的履约现金流变动应被合同服务边际吸收，但履约现金流量增加额超过合同服务边际账面价值所导致的亏损部分除外。这里，第 2 年末，与未来服务相关的履约现金流量增加了 286（＝238＋48）元，但合同服务边际账面价值只有 173（＝165＋8）元，所以，合同服务边际 173 元全部"牺牲"归零后，剩余的 113（＝286－173）元会通过计入损益由股东承担，保险合同负债因与未来服务有关的变化而增加 113 元。

（2）与当期服务相关的变化包括：一是当期赔付多了 200 元；二是非金融风险调整在当期释放 40 元；三是合同组已经亏损，合同服务边际已经归零，没有当期摊销；三项合并导致保险合同负债增加了 160 元。

（3）现金流出量 400 元，用于当期实际赔款，自然会使保险合同负债减少 400 元。

（4）本质而言，我们应该将现金流出量（或实际赔款）400 元和当期多赔额 200 元合并起来理解为：第一，从保险合同负债变动来看，保险合同负债仍按期初预计的当期赔付额释放或减少 200 元，保险事故发生后，额外 200 元赔款由股东出资填入已发生赔款负债，随即与未到期责任负债释放的 200 元合并一起给到客户。第二，从利润表来看，保险合同负债按预期释放形成 200 元保险服务收入，实际赔款则形成 400 元保险服务费用，两者合计的负向营运偏差会给公司带来损失。

（5）最后，我们通过最后一列数据来理解一下保险合同负债的变化过程：①期初保险合同负债为 617 元；②1 年内涨了 27 元利息，负债增加 27 元；③期末估计的未来履约现金流量增加额 286 元"干掉"合同服务边际 173 元后，形成亏损部分 113 元，由股东注资承担，负债增加 113 元；④当期保险服务产生负向偏差 200 元，与当期非金融风险调整释放 40 元合并后，导致公司损失 160 元，也可理解为由股东注资承担，负债增加 160 元；⑤现金流出 400 元，负债减少 400 元；⑥最终保险合同负债为 517 元。

2. 第 3 年末的保险合同负债计量

第 3 年末，保险公司发现年底赔付金额确实是 450 元，与第 2 年末的预计相同，同时合同组 3 年保险期限结束了，期末负债余额为 0 元。

根据相关信息和数据，第 3 年，保险合同负债（未到期责任负债）及其分项（未来现金流量现值、非金融风险调整、合同服务边际）的余额调节表见表 3 - 12。

表 3-12 第 3 年的保险合同负债及其分项余额调节表 单位:元

	预期的未来现金流量现值	非金融风险调整	合同服务边际	保险合同负债
期初余额	429	88	—	517
保险财务费用	21	—	—	21
现金流入量	—	—	—	—
与未来服务相关的变化:第 3 年末时合同组结束,没有未来了	—	—	—	—
与当期服务相关的变化	—	(88)	—	(88)
现金流出量	(450)	—	—	(450)
期末余额	—	—	—	—

注:表中数据经过了四舍五入的处理。

有了前面的分析基础,读者对表 3-12 的理解就比较顺畅了,这里仅用最后一列数据来说明一下保险合同负债的变化过程:①期初保险合同负债为 517 元;②当期的 1 年内赚了 21 元利息,负债增加 21 元;③因提供当期保险服务,释放非金融风险调整 88 元,公司收入(或盈利)增加 88 元,负债减少 88 元;④现金流出 450 元,负债减少 450 元;⑥最终保险合同负债为 0 元。

3. 该合同组对保险公司资产负债表和利润表的影响

上述保险合同负债计量结果及其对损益的影响将会体现在保险公司的资产负债表和利润表中,如表 3-13 所示。

表 3-13 该合同组对保险公司资产负债表和利润表的影响 单位:元

对资产负债表的影响				
	第 0 年末	第 1 年末	第 2 年末	第 3 年末
资产	(900)	(700)	(300)	150
保险合同负债	900	617	517	0
股东权益	0	83	(217)	(150)
对利润表的影响				
	第 1 年	第 2 年	第 3 年	总计
与当前服务相关的变化	122	(160)	88	50
与未来服务相关的变化	—	(113)	—	(113)
保险财务费用	(39)	(27)	(21)	(87)
利润	83	(300)	67	(150)

对表 3-13 中可能存在的疑惑解释如下:

（1）鉴于这里仅展示 IFRS17 计量，不展示各类投资资产的计量，因此，表 3-9 未考虑资产的实际投资收益，利润表中没有投资收益科目。

（2）资产额是由保险合同负债与股东权益之和计算出来的，如 700＝617＋83，300＝517－217。

（3）合同组对每年末股东权益的影响额，来源于每年的累积利润：第 1 年末的股东权益为第 1 年的合同组利润 83 元，第 2 年末的股东权益为第 1、2 年的累积利润－217（＝83－300）元，第 3 年末的股东权益为第 1、2、3 年的累积利润－150（＝－217＋67）元。

（4）与未来服务相关的变化和与当期服务相关的变化一起，其实代表了当期保险服务业绩：如第二章所述，保险服务业绩＝（当期营运偏差＋当期非金融风险调整释放额＋当期合同服务边际摊销额）－已发生赔款负债相关履约现金流量变动－亏损部分的确认和转回。本例中，已发生赔款负债相关履约现金流量变动为 0 元，与未来服务相关的变化其实就反映了"亏损部分的确认和转回"，与当期服务相关的变化则反映了"当期营运偏差＋当期非金融风险调整释放额＋当期合同服务边际摊销额"，因此，两者一起反映了当期保险服务业绩。表中，"与当期服务相关的变化"和"与未来服务相关的变化"的数据均来源于表 3-5、表 3-11 和表 3-12。

（5）表中的保险财务费用，来自各年的保险合同金融变动额。这里假定将每年的保险合同金融变动额全部计入当期保险财务损益，形成等额的保险财务费用。保险公司在计算投资业绩时，会将资产投资收益作为收入（这里不考虑），将保险财务费用作为支出，因此，保险财务费用是负值。

（6）需要提醒读者的是，无论计算结果是保险服务盈利还是保险服务亏损，均是在假设保险合同负债会计息增值的条件下核算出来的。更具体而言，任一会计期间，保险负债中的履约现金流量会按上期末计量用折现率计息增值，保险负债中的合同服务边际会按合同组初始计量用折现率计息增值。当然，本例中，履约现金流量中的非金融风险调整不必计息增值。

第四章 保险损益确认

上一章讨论保险负债计量,并通过保险负债当期变动中涉及的"与当期服务相关的变化""与未来服务相关的变化"和"保险合同金融变动额"与利润表相连接,确认了相关损益(可参看表3-13)。但是,如第二章所述,合同组带来的当期损益包括保险服务业绩和投资业绩,第三章对损益的讨论并不直接和全面。

本章专门讨论合同组计量中的损益确认。第一节讨论保险损益确认的思路和分类,将保险损益确认分为两大类:一是与合同边界内现金流量相关的损益确认,目的是确认保险服务收入、保险服务费用和保险财务损益;二是与合同边界外现金流量相关的损益确认,目的是确认保险服务业绩和投资业绩之外的相关损益,如合同边界外保险获取现金流量的损益确认。

损益确认分类确定后,第二、三节通过两个案例讨论如何通过基于合同边界内现金流量编制的保险合同负债余额调节表得到利润表,即确认保险服务收入、保险服务费用和保险财务损益;第四节通过一个大案例讨论将保险合同金融变动额确认为保险财务损益过程中的平滑处理方法;第五节讨论保险获取现金流量(包括合同边界内和边界外的保险获取现金流量)的损益确认。

第一节 保险损益确认的思路和分类

第二章第二节讨论保险负债各项构成要素的内在含义时,对于未来现金流量,区分和界定了"合同边界内的现金流量"和"合同边界外的现金流量",明确保险负债计量时仅考虑"合同边界内的现金流量",不考虑"合同边界外的现金流量"。

沿着上述思路,基于"合同边界内的现金流量"所进行的保险负债计量及保险负债的当期变动,就会产生当期的保险服务收入、保险服务费用和保险合同金融变动额,进而在利润表中形成保险服务业绩和投资业绩。保险服务业绩=保险服务收入-保险服务费用,投资业绩=资产投资收益-保险财务损益。当然,资产投资收益与新保险会计准则无关,基于新保险会计准则形成的损益主要是保险服务收入、保险服务费用和保险财务损益。

我们可以意识到,"合同边界外的现金流量"也会产生相关损益,但不会体现在上述的保险服务业绩和投资业绩中,这里将其界定为"其他损益"。

因此,合同组在任一会计期内产生的损益可分为两部分:一部分是与保险负债计量时所用的"合同边界内现金流量"相关的损益。另一部分是与"合同边界外现金流量"相关的损益。

一、与"合同边界内现金流量"相关的损益

1. "合同边界内现金流量"形成三大损益

"合同边界内现金流量"形成了保险负债,任一会计期间结束时,会形成与"合同边界内现金流量"相关的三大损益。(1)公司会因提供当期赔付等保险服务而形成当期保险服务费用;(2)未到期责任负债会因提供当期保险合同服务而减少,形成当期保险服务收入;(3)保险负债会因货币时间价值和金融风险的影响而形成保险合同金融变动额,进而形成保险财务损益。

2. 三大损益的金额从何而来?

新准则第 86 条或 IFRS17 第 100 条规定,保险公司需要在附注中单独披露未到期责任负债和已发生赔款负债余额调节表,以反映与保险合同账面价值变动有关的下列信息:

(1)保险合同负债的期初和期末余额,及净额调节情况;

(2)未到期责任负债当期变动情况,亏损部分应单独披露;

(3)已发生赔款负债当期变动情况;

(4)当期保险服务收入;

(5)当期保险服务费用,包括当期发生赔款及其他相关费用、保险获取现金流量的摊销、亏损部分的确认及转回、已发生赔款负债相关履约现金流的变动;

(6)不计入当期损益的投资成分,保费返还可在此项合并披露;

(7)与当期服务无关但影响保险合同账面价值的金额,包括当期现金流量、保险合同金融变动额、其他与保险合同账面价值变动有关的金额。当期现金流量应分别披露收到保费、支付保险获取现金流量、支付赔款及其他相关费用。

我们可以看到,在上述负债余额调节表中,有当期保险服务收入、当期保险服务费用和保险合同金融变动额的数据。因此,新准则实施、新财务报告发布后,通过对上述财报附注的理解,我们就能搞清在任一会计期限内,保险合同负债如何在其变化过程中产生与"合同边界内现金流量"相关的损益,包括保险服务收入、保险服务费用和保险财务损益(由保险合同金融变动额产生)。具体案例详见本章第二、三节。

3. 保险合同金融变动额损益确认的平滑处理

如第二章第四节所述,保险合同金融变动额＝保险负债的利息增值＋期末折现率变动导致的保险负债变动。保险财务损益是指计入当期及以后期间损益的保险合同金融变动额。

依据新准则,保险公司不一定要将当期的保险合同金融变动额全额计入当期损益,而是可以在保险合同金融变动额较大时进行某种平滑处理,将其确认为保险财务损益和其他综合收益。考虑到主营长期保险业务的寿险公司有平滑利润的普遍动机,预计大多数寿险公司在大多数会计期末都会对保险合同金融变动额进行某种平滑处理。具体处理方式将在第四节"保险合同金融变动额损益确认的平滑处理"中详述。

二、与"合同边界外现金流量"相关的损益

如第二章第三节所述,"合同边界外的现金流量"包括:①投资收益;②分出的再保险

合同产生的现金流;③无法直接归属于包含本合同组的合同组合的成本;④为履行保险合同而浪费掉的非正常性开支;⑤企业所得税支出;⑥从保险合同中拆分出来的其他部分。

其中,①、②、⑤、⑥要单独计量,与本合同组提供保险合同服务需要确认的损益无关。但③、④是对应于本合同组的与保险合同服务相关的费用开支,需要在发生时直接计入当期损益,这里称其为"与合同边界外现金流量相关的损益"。

例如,保险获取现金流量就可以分为合同边界内和合同边界外两类,对于合同边界内的保险获取现金流量,其摊销额会被计入保险服务收入和保险服务费用。但对于合同边界外的保险获取现金流量,则在其发生时直接被计入保险服务业绩和投资业绩之外的其他费用。具体讨论详见第五节"保险获取现金流量的损益确认"。

第二节　从负债余额调节表到利润表:盈利增加案例分析

新准则下,不考虑分出保险,保险公司应该在利润表中列示与保险合同相关的下列项目:①保险服务业绩:包括保险服务收入和保险服务费用;②保险财务损益,如前所述,保险财务损益是指计入当期损益的保险合同金融变动额。

如何得到一个合同组的上述相关科目数据呢?如上节所述,通过按照新准则第86条或IFRS17第100条规定披露的未到期责任负债和已发生赔款负债余额调节表,我们就可以打通负债表与利润表,搞清在任一会计期限内,保险合同负债如何在其变化过程中产生保险服务收入、保险服务费用和保险合同金融变动额(进而得到保险财务损益)。

本节仍采用上一章所使用的案例,讨论盈利增加情形下,保险公司如何按照新准则第86条或IFRS17第100条,在附注中披露未到期责任负债和已发生赔款负债余额调节表,并由此得到保险公司应该在利润表中列示的保险服务业绩和保险财务损益。

一、(盈利增强)案例描述[①]

仍使用上一章第四节中的案例,该案例在第2年出现了盈利增加的情形。读者可返回上一章第四节重读案例内容,这里仅将与盈利增加有关的部分重述如下:

该合同组保单期限为3年,第1年运行情况与初始预期一致,但是:

(1)第2年末,保险公司不但发现当年的已发生赔款与预期不一致,且改变了对第三年履约现金流的预期(履约现金流量发生有利变化,合同组预期盈利能力上升):

①第2年的实际赔付金额为150元,比期初预期少了50元;

②第2年末,保险公司改变了对第3年的现金流出(赔付支出)的预期,预计赔付140元(现值133元),取代了第1年末的预计赔付200元(现值191元),这将使第2年末的未来现金流出现值减少58(=191-133)元;

③第2年末,保险公司改变了与第3年现金流估计相关的非金融风险调整的预期,预计的非金融风险调整为30元,取代了期初预计的40元,降低了10元。

---

① 该案例改编自 IFRS17 Insurance Contracts 中的 Illustrative examples 中的 Example 3A。

（3）第 3 年末，保险公司发现年底赔付金额确实是 140 元，与第 2 年末时预计的相同，同时合同组 3 年保险期限结束了。

（4）假设所有事故均发生在年末，且事故发生即刻支付赔款，即所有赔款均发生在年末，且期末不存在已发生赔款负债。

与上一章对该案例的描述唯一不同的是，这里假设保险公司每年赔付给客户的金额中均包含 100 元的投资成分。

忽略所有其他费用，请帮助保险公司列示每年的未到期责任负债和已发生赔款负债余额调节表，并推算和展示每年的利润表。

二、案例分析：保险合同负债余额调节表

1. 第 1 年的保险合同负债余额调节表

第 1 年末，按照新准则第 86 条，保险公司提供的未到期责任负债和已发生赔款负债余额调节表大致如表 4-1 所示。

表 4-1　第 1 年的未到期责任负债和已发生赔款负债余额调节表　　　　单位：元

	未到期责任负债	已发生赔款负债	保险合同负债
期初余额	900	—	900
现金流入量	—	—	—
保险服务收入	（222）	—	（222）
保险服务费用		100	100
投资成分	（100）	100	—
保险合同金融变动额	39	—	39
现金流出量	—	（200）	（200）
期末余额	617		617

表 4-1 与表 3-5 对应，均展示该合同组第 1 年的保险合同负债余额调节表，前者依据新准则第 86 条，后者依据新准则第 87 条，我们可将两表结合起来看，尤其是，表 4-1 中的大部分数据均直接来自于表 3-5，或可依据表 3-5 中的相关数据计算出来。

对表 4-1 中的数据解释如下：

（1）保险服务收入 222 元的核算：根据第二章第三节的论述，不考虑保险获取现金流量摊销额，保险服务收入是指保险公司提供当期保险服务导致的未到期责任负债减少额，且不能包含任何投资成分，包括期初预计的当期保险服务费用（赔付及其他保险服务费用）、当期非金融风险调整释放和当期合同服务边际摊销。因此，参考上一章表 3-5 中的相关数据，第 1 年的保险服务收入，等于（扣除投资成分 100 元之后的）预计当期赔付 100 元、当期非金融调整释放 40 元与当期合同服务边际摊销 82 元之和，即 222 元。

（2）保险服务费用 100 元的核算：根据第二章第三节的论述，若保险获取现金流量摊销额、已发生赔款负债相关履约现金流量的当期变动、亏损部分的确认和转回这三项均

为零,则,保险服务费用＝当期发生赔款及其他相关费用(需剔除赔款中包含的投资成分)。因此,用赔付支出 200 元扣除投资成分 100 元,就可得到保险服务费用 100 元。

(3)已发生赔款负债的当期变动过程:保险事故一发生,就会产生 200 元的已发生赔款负债,可分解为 100 元的风险赔付支出(属于保险服务费用)和 100 元的投资成分支出。200 元支付给客户后,已发生赔款负债归零。

(4)保险合同金融变动额 39 元的核算:保险合同金融变动额是货币时间价值及金融风险的影响导致的未到期责任负债和已发生赔款负债在当期的变动额。如上一章表 3－5 所示,未到期责任负债中,期初的未来现金流量现值 545 元产生当期利息 27 元,期初合同服务边际 235 元产生当期利息 12 元,合计 39 元。已发生赔款负债中,事故发生后立即赔款,利息为零。

(5)未到期责任负债的变动过程:保险服务收入 222 元和投资成分 100 元都是从未到期责任负债中释放出去的,222 元进了利润表,100 元投资成分进了客户兜里(但不进利润表),因此都是负数;39 元是当期的未到期责任负债的利息增加,是正数。

2.第 2 年的保险合同负债余额调节表

第 2 年末,按照新准则第 86 条,保险公司提供的第 2 年的未到期责任负债和已发生赔款负债余额调节表大致如表 4－2 所示。

表 4－2　第 2 年的未到期责任负债和已发生赔款负债余额调节表　　单位:元

	未到期责任负债	已发生赔款负债	保险合同负债
期初余额	617	—	617
现金流入量	—	—	—
保险服务收入	(261)	—	(261)
保险服务费用	—	50	50
投资成分	(100)	100	—
保险合同金融变动额	27	0	27
现金流出量	—	(150)	(150)
期末余额	<u>283</u>	—	<u>283</u>

表 4－2 与表 3－7 对应,表 4－2 中的大部分数据直接来自于表 3－7,或可依据表 3－7 中的相关数据计算出来。

对表 4－2 中的数据解释如下:

(1)保险服务收入 261 元的核算:不考虑保险获取现金流量摊销额,保险服务收入是指保险公司提供当期保险服务导致的未到期责任负债减少额,且不能包含任何投资成分,包括期初预计的当期保险服务费用(赔付及其他保险服务费用)、当期非金融风险调整释放和当期合同服务边际摊销。因此,参考上一章表 3－7 中的数据,第 2 年的保险服务收入,等于(扣除投资成分 100 元之后的)预计当期赔付 100 元、当期非金融调整释放 40 元与当期合同服务边际摊销 121 元之和,即 261 元。

（2）保险服务费用 50 元的核算：不考虑保险获取现金流量摊销额、已发生赔款负债相关履约现金流量的当期变动、亏损部分的确认和转回，保险服务费用是指当期发生赔款及其他相关费用（需剔除赔款中包含的投资成分）。因此，用实际赔付支出 150 元扣除投资成分 100 元，就可得到保险服务费用 50 元。

（3）已发生赔款负债的变动过程：保险事故一发生，就产生了 150 元的已发生赔款负债，可分解为 50 元的风险赔付支出（属于保险服务费用）和 100 元的投资成分支出。150元支付给客户后，已发生赔款负债归零。

（4）保险合同金融变动额 27 元的核算：保险合同金融变动额是货币时间价值及金融风险的影响导致的未到期责任负债和已发生赔款负债在当期的变动额。如上一章表 3-7 所示，未到期责任负债中，期初的未来现金流量现值 372 元产生当期利息 19 元，期初合同服务边际 165 元产生当期利息 8 元，合计 27 元。已发生赔款负债中，事故发生后立即赔款，利息为零。

（5）未到期责任负债的变动过程：保险服务收入 261 元和投资成分 100 元都是从未到期责任负债中释放出去的，261 元进了利润表，100 元投资成分进了客户兜里（但不进利润表），因此都是负数；27 元是当期的未到期责任负债的利息增加，是正数。

3. 第 3 年的保险合同负债余额调节表

第 3 年末，按照新准则第 86 条，保险公司提供的第 3 年的未到期责任负债和已发生赔款负债余额调节表大致如表 4-3 所示。

表 4-3　第 3 年的未到期责任负债和已发生赔款负债余额调节表　　单位：元

	未到期责任负债	已发生赔款负债	保险合同负债
期初余额	283	—	283
现金流入量	—	—	—
保险服务收入	（196）	—	（196）
保险服务费用	—	40	40
投资成分	（100）	100	—
保险合同金融变动额	13	—	13
现金流出量	—	（140）	（140）
期末余额	—	—	—

表 4-3 与表 3-8 对应，对表 4-3 中的数据解释如下：

（1）保险服务收入 196 元的核算：参看表 3-8 中的相关数据，保险服务收入，等于（扣除投资成分 100 元之后的）预计当期赔付 40 元、当期非金融调整释放 30 元与当期合同服务边际摊销 126 元之和。

（2）保险服务费用 40 元的核算：由实际赔付支出 140 元扣除投资成分 100 元得到。

（3）已发生赔款负债的变动过程：保险事故一发生，就产生了 140 元的已发生赔款负债,可分解为 40 元的风险赔付支出(属于保险服务费用)和 100 元的投资成分支出。140
元支付给客户后,已发生赔款负债归零。

(4)保险合同金融变动额 13 元的核算:如表 3-8 所示,未到期责任负债中,期初的未
来现金流量现值 133 元产生当期利息 7 元,期初合同服务边际 120 元产生当期利息 6 元,
合计 13 元。已发生赔款负债中,事故发生后立即赔款,利息为零。

(5)未到期责任负债的变动过程:保险服务收入 196 元和投资成分 100 元都是从未
到期责任负债中释放出去的,196 元进了利润表,100 元投资成分进了客户兜里(但不进
利润表),因此都是负数;13 元是当期的未到期责任负债的利息增加,是正数。

三、案例分析:推算利润表

不考虑资产投资收益,假定保险合同金融变动额被全额计入当期保险财务损益,在
本案例中,是全额形成了保险财务费用。则,根据上述相关数据,该合同组对公司利润表
的影响如表 4-4 所示。

表 4-4　该合同组形成的利润表(不考虑资产投资收益)　　　　　　单位:元

	第 1 年	第 2 年	第 3 年	总计
保险服务收入	222	261	196	679
保险服务费用	(100)	(50)	(40)	(190)
保险服务业绩	122	211	156	489
投资收益	—	—	—	—
保险财务费用	(39)	(27)	(13)	(79)
投资业绩	(39)	(27)	(13)	(79)
利润	83	184	143	410

注:保险服务业绩=保险服务收入-保险服务费用;
　　投资业绩=投资收益-保险财务费用;
　　利润=保险服务业绩+投资业绩。

1. 关于保险服务收入总额的讨论

从表 4-4 最后一列的总计数据可以看出,对任一保险合同组而言,其在保险期限内
创造的总保险服务收入,等于保险公司收到的总保费,加上利息收入,再扣除所有投资成
分后的余额。在本例中,3 年共计 679 元保险服务收入,等于总保费 900 元,加上利息收
入 79 元,再扣除 300 元投资成分后的余额。

其内在原理是,任一合同组收取的总保费,均会形成保险合同负债,并在保险期限内
增加利息,具体而言,保险合同负债中的履约现金流量按上期末计量用折现率增加利息,
合同服务边际按初始计量用折现率增加利息(本例中,由于折现率始终保持在 5%,因此,
履约现金流量和合同服务边际的计息利率相同),这些本利和会通过每期释放形成各期
保险服务收入(但要剔除投资成分)。读者可以看出,保险服务收入只与预计的赔付和其
他保险服务费用有关,与实际的赔付和其他相关费用无关。

2. 关于利润总额的讨论

利润总额＝保险服务业绩总额＋投资业绩总额。在不考虑资产投资收益、不存在折现率变动导致的保险负债变动的条件下,利润总额＝保险服务业绩总额－保险财务费用总额。

进一步地,在不考虑赔付之外的各种费用的条件下,保险服务费用总额＝赔付总额,保险服务收入总额＝保费总额＋利息收入总额,保险财务费用＝利息总额,因此,

利润总额＝保险服务收入总额－保险服务费用总额－保险财务费用总额
　　　　＝保费总额－赔付总额
　　　　＝900－（200＋150＋140）
　　　　＝410（元）。

第三节　从负债余额调节表到利润表：盈变亏合同组案例分析

本节仍采用与上一节同样的合同组,展示该合同组在后期变为亏损情形(而非盈利增加情形)时,如何从保险合同负债余额调节表得到利润表。

一、案例描述[①]

本案例基本情况与上一章第五节的案例完全相同,同样是在第 2 年出现了亏损情况和悲观预期。为方便读者理解,这里将第 2 年出现的亏损情况和对第 3 年的悲观预期重述如下：

(1)在第 2 年末,保险公司不但发现当年的已发生赔款与预期不一致,且改变了对第 3 年履约现金流的预期(履约现金流量发生不利变化,合同组预期盈利能力下降)：

①第 2 年的实际赔付金额为 400 元,比期初预期多了 200 元；

②第 2 年末,保险公司改变了对第 3 年的现金流出(赔付支出)的预期,预计赔付 450元(现值 429 元),取代了第 1 年末的预计赔付 200 元(现值 191 元),这将使第 2 年末的未来现金流出现值增加 238(＝429－191)元；

③第 2 年末,保险公司改变了与第 3 年现金流估计相关的非金融风险调整的预期,预计的非金融风险调整为 88 元,取代了期初预计的 40 元,增加了 48 元。

(2)第 3 年末,保险公司发现年底赔付金额确实是 450 元,与第 2 年末时预计的相同,同时合同组 3 年保险期限结束了。

(3)假设所有事故均发生在年末,且事故发生即刻支付赔款,即所有赔款均发生在年末,且期末不存在已发生赔款负债。

与上一章第五节对案例描述唯一不同的是,这里假设保险公司每年赔付给客户的金额中均包含 100 元的投资成分。

忽略所有其他费用,请帮助保险公司列示每年的未到期责任负债和已发生赔款负债余额调节表,并推算和展示每年的利润表。

---

① 该案例改编自 IFRS17 Insurance Contracts 中的 Illustrative examples 中的 Example 3B。

二、案例分析:保险合同负债余额调节表

第 1 年的假设条件和实际运行状况均与第二节中盈利组的情形完全一致,负债余额调节表和保险服务业绩自然也是一致的。因此,下面仅分析第 2、3 年的未到期责任负债和已发生赔款负债余额调节表。

1. 第 2 年的保险合同负债余额调节表

第 2 年末,按照新准则第 86 条,保险公司提供的第 2 年的未到期责任负债和已发生赔款负债余额调节表大致如表 4－5 所示。

表 4－5 第 2 年的未到期责任负债和已发生赔款负债余额调节表 单位:元

	未到期责任负债的其他部分	未到期责任负债的亏损部分	已发生赔款负债	保险合同负债
期初余额	617	—	—	617
现金流入量	—	—	—	—
保险服务收入	(140)	—	—	(140)
保险服务费用	—	113	300	413
投资成分	(100)	—	100	—
保险合同金融变动额	27	—	0	27
现金流出量	—	—	(400)	(400)
期末余额	404	113	—	517

表 4－5 与表 3－11 对应,均展示该合同组第 2 年的保险合同负债余额调节表,前者依据新准则第 86 条,后者依据新准则第 87 条,我们可将两表结合起来看,尤其是,表 4－5 中的大部分数据直接来自于表 3－11,或可依据表 3－11 中的相关数据计算出来。

对表 4－5 中的数据解释如下:

(1)从"未到期责任负债的其他部分"释放出 140 元保险服务收入。①不考虑保险获取现金流量摊销额,保险服务收入是指保险公司提供当期保险服务导致的未到期责任负债减少额(不包含任何投资成分),包括期初预计的当期保险服务费用(赔付及其他保险服务费用)、当期非金融风险调整释放和当期合同服务边际摊销。因此,参考上一章表 3－11 中的相关数据,第 2 年的保险服务收入,等于(扣除投资成分 100 元之后的)预计当期赔付 100 元、当期非金融调整释放 40 元与当期合同服务边际摊销 0 元之和,即 140元。②"未到期责任负债的亏损部分"是第 2 年末才出现的,与当期保险服务收入无关,因此,140 元保险服务收入是从"未到期责任负债的其他部分"中释放出来的。

(2)保险服务费用 413(＝300＋113)元。如前所述,保险服务费用＝当期发生赔款及其他相关费用＋保险获取现金流量摊销额＋已发生赔款负债相关履约现金流量的变动＋亏损部分的确认和转回,本例中,保险获取现金流量摊销额＝已发生赔款负债相关履约现金流量的变动＝0 元,当期发生赔款及其他相关费用＝实际赔付支出 400 元－投资成分 100 元＝300 元,亏损部分的确认＝113 元,因此,保险服务费用＝413(＝300＋113)元。

(3)关于亏损部分的确认 113 元。如表 3-11 所示,第 2 年末预计的第 3 年的履约现金流量(＝未来现金流量现值＋非金融风险调整)大幅增加 286(＝238＋48)元,"干掉"当期期末合同服务边际 173 元后仍有 113 元窟窿,需要由股东掏钱补入未到期责任负债(以保证客户利益),这就形成了 113 元亏损。

(4)保险合同金融变动额 27 元。保险合同金融变动额是货币时间价值及金融风险的影响导致的未到期责任负债和已发生赔款负债在当期的变动额。如表 3-11 所示,未到期责任负债中,期初的未来现金流量现值 372 元产生当期利息 19 元,期初合同服务边际 165 元产生当期利息 8 元,折现率不变,保险合同金融变动额合计 27 元,而且都来自"未到期责任负债的其他部分","未到期责任负债的亏损部分"是第 2 年期末才有的,不会产生当期利息。已发生赔款负债中,事故发生后立即赔款,利息为零。

(5)"未到期责任负债的其他部分"的变动过程。保险服务收入 140 元和投资成分 100 元都是从未到期责任负债中释放出去的,140 元进了利润表,100 元投资成分进了客户兜里(但不进利润表),因此都是负数;27 元是当期的未到期责任负债的利息增加,是正数。

(6)第 2 年末时,未到期责任负债包含两部分。未到期责任负债的其他部分 404 元和未到期责任负债的亏损部分 113 元,合计 517 元。

(7)已发生赔款负债的变动过程。第 2 年末,保险事故一发生,就产生了 400 元的已发生赔款负债,可分解为 300 元的风险赔付支出(属于保险服务费用)和 100 元的投资成分支出(不属于保险服务费用)。400 元支付给客户后,已发生赔款负债归零。

2. 第 3 年的保险合同负债余额调节表

第 3 年末,按照新准则第 86 条,保险公司提供的第 3 年的未到期责任负债和已发生赔款负债余额调节表大致如表 4-6 所示。

表 4-6　第 3 年的未到期责任负债和已发生赔款负债余额调节表　　　　单位:元

	未到期责任负债的其他部分	未到期责任负债的亏损部分	已发生赔款负债	保险合同负债
期初余额	404	113	—	517
保险合同金融变动额	16	5	—	21
现金流入量	—	—	—	—
保险服务收入	(320)	—	—	(320)
保险服务费用	—	(118)	350	232
投资成分	(100)	—	100	—
现金流出量	—	—	(450)	(450)
期末余额	〓	〓	〓	〓

表 4-6 与表 3-12 对应,对表 4-6 中的数据解释如下:

(1)保险合同金融变动额 21 元及其分解额 16 元和 5 元的核算。保险合同金融变动额是货币时间价值及金融风险的影响导致的未到期责任负债和已发生赔款负债在当期的变动额。①如上一章表 3-12 所示,基于新准则第 87 条,期初未到期责任负债 517(=404+113)元包含三部分:期初的未来现金流量现值 429 元、期初非金融风险调整 88 元和期初合同服务边际 0 元,其中非金融风险调整不计利息,因此,只有期初未来现金流量现值 429 元会产生 5% 的利息 21 元。②在表 4-6 中,期初未到期责任负债分为两部分:其他部分 404 元和亏损部分 113 元,于是,按新准则第 48 条,可将 21 元利息按照它们各自在总额中的比例分摊为 16(=21×404/517=21×78%)元和 5(=21×113/517=21×22%)元,计入未到期责任负债的其他部分和亏损部分。③已发生赔款负债中,事故发生后立即赔款,利息为零。

(2)"未到期责任负债的亏损部分"的当期变动。①如上所述,期初 113 元的"未到期责任负债中的亏损部分"在当期产生 5 元利息(或被分配了 5 元利息),期末时,未到期责任负债的亏损部分增至 118 元,然后马上全部释放;②具体而言,按新准则第 48 条,还可按照同样的比例将当期赔付额 450 元分摊为 351(=450×404/517=450×78%)元和 99(=450×113/517=450×22%)元,由"未到期责任负债的其他部分"和"未到期责任负债的亏损部分"分别释放;还可按照同样的比例将非金融风险调整 88 元分摊为 69(=88×404/517=88×78%)元和 19(=88×113/517=88×22%)元,由"未到期责任负债的其他部分"和"未到期责任负债的亏损部分"分别释放。这样,由"未到期责任负债的亏损部分"释放的赔付额和非金融风险调整额合计 118(=99+19)元,或,当期赔付和非金融风险调整释放中"分摊至未到期责任负债亏损部分的金额"为 118 元。(这里有些复杂,更详细的解释详见第六章"特例:亏损合同组的负债计量和损益确认"。)

(3)从"未到期责任负债的其他部分"中释放 320 元保险服务收入。如第二章第三节所述,不考虑保险获取现金流量摊销额,保险服务收入是指保险公司提供当期保险服务导致的未到期责任负债减少额(且不含任何投资成分),包括期初预计的当期赔付及其他保险服务费用(不包括分摊至未到期责任负债的亏损部分的金额)、当期非金融风险调整释放(不包括分摊至未到期责任负债的亏损部分的金额)和当期合同服务边际摊销。因此,第 3 年的保险服务收入,等于(扣除投资成分 100 元之后的)预计当期赔付 350 元与当期非金融调整释放 88 元之和,再扣除"分摊至未到期责任负债的亏损部分的金额"118 元后的余值 320(=350+88-118)元。之所以要扣除分摊至未到期责任负债的亏损部分 118 元,是因为这部分钱本来就是股东掏腰包贴钱给客户的,并非真正意义上的通过提供保险服务获得的收入。(第二章第三节介绍保险服务收入时,已经提到了这一点,当时可能很难理解,现在相对好理解了,第六章讨论亏损合同组计量时还会深入讨论。)

(4)保险服务费用-118 元,或保险服务费用中为何要扣除 118 元。对于亏损合同组,或有了"未到期责任的亏损部分"的合同组,其释放的赔付和非金融风险调整不被计入保险服务收入,保险服务费用中也要等额扣减,被称为"亏损部分的转回",这 118 元就是亏损部分的转回。(具体原理在第六章介绍亏损合同组计量时会深入讨论。)

(5)当期保险服务费用 232 元的核算。本来,只要将扣除投资成分的实际赔付额 350 元记为保险服务费用即可,但是,如上所述,需要在保险服务费用中扣除"亏损部分的转回"118 元,最终,当期的保险服务费用为 232(＝350－118)元。结合两期来看,对于保险服务费用而言,上一期的 113 元是亏损部分的确认,这一期的 118 元是亏损部分的转回。

(6)"未到期责任负债的其他部分"的当期变动。期初余额 404 元,当期赚到利息 16 元,然后按期初预期释放保险服务收入 320 元进利润表,释放 100 元投资成分给客户,然后归零。

(7)已发生赔款负债的当期变动。保险事故一发生,就产生了 450 元的已发生赔款负债,可分解为 350 元的风险赔付支出(属于保险服务费用)和 100 元的投资成分支出。450 元支付给客户后,已发生赔款负债归零。

三、案例分析:推算得到利润表

不考虑资产投资收益,假定保险合同金融变动额被全额计入当期保险财务损益,在本案例中,是全额形成了保险财务费用,则,根据上述相关数据,该合同组对公司利润表的影响,如表 4-7 所示。

表 4-7　合同组形成的利润表(不考虑资产投资收益)　　　　　单位:元

	第 1 年	第 2 年	第 3 年	总计
保险服务收入	222	140	320	682
保险服务费用	(100)	(413)	(232)	(745)
保险服务业绩	122	(273)	88	(63)
投资收益	—	—	—	—
保险财务费用	(39)	(27)	(21)	(87)
投资业绩	(39)	(27)	(21)	(87)
利润	83	(300)	67	(150)

注:保险服务业绩＝保险服务收入－保险服务费用

投资业绩＝投资收益－保险财务费用

利润＝保险服务业绩＋投资业绩

1. 关于保险服务收入总额的讨论

与上一节表 4-4 引申出来的结果类似,从表 4-7 最后一列总计数据仍然可以看出,对任一保险合同组而言,其在保险期限内创造的总保险服务收入,等于保险公司收到的总保费,加上利息收入(或经过财务调整),再扣除所有投资成分后的余额。

在本例中,3 年共计 682 元保险服务收入,等于总保费 900 元,加上利息收入 82 元(等于保险财务费用 87 元扣除未到期责任负债的亏损部分的利息 5 元),再扣除 300 元投资成分后的余额,即,682＝900＋82－300。

2. 关于利润总额的讨论

与上一节末尾类似,在不考虑资产投资收益、不存在折现率变动导致的保险负债变动的条件下,利润总额＝保险服务业绩总额－保险财务费用总额。

进一步地,在不考虑赔付之外的各种费用的条件下,保险服务费用总额＝赔付总额,

保险服务收入总额＝保费总额＋利息收入总额,保险财务费用＝利息总额,因此,

利润总额＝保险服务收入总额－保险服务费用总额－保险财务费用总额

　　　　＝保费总额－赔付总额

　　　　＝900－(200＋400＋450)

　　　　＝－150(元)。

第四节　保险合同金融变动额损益确认的平滑处理

一、保险合同金融变动额对利润的影响

如第二章第四节所述,保险合同金融变动额＝保险负债的利息增值＋期末折现率变动导致的保险负债变动。具体而言,在任一会计期内,保险合同金融变动额可分解为两项:一是未到期责任负债和已发生赔款负债的利息增值,包括履约现金流量按上期末计量用折现率实现的当期利息增值,和合同服务边际按初始计量用折现率实现的当期利息增值;二是期末折现率变动导致的保险合同负债变动,具体是指期末折现率变动导致的履约现金流量变动,合同服务边际并不随折现率的变动而变动。

关于保险负债的利息增值对公司利润的影响,如前面的案例所示,第一,它会形成当期保险服务收入,也会随赔付而部分形成保险服务费用,进而提升保险服务业绩;第二,它会形成当期保险财务费用,降低公司的投资业绩。总体而言,保险负债的利息增值对公司利润的影响不大。

关于期末折现率变动导致的保险负债变动,在新准则下会形成保险财务损益,进而直接影响投资业绩和公司利润。具体而言,当期末市场利率下降(上升)导致期末折现率下降(上升),进而导致保险合同负债上升(下降)时,会形成保险财务费用(保险财务收益),降低(提升)公司利润。我们知道,无论在老准则还是新准则下,由于寿险公司往往具有规模庞大的期末保险责任准备金或保险合同负债,期末折现率的小幅变化往往会导致期末保险责任准备金或保险合同负债账面价值发生巨大的变化,进而对公司利润水平产生巨大影响。

二、保险合同金融变动额损益确认的平滑处理

显然,无论在老准则下还是新准则下,市场利率变动都可能会对保险公司利润造成巨大影响。

1. 保险合同金融变动额的会计处理选择

为了平滑这种影响,老准则约束下,寿险公司通常使用过去三年移动平均国债到期收益率作为基准利率来确定普通保险的准备金折现率。即便如此,市场利率变动仍然会对寿险公司当期利润形成巨大影响,以中国人寿为例,其2020年报中披露:"若其他变量不变,折现率假设比当前假设增加或减少50基点,预计将导致本集团本年合并税前利润增加人民币1145亿元或减少人民币1317亿元。

新准则第25条规定:"企业应当采用适当的折现率对履约现金流量进行货币时间价

值和金融风险调整,……适当的折现率应当……基于与保险合同具有一致现金流量特征的金融工具当前可观察市场数据确定……。"因此,在新准则下,折现率被平滑的可能性没有了,市场利率的大幅波动必然导致保险负债计量用折现率的大幅波动,进而导致保险合同金融变动额的大幅波动,进而使保险财务损益(保险财务费用或保险财务收益)大幅波动,保险公司利润也就大幅波动。

为了降低市场利率变动对保险公司利润波动性的影响,新准则第 34 条规定:"企业可以在合同组合层面对保险合同金融变动额的会计处理做出下列会计政策选择:

(一)将保险合同金融变动额全额计入当期保险财务损益;

(二)将保险合同金融变动额分解计入当期保险财务损益和其他综合收益。采用该会计政策的,企业应当在合同组剩余期限内,采用系统合理的方法确定计入各个期间保险财务损益的金额,其与保险合同金融变动额的差额计入其他综合收益。

企业选择将保险合同金融变动额分解计入当期保险财务损益和其他综合收益的,常被称为采用"其他综合收益(OCI)"选择权。

2. 保险合同金融变动额的具体处理方式

将保险合同金融变动额全额计入当期保险财务损益,显然可能使保险公司尤其是寿险公司利润波动过大,因此,寿险公司很可能会选择将保险合同金融变动额分解计入当期保险财务损益和其他综合收益。

由此带来的工作任务,就是要采用其他综合收益选择权,在合同组剩余保险期限内,采用系统合理的方法确定计入各个期间保险财务损益的金额,并将其与保险合同金融变动额的差额计入其他综合收益。

这个处理方法的目的,是想通过某种"削峰填谷"的方式,降低市场利率变动导致的折现率变动对利润的影响。也就是说,影响还是那么多,只不过被"平滑"了一些。因此,实施其他综合收益选择权后,在任一保险合同组合的当期及剩余保险期限内,上述的每期计入其他综合收益的部分之和必然为零。

三、案例描述和分析任务[①]

万事达保险公司签发了 100 张保险期限为 3 年的保单,这些合同提供固定保额的死亡保障,被确认为保险合同,但不满足具有直接参与分红特征的保险合同的三个必备条件,因此属于不具有直接参与分红特征的保险合同。

这 100 张保单组成一个合同组,本案例就以该合同组为例进行分析,但在未来实践中,下述处理是在合同组合层面进行的。

为突出分析保险合同金融变动额的损益确认,案例分析中作如下简化:

(1)忽略任何死亡给付(尽管合同提供死亡保障)。

(2)为突出市场利率的影响效果,忽略其他任何因素的影响,包括保险获取现金流、退保、非金融风险调整等。

(3)仅考虑来源于履约现金流量的保险合同金融变动额,不考虑来源于合同服务边际的保险合同金融变动额。

① 该案例改编自 IFRS17 Insurance Contracts 中的 Illustrative examples 中的 Example 15。

1. 合同组初始确认时的信息

(1) 保险公司收到趸交保费 1500 元,其中,每张保单趸交 15 元;

(2) 保险公司将 1500 元保费投资在了 2 年期固定收益证券上,预期年度回报率 10%。2 年后,保险公司预计会将到期资金全数再投资于类似金融工具,预期年度回报率也是 10%。

(3) 保险公司预计在第 3 年末向保单持有人给付 1890 元(按 10% 折现的现值为 1420 元),这一给付额是按保单条款中的约定计算出来的。假定保险公司可以将相关保单条款设计成如下两种给付方式:

方式一:第 3 年末保单到期时,保险公司将 1500 元保费形成的投资资产的账户累积价值的 94.65% 给付给保单持有人。(这样,如果未来 3 年的年度投资回报率均为 10%,则第 3 年末保单持有人将得到 1890 元,$1890 = 1500 \times 1.10^3 \times 94.65\%$。)

方式二:保单期限 3 年内,每年的预期结算利率为 8%,保单持有人账户金额将按年结算利率 8% 增值,3 年末保单到期时,保单持有人获得保单持有人账户金额。(这样,如果未来 3 年的年度投资回报率均为 10%,则第 3 年末保单持有人将得到 1890 元,$1890 = 1500 \times 1.08^3$。)

2. 市场利率发生变动

第 1 年末,市场年利率从 10% 跌到了 5%,于是,保险公司改变了对第 3 年末给付金额的预期。

3. 分析任务

请分别分析,第 1 年末,在给付方式分别为方式一、方式二条件下,保险公司如何分解保险合同金融变动额,以便"削峰填谷",平滑利润。

(1) 给付方式一采用实际利率法:当市场利率变化时,假定万事达保险公司按照 IFRS17 第 B132(a)(i) 款,使用实际利率法(effective yield approach),以某个固定利率(constant rate)将修改后的保险财务损益分摊在合同组剩余保险期限内。(实际利率法的核心就是找到这个固定利率。)

(2) 给付方式二采用预期结算利率法:当市场利率变化时,假定万事达保险公司按照 IFRS17 第 B132(a)(ii) 款,使用预期结算利率法(projected crediting rate approach),基于当期实际结算利息和未来期限的预期结算利息,将修改后的保险财务损益分摊在合同组剩余保险期限内。

四、案例分析:实际利率法下的保险财务损益分摊

实际利率法所用到的固定利率,是指以实际的保险负债终值、初值计算出来的折现率,或保险负债的增值利率。本例中,合同组初始确认时,保险负债的终值是 1890 元,初值为 1420 元,固定利率(constant rate)为 10%$[= (1890 \div 1420)^{\frac{1}{3}} - 1]$,因此,第 1 年末,保险合同负债账面价值中包含的未来现金流量现值为 1562($= 1420 \times 1.10$)元。

第 1 年末,市场年利率从 10% 掉到了 5%,因此,保险公司改变了对未来现金流的预期:

① 前 2 年的年回报率已通过 2 年期固定收益证券锁定在了 10%,第 2 年末将到期投资资产再投资后,预期年回报率为 5%(而不是之前预期的 10%),因此,第 3 年末的投资

资产总额为1906(＝1500×1.1×1.1×1.05)元。

②于是,第3年末,按照合同约定,保险公司将向客户给付投资资产累积值的94.65％,即1804(＝1906×94.65％)元,而不是原来预计的1890元。

第1年末市场利率下降,意味着折现率下降,意味着第1年末保险负债的增加,自然意味着第1年的保险合同金融变动额的增加。本例中,尽管第3年末预期给付额从1890减少至1804元,但由于第1年末的折现率从10％降至5％,导致第1年末的保险负债现值仍会大幅上升,从1562(＝1890/1.10²)元升至1636(＝1804/1.05²)元,进而导致第1年的保险合同金融变动额大幅上升74(＝1636-1562)元。若选择将保险合同金融变动额全部计入当期保险财务损益(这里是记为保险财务费用),会使该合同组第1年的利润大幅减少。

为降低第1年的利润波动,第1年末,保险公司改变了用于分摊预期保险财务损益的固定利率(constant rate),即在保证3年总保险财务损益等于3年总保险合同金融变动额的基础上,通过改变固定利率,对总保险财务损益进行平滑分摊。

①修改后的固定利率按如下方法计算:第1年末的保险合同负债中的未来现金流量现值为1562元,第3年末预计给付额为1804元,因此,修改后的固定年利率为7.47％[＝(1804÷1562)^{1/2}-1]。

②于是,保险公司使用固定利率7.47％,为第1年末的保险合同负债中的未来现金流量现值1562元在未来2年内累积生息,这样就修改和平滑了每年的保险财务损益金额,进而可降低市场利率下降对公司利润波动的影响。具体情况如表4-8、表4-9所示。

表4-8　实际利率法下的保险财务损益分摊　　　　单位:元

	初始确认	第1年末	第2年末	第3年末
预期的第3年末现金流量	1890	1804	1804	1804
按当时市场利率确定折现率条件下的预期未来现金流量现值(A)	1420(折现率10％)	1636(折现率5％)	1718(折现率5％)	1804(—)
按固定利率(constant rate)估计的未来现金流量现值(B)	1420(固定利率10％)	1562(固定利率7.47％)	1679(固定利率7.47％)	1804(—)

表4-9　将保险合同金融变动额分解计入当期保险财务损益和其他综合收益　　　　单位:元

	第1年	第2年	第3年
保险合同金融变动额	(216)	(82)	(86)
计入当期保险财务损益的部分	(142)	(117)	(125)
计入当期其他综合收益的部分	(74)	35	39

解释:

(1)预期的第3年末现金流量(表4-8)。初始确认时预计1890元。此后,如前所述,由于第 1 年末市场年利率从 10% 下滑到了 5%,导致保险公司预期在第 2 年末将投资资产再投资时只能获得 5% 的收益率,第 3 年末合同组投资资产降为 1906 元,给付客户金额相应降为 1804 元,于是,第 1、2、3 年末的预期第 3 年末现金流量均为 1804 元。

(2)按当时市场利率确定折现率条件下的预期未来现金流量现值(表 4-8)。初始确认时,未来现金流量现值为 1420 元,当时的折现率为 10%。此后,如前所述,第 1 年末市场利率下滑导致折现率下滑至 5%,于是,第 1 年末的未来现金流量现值为 1636($=1804 \div 1.05^2$)元,第 2 年末的未来现金流量现值为 1718($=1804 \div 1.05$)元。

(3)保险合同金融变动额(表 4-9)。如新准则第 33 条规定:"企业应当将货币时间价值及金融风险的影响导致的未到期责任负债和已发生赔款负债账面价值变动额,作为保险合同金融变动额。"于是,根据表 4-8 中"按当时市场利率确定折现率条件下预期的未来现金流量现值"数据,将每年的"年末值-年初值",就得到了每年的保险合同金融变动额。如,第 1 年的保险合同金融变动额为 216($=1636-1420$)元,第 2 年的保险合同金融变动额为 82($=1718-1636$)元,第 3 年保险合同金融变动额为 86($=1804-1718$)元。如果不行使其他综合收益选择权,就将这 3 个保险合同金融变动额分别确认为第 1、2、3 年的保险财务损益(实际三年都体现为保险财务费用)。

(4)由于第 1 年末折现率下滑,导致第 1 年的保险合同金融变动额数值变大了。若折现率保持 10% 不变,忽略非金融风险调整和合同服务边际的利息增值,第 1 年的保险合同金融变动额为 142 元($=1420 \times 10\%$);第 1 年末折现率降至 5% 后,第 1 年的保险合同金融变动额变为 216($=1636-1420$)元,增加了 74 元。

(5)按固定利率计算的未来现金流量现值(见表 4-8)。如果将第 1 年的保险合同金融变动额 216 元全部计入当期保险财务损益,会对第 1 年的公司利润产生较大影响。于是,第 1 年末,保险公司决定实施其他综合收益选择权,运用实际利率法,采用修正后的固定利率 7.47% 将未来现金流量现值重新算了一遍,第 1、2 年末的未来现金量现值计算结果为 1562($=1804 \div 1.0747^2$)元、1679($=1804 \div 1.0747$)元。

(6)计入当期保险财务损益的部分(见表 4-9)。如前所述,所谓实际利率法下的分摊,就是当市场利率变化时,以某个固定利率(constant rate)将修改后的保险财务损益分摊在合同组剩余保险期限内。本例中,保险公司运用实际利率法,采用固定利率 7.47% 将未来现金流量现值重新算了一遍后,将每年的"年末值-年初值",就得到了每年计入当期保险财务损益的部分。如,计入第 1 年保险财务损益的部分为 142($=1562-1420$)元,计入第 2 年保险财务损益的部分为 117($=1679-1562$)元,计入第三年保险财务损益的部分为 125($=1804-1679$)元。显然,与直接将保险合同金融变动额全额计入当期保险财务损益相比,计入利润表的保险财务损益的波动性降低了,市场利率下降所造成的利润波动幅度降低了。

(7)计入当期其他综合收益的部分(见表 4-9)。根据新准则第 34 条规定,保险公司可以将保险合同金融变动额分解计入当期保险财务损益和其他综合收益,采用该会计政策的,企业应当在合同组剩余期限内,采用系统合理的方法确定计入各个期间保险财务损益的金额,其与保险合同金融变动额的差额计入其他综合收益。即,用每年的保险合同金融变动额,减去计入当期保险财务损益的部分,就得到了计入当期其他综合收益的部分,例如,计入第 1 年其他综合收益的部分为 74($=216-142$)元,计入第 2 年其他综合

收益的部分为 $-35(=82-117)$ 元,计入第 3 年其他综合收益的部分为 $-39(=86-125)$。读者可以合计一下,计入各期的其他综合收益之和正好为零,$74-35-39=0$,这就说明,实际利率法只是平滑了公司利润,并未改变公司总利润。

读者可以看出,"实际利率法"的本质,就是在市场利率变动时,用固定利率替代市场利率作为折现率,以平滑保险财务损益的波动。

而下面"预期结算利率法"的本质,也是在市场利率变动时,用另外"一系列利率"替代市场利率作为折现率,以平滑保险财务损益的波动。

五、案例分析:预期结算利率法下的保险财务损益分摊

按照 IFRS17 第 B132(a)(ii) 款,当市场利率变化时,保险公司可以使用预期结算利率法,基于当期实际结算利率和未来期限的预期结算利率确定"系列折现率",据此将修改后的保险财务损益分摊在合同组当期及剩余保险期限内。

合同组同上,采用给付方式二。初始确认时,保险公司预期该合同组的基础项目可以获得 10% 的年投资回报率(意味着合同组计量用折现率为 10%),同时为保单持有人账户提供 8% 的年投资回报,即预期结算利率(expected crediting rate)每年均为 8%。由此,保险公司预期在第 3 年末向客户支付 $1890(=1500 \times 1.08^3)$ 元。

1. 第 1 年末时未来 2 年的预期结算利率

第 1 年,与初始确认时的预期一致,保险公司为保单持有人账户提供了 8% 的年度回报,实际结算利率=预期结算利率=8%。

第 1 年末,市场年利率从 10% 掉到了 5%(意味着合同组计量折现率从 10% 降到了 5%),于是,保险公司修改了现金流预期:

①1500 元保费到账后做的是 2 年期投资,到期后需要再投资,但由于市场变化,第 3 年仅可获得 5% 的年回报率。

②考虑上述市场变化后,公司决定将第 2、3 年给客户的结算利率分别定为 8%、3%,即第 2 年的预期结算利率不变,第 3 年的预期结算利率变为 3%。

③这样,预期第 3 年末时,公司支付给客户的金额变为 1802 元($=1500 \times 1.08^2 \times 1.03$)。

2. 第 1 年末公司发现:有必要平滑保险财务损益

第 1 年末,由于预期的第 3 年末给付额从 1890 变为 1802 元,折现率从 10% 变为 5%,因此,第 1 年末,市场利率下降将导致第 1 年的保险合同金融变动额上升了 72($=1802/1.05^2-1890/1.1^2=1634-1562$)元,若不采用其他综合收益选择权,将会大幅降低利润。

为减少市场利率下降对利润波动的影响,保险公司决定采用预期结算利率法,将保险合同金融变动额进行分解后,计入当期保险财务损益和其他综合收益。

所谓预期结算利率法,就是将预期结算利率与固定因子 K 相结合确定"系列折现率",然后用"系列折现率"分摊保险财务损益。

3. 系列折现率的确定

第 1 年末,固定因子 K、基于预期结算利率和固定因子 K 的系列折现率的计算过程和结果如下:

①从客户利益来看,第 1 年实际结算利率为 8%,第 2、3 年预期结算利率为 8%、3%,客户预期第 3 年末可以拿到 $1500×1.08×1.08×1.03=1500×1.2014=1802$ 元。

②从合同组计量来看,合同组初始计量的未来现金流量现值为 1420($=1890÷1.1^3$)元,预期第 3 年末支付的未来现金流量终值为 1802 元,3 年内,未来现金流量增加了 1.269($=1802÷1420$)倍。

③由此,每期结算利率需要通过固定因子 K 来调整,以便达到: $1.08K×1.08K×1.03K=1.269$,这就得到: $K=(1.269÷1.20)^{\frac{1}{3}}=1.0184$。

④读者需注意,{8%、8%、3%}是从 1500 增至 1802 元的系列结算利率,{$1.08K-1$、$1.08K-1$、$1.03K-1$}是从 1420 元增至 1802 元的系列累积利率。

⑤于是,第 1 年的累积利率为 10%($=1.08×1.0184-1$),第 2 年的累积利率为 10%($=1.08×1.0184-1$),第 3 年的累积利率为 4.9%($=1.03×1.0184-1$)。采用累积利率,可计算得到每年末的未来现金流量现值,例如,第 1 年末的未来现金流量现值为 1562($=1420×1.1$)元。

⑥第 2、3 年的累积利率分别为 10%、4.9%,意味着,第 1、2 年末的基于预期结算利率和固定因子 K 的系列折现率分别为 10%、4.9%。采用系列折现率,也可计算得到每年末的未来现金流量现值,例如,第 1 年末的未来现金流量现值为 1562($=1802÷1.049÷1.1$)元。

如前所述,"预期结算利率法"的本质,就是在市场利率变动时,用上述基于预期结算利率和固定因子 K 的系列折现率替代市场利率作为折现率,用以计算保险财务损益,以平滑保险财务损益的波动。具体情况如表 4 - 10、表 4 - 11 所示。

表 4 - 10　预期结算利率法下的保险财务损益分摊　　　　　　　　　　单位:元

	初始确认	第 1 年末	第 2 年末	第 3 年末
预期的第 3 年末现金流量	1890	1802	1802	1802
按当时市场利率确定折现率条件下的预期未来现金流量现值(A)	1420（折现率 10%）	1634（折现率 5%）	1716（折现率 5%）	1802（—）
按基于预期结算利率的折现率估计的未来现金流量现值(B)	1420（折现率 10%）	1562（折现率 10%）	1718（折现率 4.9%）	1802（—）

表 4 - 11　将保险合同金融变动额分解计入当期保险财务损益和其他综合收益　　单位:元

	第 1 年	第 2 年	第 3 年
保险合同金融变动额	（214）	（82）	（86）
计入当期保险财务损益的部分	（142）	（156）	（84）
计入当期其他综合收益的部分	（72）	74	（2）

预期结算利率法下的分摊和实际利率法的分摊的本质是相同的,都是用新的折现率替代了市场利率,进而降低保险财务损益的波动性,因此,表 4 - 10,表 4 - 11 与表 4 - 8、

表 4-9 的核算原理是相同的,下面仅解释如下几点:

(1)表 4-10 中"按基于预期结算利率的折现率估计的未来现金流量现值"的计算,采用的就是上面得到的系列折现率(10%、10%、4.9%),按系列折现率计算的第 1、2 年末的未来现金流量现值分别为 1562(=1802÷1.049÷1.1)元、1718(=1802÷1.049)元。

(2)表 4-11 中"计入当期保险财务损益的部分",是基于表 4-10 中"按基于预期结算利率的折现率估计的未来现金流量现值"这行数据,用每年的"年末值−年初值"得到的。例如,计入第 1 年的保险财务损益的部分为 142(=1562−1420)元,计入第 2 年的保险财务损益的部分为 156(=1718−1562)元,计入第 3 年的保险财务损益的部分为 84(=1802−1718)元。

(3)表 4-11 中"计入当期其他综合收益的部分",是用每年的保险合同金融变动额,减去计入当期保险财务损益的部分得到的。综合考虑,计入各期的其他综合收益之和为零,−72+74−2=0。这就说明,预期结算利率法只是平滑了公司利润,并未改变公司总利润。

将表 4-11 第一、二行数据对比可以看出,采用预期结算利率法分摊保险财务损益后,保险财务损益的波动变小了,公司利润受市场利率变动或折现率变动的冲击也变小了。

第五节　保险获取现金流量的损益确认

第二、三节分析的案例中,都忽略了保险获取现金流量,既未考虑"合同边界内的保险获取现金流量",也未考虑"合同边界外的保险获取现金流量"。本节专门讨论保险获取现金流量的损益确认。

一、保险获取现金流量的损益确认方法

1. 合同边界外获取现金流量的损益确认

合同边界外的保险获取现金流量,属于第二章第二节讨论未来现金流量时提到的"无法直接归属于包含合同组的合同组合的成本",其损益确认方式为:无论发生在合同组确认前还是确认后,都在费用发生时直接计入损益。

而且,由于这部分费用不在合同组内,因此,它应该被记在保险服务费用之外,不会影响保险服务业绩。

2. 合同边界内保险获取现金流量的损益确认

按照新准则第 32 条,保险公司应当将合同组内的保险获取现金流量,无论发生于确认前、确认时还是确认后,都随时间流逝进行系统摊销,计入责任期内各个期间的保险服务费用,同时确认为保险服务收入,以反映该类现金流量所对应的保费的收回。

更具体地,对于发生在合同组确认前发生的边界内保险获取现金流量,保险公司应该按照新准则第 17 条先将其确认为"保险获取现金流量资产",等到合同组确认时,再按照新准则第 18 条终止确认,将其进行系统摊销处理。[①]

---

① 为何要在资产负债表中确认为资产,而不是在损益表中确认为费用呢?原因是,当时相关合同组尚未确认,没法计入损益表,因此,就将其先计为保险获取现金流量资产,待相关合同组确认时进行处理。

3. 为何要对保险获取现金流量进行系统摊销?

对保险获取现金流量进行系统摊销的原因,是为了贯彻权责发生制。关于保险获取费用的处理,老准则下,保险公司是将当期支出的保险获取费用直接计入当期营业支出,体现为手续费及佣金支出和部分业务及管理费用。这样处理简单便捷,却未遵守权责发生制。尤其是对于长期保险,其大部分保险获取费用都会在首年支出,第二、三年也会支出一些,之后的保险获取费用支出就非常少了,将集中在前几年发生的保险获取费用直接计入当期营业支出与长期保险所提供的长期保险服务不匹配。因此,新准则规定:"企业应当将合同组内的保险获取现金流量,随时间流逝进行系统摊销,计入责任期内各个期间的保险服务费用,同时确认为保险服务收入"。

新准则实施后,读者可以想见,保险公司的每期保险服务收入和保险服务费用中都有保险获取现金流量摊销额,而且是该公司历史上所有销售出去且未到期的保单的保险获取现金流量的当期摊销额之和。

二、案例描述[①]

万事达保险公司签发了一组 3 年期保险合同,保单签发后保险责任期立即开始。

合同组初始确认时,万事达保险公司的预期如下:

(1)未来现金流入(保费)为 900 元,初始确认后即可收到;

(2)未来现金流出包括:① 每年赔付 200 元,合计赔付 600 元;② 保单责任开始时支付保险获取现金流量 120 元,其中,可直接归属于其对应合同组合的保险获取现金流量为 90 元,剩余 30 元是公司层面开销的无法归属其对应合同组合的获取成本支出。

(3)非金融风险调整为 15 元,万事达预期将在 3 年保险期限内均匀地释放在利润表中。

为简化处理,进一步假设如下五点:

(1)未来所有费用收支均与初始预期一致;

(2)整个 3 年保险期限内,没有任何一张保单会失效;

(3)合同组内没有投资成分;

(4)可直接归属于其对应合同组合的 90 元保险获取现金流,就是为获取该合同组的各项合同而直接花掉的;

(5)忽略其他因素的任何影响,包括折现率的影响。

请帮助万事达保险公司分析,如何将该合同组的保险获取现金流摊销并反映在利润表或利润表附注中。

三、案例分析

与前面章节的案例相比,本案例的特点是增加了保险获取现金流量,从案例内容可以看出,该合同组的合同边界内的保险获取现金流量为 90 元,合同边界外的保险获取现金流量为 30 元,均在保单责任开始时支出。

初始确认时,万事达保险公司对该合同组的初始计量结果,以及未来每年年末的履

---

① 该案例改编自 IFRS17 Insurance Contracts 中的 Illustrative examples 中的 Example 7。

约现金流量估计如表 4 - 12 所示。

表 4 - 12　初始计量结果及未来每年末的履约现金流量估计　　　　单位:元

	初始计量	第 1 年末	第 2 年末	第 3 年末
预期的未来现金流入现值	(900)	—	—	—
预期的未来现金流出现值	690	400	200	—
预期的未来现金流量现值	(210)	400	200	—
非金融风险调整	15	10	5	—
履约现金流量	(195)	410	205	—
合同服务边际	195			
初始确认时的保险合同负债	—			

解释:初始计量时的"预期的未来现金流出现值 690 元",包括未来赔付支出 600 元(不考虑折现率)和合同边界内的保险获取现金流量 90 元。另外 30 元的保险获取现金流量不在合同边界内,不计入保险负债的未来现金流量。

1. 每年的合同服务边际摊销和保险获取现金流量摊销

在保单期限 3 年内,在利润表或其附注中,万事达每年确认的合同服务边际摊销额和保险获取现金流量摊销额如表 4 - 13 所示。

表 4 - 13　合同服务边际摊销和保险获取现金流量摊销的损益确认　　　　单位:元

损益确认	第 1 年	第 2 年	第 3 年	合计
合同服务边际摊销	65	65	65	195
保险获取现金流量摊销	30	30	30	90

(1)合同服务边际摊销:由于保单实际运行状况与初始计量时的预期完全一致,且不考虑折现率因素,这意味着在每期期末,合同服务边际都无需调整,只需摊销。而且,由于合同组中的合同在 3 年内均不会失效,且每期保险责任相同,每期提供的保险责任单元数量都是相同的,因此,可以直接将初始计量时的合同服务边际 195 元在 3 年内均分,得到每年摊销的合同服务边际 65 元。

(2)保险获取现金流量摊销:首先,摊销的是合同组边界内的保险获取现金流量 90元;其次,这个合同组的保险责任期限是 3 年,每年提供的保险服务数量完全相等,因此,每年摊销的保险获取现金流量为 30(=90÷3)元。

2. 每年的保险服务收入

如第二章第三节所述,保险服务收入包括与提供当期保险服务相关的未到期责任负债减少额(也称为"与未到期责任负债变动相关的保险服务收入")和保险获取现金流量的摊销,与未到期责任负债变动相关的保险服务收入包括期初预计当期发生的保险服务费用、非金融风险调整的变动(或释放)、合同服务边际的摊销,如表 4 - 14 所示。

表 4-14　历年保险服务收入的核算　　　　　　　　单位:元

	第 1 年	第 2 年	第 3 年	合计
与未到期责任负债变动相关的保险服务收入	270	270	270	810
期初预计当期发生的保险服务费用	200	200	200	600
合同服务边际摊销	65	65	65	195
非金融风险调整的变动	5	5	5	15
保险获取现金流量的摊销	30	30	30	90
保险服务收入	300	300	300	900

可以看出,合同边界内的保险获取现金流量 90 元被摊销后,将每期摊销额 30 元计入各期保险服务收入。

3.每年的保险服务费用(见表 4-15)

表 4-15　历年保险服务费用的核算　　　　　　　　单位:元

	第 1 年	第 2 年	第 3 年	合计
当期发生赔款及其他相关费用	(200)	(200)	(200)	(600)
保险获取现金流量的摊销	(30)	(30)	(30)	(90)
亏损部分的确认和转回	—	—	—	—
已发生赔款负债相关履约现金流量的变动	—	—	—	—
保险服务费用	(230)	(230)	(230)	(690)

可见,合同边界内的保险获取现金流量 90 元应该被摊销,并将每期摊销额 30 元计入各期保险服务费用。

4.利润表中确认的相关损益(见表 4-16)

表 4-16　保险获取现金流量摊销在利润表中的展示　　　单位:元

损益确认	第 1 年	第 2 年	第 3 年	合计
保险服务收入	300	300	300	900
保险服务费用	(230)	(230)	(230)	(690)
保险服务业绩	70	70	70	210
其他费用	(30)	—	—	(30)
利润	40	70	70	180

可见,合同边界外保险获取现金流量 30 元,应该在发生时计入保险服务业绩之外的其他费用。

第三部分

保险合同计量的三类特例

第五章　特例：直接分红保险合同组的浮动收费法计量

第三、四章主要讨论不具有直接参与分红特征的保险合同的计量，鉴于具有直接参与分红特征的保险合同（简称直接分红保险合同）具有独特的显著特征，保险公司的盈利模式也非常独特（主要通过浮动收费来盈利），新保险会计准则对通用模型法进行了一些修订，主要是对每期合同服务边际的调整项目做了修订，以适应直接分红保险合同的特点，并专节发布"具有直接参与分红特征的保险合同组计量的特殊规定"。

本章专门讨论直接分红保险合同的计量，第一节讨论直接分红保险合同组的负债计量，第二节讨论直接分红保险合同组的损益确认，第三、四节是直接分红保险合同组的计量案例。

第一节　直接分红保险合同组的负债计量

总体来看，直接分红保险合同（insurance contract with direct participation features）的计量思路仍然是通用模型法的计量思路，即保险合同负债仍然等于"履约现金流量（含未来现金流量现值和非金融风险调整）＋合同服务边际"，并不断释放和调整，但其产品特征导致其计量有一些特别之处。

一、直接分红保险合同的特征和关键概念

1. 直接分红保险合同的特征

如第一章所述，直接分红保险合同具有如下特征：第一，直接分红保险合同是储蓄（或投资）为主（保障为辅）的；第二，按照新准则规定，直接分红保险合同需要满足三个条件：①合同条款规定保单持有人参与分享清晰可辨认的基础项目（clearly identified pool of underlying items）；②企业预计将基础项目公允价值变动回报中的相当大部分支付给保单持有人；③预计应付保单持有人金额的变动额中的相当大部分将随基础项目公允价值的变动而变动。

如第一章分析所述，就我国保险市场上的储蓄为主的保险产品而言，投连险肯定属于直接分红保险合同，分红险可能是也可能不是，万能险通常不是。当然，未来，如果有必要，保险公司也可以或可能通过对万能险设计进行修改，使其符合直接分红保险合同的规定。

2. 直接分红保险合同中的公司利益：浮动收费

如第二章所述，通过销售保险合同，保险公司主要提供两类服务：保险保障服务和投

资服务。进一步地,投资服务又可分为两种:投资回报服务和投资相关服务,投资回报服务赚取的是利差收益,而投资相关服务赚取的是与投资相关的收费,如资产管理费等。

具体而言,不具有直接参与分红特征的保险合同主要提供保险保障服务和/或投资回报服务,进而赚取死差、费差和利差收益,投资回报服务对应的是利差收益。直接分红保险合同主要为客户提供投资相关服务,进而主要赚取与之相关的收费。

因为直接分红保险合同主要通过以公允价值计量的基础项目进行投资,所以,保险公司因提供投资相关服务而收取的费用会随基础项目公允价值的变动而变动,称为"浮动收费(variable fee)"。如新准则第 41 条所述,所谓浮动收费,是指企业因代保单持有人管理基础项目并提供投资相关服务而取得的对价,等于"基础项目公允价值中企业享有份额"减去"不随基础项目回报变动的履约现金流量"。即

公司利益=浮动收费=基础项目公允价值中企业享有份额−不随基础项目回报变动的履约现金流量。

例如,假定合同约定保险公司每年末收取基础项目公允价值的 1%,则这每年末基础项目公允价值的 1%就是"基础项目公允价值中的企业份额"。所谓"不随基础项目回报变动的履约现金流量",通常是指保单保障部分的风险给付(只有发生保险事故的保单才有风险给付,出险保单的风险给付额通常等于其风险保额),这是保险合同约定的。最终,保险公司每期对直接分红保险合同组的浮动收费=1%×期末的基础项目公允价值−当期风险给付。

由于直接分红合同以投资为主、保障成分通常很少,也就是"不随基础项目回报变动的履约现金流量"很少,因此,经营直接分红保险合同,保险公司获得的利益,通常主要就是"基础项目公允价值中企业享有份额"。

3. 直接分红保险合同中的客户利益

如上所述,具有直接参与分红特征的保险合同通过以公允价值计量的基础项目进行投资,所谓参与分红,实际就是指双方共享基础项目回报,因此,保险公司从中获得浮动收费后,客户获得剩余部分,即

客户利益=基础项目公允价值−浮动收费。

而且,如前所述,直接分红保险合同的一大特征是,企业预计将基础项目公允价值变动回报中的相当大部分支付给保单持有人。这意味着,尽管浮动收费是按照基础项目公允价值的某个比例收取的,但其实也可以理解成,浮动收费是从基础项目公允价值变动回报中收取的,由此,上述特征的含义是,基础项目投资的本金是客户提供的,对于本金所产生的公允价值变动回报,客户利益占比通常比公司利益占比要大得多。

二、直接分红保险合同的计量方法

大家回想一下老准则下投连险的计量,客户交费扣除初始费用后进入独立账户,独立账户负债=独立账户资产,独立账户负债和独立账户资产均以公允价值计量。如果投连险包含保险成分,其风险保费通常被包含在初始费用中,保险成分的保险负债按"未到期责任负债=合理估计负债+风险边际+剩余边际"计量。

在新准则下,对直接分红保险合同而言,大的计量思路仍是通用模型法,但根据直接分红保险合同的特征做了修改,修改主要有两点:

一是直接分红保险合同计量总方针。根据新准则第 41 条,企业应当按照基础项目公允价值扣除浮动收费的差额,估计具有直接参与分红特征的保险合同组的履约现金流量。从这条规定可以看出,基础项目公允价值是总盘子,公司与客户共享,公司拿走浮动收费,剩下是客户利益,这是直接分红保险合同计量的总方针。

二是合同服务边际调整。在资产负债表日,企业应根据新准则第 42 条的规定对直接分红保险合同组的合同服务边际进行调整。详见本节第四部分。

鉴于直接分红保险合同的"浮动收费"特色,大量相关材料将其计量方法称为"浮动收费法"或"可变费用法(variable fee approach)"。

三、初始计量

1. 初始计量方法

直接分红保险合同组的未到期责任负债仍然包括两大部分:履约现金流量(含未来现金流量现值和非金融风险调整)和合同服务边际,其初始计量方法与不具有直接参与分红特征的保险合同的初始计量方法是相同的。

2. 合同服务边际主要来源于浮动收费

从前述浮动收费的概念可以看出,在经营直接分红保险合同的过程中,保险公司赚到手的主要就是浮动收费,因此,可以说,初始计量时,直接分红保险合同组的合同服务边际,主要来源于合同组未来每期的浮动收费。

四、后续计量:合同服务边际如何调整?

1. 直接分红保险合同组的运行过程:以投连险为例

如前所述,投连险是典型的直接分红保险合同,因此,这里以投连险为例来描述直接分红保险合同的运行过程:

(1)合同组保费入账,扣除初始费用后进入投资账户,形成基础项目投资资产,投资资产以公允价值计量;

(2)保险公司定期(如在每个保单年度末)从基础项目投资资产中收取年度资产管理费,年度资产管理费是收费时刻基础项目资产价值(或公允价值)的某个百分比;

(3)在保险期限内,保险公司会在被保险人死亡事故发生后按照约定进行赔付,赔付额分两种情况:

• 如果保单投资账户价值低于约定保额,保险公司按约定保额赔给客户;

• 如果保单账户价值大于等于约定保额,就将保单投资账户余额直接赔给客户;

(4)保险公司会将合同组剩余的基础项目投资资产继续投资,直至保险期末时分配给剩余客户(指被保险人持续生存至保险期末的所有客户)。

2. 合同服务边际如何调整:与通用模型法的区别

如本章开头所述,浮动收费法的计量思路仍是通用模型计量思路,最大特点是为适应直接分红保险合同的特征而修订了合同服务边际的调整项目。

根据新准则第 29 条和 42 条的规定,就期初合同服务边际如何调整至期末合同服务边际而言,通用模型法(适用不具有直接分红特征的保险合同)和浮动收费法(适用直接分红保险合同)的差异如表 5-1 所示。

表 5‐1　合同服务边际调整:通用模型法与浮动收费法的差异

通用模型法	浮动收费法
期初合同服务边际	期初合同服务边际
＋新加入合同带来的合同服务边际	＋新加入合同带来的合同服务边际
＋合同服务边际的当期利息	±基础项目公允价值中企业享有份额的变动金额
±与未来服务相关的履约现金流量变动金额	±与未来服务相关且不随基础项目回报变动的履约现金流量变动金额
±合同服务边际的当期汇兑差额	±合同服务边际的当期汇兑差额
一合同服务边际当期摊销额	一合同服务边际当期摊销额
＝期末合同服务边际	＝期末合同服务边际

从表 5‐1 可见,相对于通用模型法,浮动收费法下的合同服务边际调整项目的独特性,主要体现为如下两点:第一,从"合同服务边际的当期利息"变成了"基础项目公允价值中企业享有份额的变动金额"。第二,从"与未来服务相关的履约现金流量变动金额"变成了"与未来服务相关且不随基础项目回报变动的履约现金流量变动金额",下面对这两项给出详细解释。

3. 合同服务边际调整:基础项目公允价值中企业享有份额的变动金额

通用模型法下,合同服务边际是隐藏在保险合同负债中的合同组未来利润现值,因此,在未来保险期限内,合同服务边际在每期都会按初始计量用折现率计息增值(并逐期摊销或释放),该计息增值是每期保险合同金融变动额的一部分。这一点,我们已经通过前几章的案例有了深入体会。

浮动收费法下,对于直接分红保险合同,合同服务边际也是隐藏在保险合同负债中的未来利润现值。其独特之处,一是合同服务边际主要来源于浮动收费,大致相当于未来每期浮动收费的现值之和;二是保险合同负债大致相当于基础项目公允价值。因此,在任一会计期限内,保险合同负债会随基础项目公允价值的变动而变动,其中的合同服务边际自然也会随基础项目公允价值的变动而变动。合同服务边际归企业享有,于是将"合同服务边际随基础项目公允价值的变动而发生的变动"称为"基础项目公允价值中企业享有份额的变动金额",也称"浮动收费的当期变化额",合同服务边际每期随之调整。

也就是说,对直接分红保险合同而言,基础项目公允价值每期都会变化(类似于通用模型法中保险合同负债每期都会产生保险合同金融变动额),每期变动额中,通常大部分归客户享有(体现在履约现金流量的变动中),少部分归企业享有(体现在合同服务边际的变动中),这里是要将后者,即"基础项目公允价值变动额中的企业享有部分"计入合同服务边际。例如,假设某直接分红保险合同组的基础项目公允价值在当期增长了 1500 元,其中,履约现金流量增加额为 1403 元,则合同服务边际增加额为 97(＝1500－1403)元。(读者需要注意的是,这里讨论的是负债计量中的合同服务边际调整,而不是讨论保险公司如何从基础项目公允价值中提取浮动收付费,这是完全不一样的两种思维方式。)

可见,本质上而言,"基础项目公允价值中企业享有份额的变动金额"就是企业享有的合同服务边际在当期实现的投资增值,类似于通用模型法下合同服务边际的利息增值。只不过,由于基础项目以公允价值计量且企业直接从中收费,导致这个投资增值让人感觉有些"别扭"。

4. 合同服务边际调整:与未来服务相关且不随基础项目回报变动的履约现金流量变动金额

通用模型法下,每期期末,企业都要根据当时的市场情况来修正计量保险负债的各种假设,这会导致与未来服务相关的履约现金流量发生变化,合同服务边际随之调整(但期末折现率变动导致的履约现金流量变动除外),或者说,合同服务边际要吸收与未来服务相关的履约现金流量变动。

浮动收费法下,何为"与未来服务相关且不随基础项目回报变动的履约现金流量"呢? 通常是指直接分红保险合同的未来风险赔付(对应风险保额部分)支出和相关非金融风险调整的现值,这部分客户保障利益(或保险成分)对应的履约现金流量与基础项目回报无关。例如,投连险中,保单前几年的死亡给付往往高于保单投资账户价值,超出部分即为风险赔付支出,需要公司从保单投资账户(基础项目)之外另行支付,那么,站在保单前几年的资产负债表日看未来,就有未来风险赔付支出和相关非金融风险调整,计算其现值,就得到该资产负债表日的"与未来服务相关且不随基础项目回报变动的履约现金流量"。

浮动收费法下,何为"与未来服务相关且不随基础项目回报变动的履约现金流量变动金额"呢? 是站在某个资产负债表日看未来,看未来的客户保障利益(风险赔付)对应的履约现金流量是否发生了变动。如果预期的死亡人数增加(或减少)导致未来风险赔付增加(或减少),或者期末折现率下降(或增加),则"与未来服务相关且不随基础项目回报变动的履约现金流量变动金额"就是正值(或负值),合同服务边际相应减少(或增加)。也可以理解为,可用合同服务边际吸收"与未来服务相关且不随基础项目回报变动的履约现金流量变动金额"。

可以看出通用模型法与浮动收费法的区别:①通用模型法下,合同服务边际吸收除"折现率变动引发"以外的所有与未来服务相关的履约现金流量变动;②浮动收费法下,合同服务边际吸收所有与未来服务相关的履约现金流量变动,其中包括了期末折现率变动引发的履约现金流量变动;③但从规模上来看,由于直接分红保险合同的风险保障成分很小,合同服务边际吸收的这部分履约现金流量变动额往往很低,甚至可以忽略不计。

第二节　直接分红保险合同组的损益确认

与通用模型法的思路一致,直接分红保险合同组的损益也包括保险服务业绩和投资业绩,下面分别讨论。

一、保险服务业绩

1. 保险服务业绩的计算方法与通用模型法一致

如第二章所述,保险服务业绩=保险服务收入-保险服务费用。其中,保险服务费用＝当期发生赔款及其他相关费用＋保险获取现金流量摊销额＋已发生赔款负债相关履约现金流量变动＋亏损部分的确认和转回;

保险服务收入＝期初预计的当期会发生的保险服务费用＋当期非金融调整释放额＋当期合同服务边际摊销额＋保险获取现金流量摊销额。

于是,保险服务业绩＝(期初预计的当期会发生的保险服务费用－当期发生赔款及其他相关费用)＋当期非金融调整释放额＋当期合同服务边际摊销额－已发生赔款负债相关履约现金流量变动－亏损部分的确认和转回。

2. 直接分红保险合同的保险服务业绩的特点

先说保险服务费用。对直接分红保险合同如投连险而言,一是投资成分占比很大且以公允价值计量,导致其扣除投资成分后的赔付额很低,已发生赔款负债相关履约现金流量变动也很低;二是盈利以收取资产管理费或浮动收费为主导致其亏损的可能性极小。因此,"赔付支出(扣除投资成分)＋已发生赔款负债相关履约现金流量变动＋亏损部分的确认和转回"很低。可以预计,直接分红保险合同的保险服务费用通常很低,主要包括扣除投资成分后的风险赔付额、其他相关费用和保险获取现金流量摊销。

再说保险服务收入。对直接分红保险合同如投连险而言,一是扣除投资成分后的预期赔付很低;二是保险成分很少会导致非金融风险调整较低。因此,保险服务收入主要包括预期的其他相关费用、合同服务边际摊销和保险获取现金流量摊销。

综合来看,直接分红保险合同的保险服务业绩,主要就是合同服务边际摊销。

3. 直接分红保险合同的亏损及处理

如前所述,由于直接分红保险合同的盈利以收取资产管理费或浮动收费为主,所以,其亏损的可能性极小。万一发生亏损,应按如下方式处理。

任一会计期间,如果发生亏损,可能的原因有两个,一是基础项目公允价值中企业享有份额的减少额超过合同服务边际账面价值,二是与未来服务相关且不随基础项目回报变动的履约现金流量增加额超过合同服务边际账面价值。根据新准则第49条,此时,企业应当确认亏损并将其计入当期保险服务费用,同时将该亏损部分增加未到期责任负债的账面价值,未到期责任负债中将会产生"亏损部分"。

反之,任一会计期间,若未到期责任负债中已经有了"亏损部分",则,基础项目公允价值中企业享有份额的增加额或与未来服务相关且不随基础项目回报变动的履约现金流量减少额,将会抵消未到期责任负债的亏损部分。同时,根据新准则第49条,企业应该相应冲减当期保险服务费用,超出亏损部分的金额,确认为合同服务边际。

二、投资业绩

如第二章所述,通用模型法下,投资业绩＝资产投资收益－保险财务损益。其中,保险财务损益是指计入损益的保险合同金融变动额,通常(不采用其他综合收益选择权时),保险财务损益＝保险合同金融变动额＝保险负债的利息增值＋折现率变动导致的保险负债变动。最终,投资业绩＝资产投资收益－(保险负债的利息增值＋折现率变动导致的保险负债变动)。

浮动收费法下的投资业绩核算,原理与上面一致,但有自己的独特之处。

1. 资产投资收益

在主要提供投资相关服务的直接分红保险合同的运营过程中,保险合同负债形成的投资资产就是基础项目,基础项目以公允价值计量,因此,任一会计期内,资产投资收益=基础项目公允价值变动额。

2. 保险财务损益

如上所述,保险财务损益=保险合同金融变动额=保险负债的利息增值+折现率变动导致的保险负债变动。直接分红保险合同组的保险财务损益有如下特点。

(1)保险负债的利息增值=基础项目公允价值变动额。

如第一节提到的直接分红保险合同计量总方针所述,基础项目公允价值是总盘子,公司与客户共享,公司拿走浮动收费,剩下的是客户利益,因此,对直接分红保险合同而言,通常,在任一时刻,保险合同负债=基础项目公允价值。

这里要说的是,任一会计期内,保险负债的利息增值=基础项目公允价值变动额。其实上一节已经提到,每期的基础项目公允价值变动额全部体现在保险负债变动额中,其中,大部分归客户享有并体现在履约现金流量的变动中,少部分归企业享有并体现在合同服务边际的变动中。

例如,假设某直接分红保险合同组的基础项目公允价值在当期增长了 1500 元,其中,归客户享有的部分为 1403 元,归企业享有的部分为 97 元,则 1403 元会被计入履约现金流量,97 元会被计入合同服务边际,进而全部被计入保险合同负债中。本质上,这 1500 元基础项目公允价值变动额全部形成了保险负债的"计息增值",进而形成 1500 元保险财务费用。

(2)计入保险财务损益的"折现率变动导致的保险负债变动"为 0。

如第二章所述,折现率变动导致的保险负债变动,其实是指折现率变动导致的履约现金流量变动。

对直接分红保险合同而言,履约现金流量可分为投资成分履约现金流量和保险成分履约现金流量。其中,占比很大的投资成分履约现金流量是按公允价值计量的,并不存在折现的问题;占比很小的保险成分履约现金流量因折现率变动而导致的变动会被合同服务边际吸收(如第一节末尾所述),进而已经被计入了保险服务业绩。

由此,与通用模型法下的处理方式(折现率变动导致的履约现金流量变动,不被合同服务边际吸收,进而未被计入保险服务业绩,而是被直接计入保险财务损益,影响投资业绩)不同,浮动收费法下,折现率变动导致的(保险成分)履约现金流量变动,被合同服务边际吸收,进而计入了保险服务业绩,就不需要计入保险财务损益了,不影响投资业绩。

因此,浮动收费法下,虽然可能有折现率变动导致的(保险成分)履约现金流量变动,但是,计入保险财务损益的"折现率变动导致的保险负债变动"为 0。

(3)保险财务损益=基础项目公允价值变动额。

可见,对直接分红保险合同而言,保险财务损益=保险负债的利息增值+计入保险财务损益的"折现率变动导致的保险负债变动"=基础项目公允价值变动额+0=基础项目公允价值变动额。

3. 投资利润

综上所述,对直接分红保险合同而言,投资业绩=资产投资收益−保险财务损益=

基础项目公允价值变动额－基础项目公允价值变动额＝0。

通用模型法与浮动收费法下投资业绩的核算差异如表5-2所示。

表5-2 投资业绩核算:通用模型法与浮动收费法的差异

	通用模型法	浮动收费法
资产投资收益	资产投资收益	基础项目公允价值变动额
保险财务损益	保险负债的利息增值 ＝履约现金流量按上期末计量用折现率实现的计息增值＋合同服务边际按初始计量用折现率实现的计息增值	基础项目公允价值变动额 ＝基础项目公允价值中企业享有份额的变动额(合同服务边际变动额)＋基础项目公允价值中客户享有份额的变动额(履约现金流量变动额)
	折现率变动导致的保险负债变动:未被合同服务边际吸收,计入保险财务损益	折现率变动导致的保险负债变动:被合同服务边际吸收,不计入保险财务损益
投资业绩	资产投资收益－(保险负债的利息增值＋折现率变动导致的保险负债变动)	0

注:折现率变动导致的保险负债变动,其实是指折现率变动导致的履约现金流量变动。

第三节 直接分红保险合同组计量案例(上)

一、案例描述和分析任务[①]

年初,万事达保险公司同时签发了100张同质保单,保险期限3年,保单签发后保险期限立即开始。这些保单满足直接分红保险合同的条件,被认定为直接分红保险合同,并被认定为一个合同组。

1. 保险责任

保险期限开始时,每张保单的客户均向万事达保险公司趸交保费150元,保单责任为:

①如果被保险人在保险期限内死亡,保险公司向其受益人支付:170元与当时保单账户余额的较高者;

②如果被保险人活至保险期末,保险公司向保单持有人支付保险期末时的保单账户余额。

保单账户余额是指单张保单的投资账户余额,是将合同组账户余额(按照所交保费或其他指标)分摊到每张保单上的结果。本例中,每张保单都是同质的,保单账户余额＝合同组账户余额/保单数。

---

① 该案例改编自 IFRS17 Insurance Contracts 中的 Illustrative examples 中的 Example9。

2. 账户余额的变化

每年年末，万事达都会按照如下方式计算合同组的期末账户余额：

合同组期末账户余额＝期初余额＋保费流入＋指定资产池的公允价值变化－年度收费－因被保险人死亡或保单到期而支出的账户价值。

而且，对任一保单而言，无论被保险人死亡还是保单到期，从合同组账户余额中支付的，都是保单账户余额，即合同组账户余额/保单数。这意味着，当被保险人死亡时，若当时的保单账户余额低于 170 元，差额不从账户中支出，而是由公司自掏腰包。

其中，年度收费，是指在每年末，保险公司会收取"年初账户余额＋当年公允价值变化额"的 2%。

上述合同组账户余额的变动，意味着保险公司收到保费后，立即购买了某个资产组合，作为指定资产池（the specified pool of assets），并将该资产池以公允价值计量。此外，本案例假定保险公司会通过出售资产的方式，得到年度收费（annual charge）和支付索赔。

由此可以推断，万事达持有的上述指定资产池就是直接分红保险合同组的基础项目（underlying item），除年度收费外，保险公司会将客户投入（保费流入）及资产投资收益全部返还给客户。当然，该类保单还提供了少许死亡保障，即在保单责任开始后，当保单账户余额低于 170 元时，保险公司提供了"风险保额＝170－保单账户余额"的风险保障。当保单账户余额超过 170 元后，保单就变成了纯粹的投资合同。

读者可能已经联想到，上述合同与我国保险市场上的有保障功能的投连险非常类似。

3. 合同组初始确认时的公司预期

合同组初始确认或保单签发时，万事达保险公司：

①预期在未来 3 年内，指定资产池（基础项目）的公允价值每年将增长 10%；

②将不随基础项目回报的变动而变动的未来名义现金流的折现率确定为每年 6%（本合同组中，只有少量风险保额（＝170－保单账户余额）对应的死亡给付是与基础项目回报无关的）；

③估计的非金融风险调整为 25 元，并且预期，未来 3 年内在损益表中确认的非金融风险调整分别为 12 元、8 元和 5 元；

④预期每年末会有一个被保险人死亡，死亡时立即赔付。

4. 保险期限内，基础资产公允价值实际变化如下：

第 1 年，指定资产池的公允价值增加了 10%，与初始确认时的预期一致；

第 2 年，指定资产池的公允价值增加了 8%，低于初始确认时的预期；

第 3 年，指定资产池的公允价值增加了 10%，重回初始预期水平。

此外，保险期限内，上面提到的风险给付对应的保险负债，与基础项目公允价值变动无关，每年将按 6% 计息增值。

5. 分析假设

为分析简便，本例忽略所有其他变量，如保险获取现金流、理赔费用等。

6. 分析任务

请对该合同组进行初始计量和后续计量，并给出该合同组对公司利润表的影响。具

体任务其实包含四部分:

①对该合同组进行初始计量,并由此给出初始计量结果及每年末的履约现金流量变动表;

②根据新准则第 93 条的披露要求,给出每年的基础项目公允价值余额调节表;

③根据新准则第 87 条的披露要求,给出每年的履约现金流量余额调节表和合同服务边际余额调节表(二者合并就是保险合同负债余额调节表);

④给出该合同组对公司利润表的影响,即给出该合同组的保险服务业绩和投资业绩。

二、案例分析:合同组初始计量和基础项目公允价值变动

1. 合同组初始计量

初始确认时,保险公司对合同组进行了初始计量,并对未来每年末的履约现金流量进行了估计,如表 5 - 3 所示。

表 5 - 3　初始计量结果及未来每年末的履约现金流量估计　单位:元

	初始计量	第 1 年末	第 2 年末	第 3 年末
预期的未来现金流入现值	(15000)	—		
预期的未来现金流出现值	14180	15413	16757	—
预期的未来现金流量现值	(820)	15413	16757	—
非金融风险调整	25	13	5	
履约现金流量	(795)	15426	16762	—
合同服务边际	795			
初始确认时的保险合同负债	—			

解释:

(1)预期的未来现金流出现值。①以 14180 为例,可以想见,初始计量时,未来现金流出有两类:一是每年末各 1 件、共 3 件的死亡给付,每件给付额为 170 元和账户余额的较高者;二是其余 97 张保单均在保险期末时按保单账户余额给付,14180 应该是这两类未来现金流出的现值之和。②计算未来现金流出现值所用的折现率:凡使用账户余额进行给付的,折现率可能是初始确认时公司预期的公允价值年增长率 10%;额外的风险给付部分,折现率应该反映其不随基础项目回报的变动而变动的现金流特征,用案例描述中提到的 6%。(但是,IFRS17 案例中未给出计算过程,我们无法准确核算。)

(2)履约现金流量。履约现金流量=未来现金流量现值+非金融风险调整。(若按照新准则第 41 条,企业应当按照基础项目公允价值扣除浮动收费的差额,估计具有直接参与分红特征的保险合同组的履约现金流量。不过,按第 41 条核算的结果与表 5 - 3 的结果不同。)

(3)合同服务边际。合同服务边际=-履约现金流量=795 元。可以想象,合同服务

边际主要来自于保险公司每年末从保单账户余额中收取的年度费用。

2. 每年的基础项目公允价值余额调节表

新准则第 93 条规定,企业应当披露直接分红保险合同的基础项目及其公允价值。具体情况如表 5-4 所示。

表 5-4　基础项目(保单持有人账户余额)公允价值余额调节表　　　　单位:元

	第 1 年	第 2 年	第 3 年	合计
期初余额(A)	—	16008	16772	N/A
现金流入:保费	15000	—	—	15000
公允价值变化额(B) (第 1 年,B=10%×15000; 第 2 年,B=8%×A 第 3 年,B=10%×A)	1500	1281	1677	4458
年度收费(C) [C=2%×(A+B)]	(330)	(346)	(369)	(1045)
现金流出:死亡给付 [第 1 年为:1/100×(15000+B+C); 第 2、3 年分别为: 1/99×(A+B+C)、1/98×(A+B+C)]	(162)	(171)	(184)	(517)
现金流出:合同到期给付	—	—	(17896)	(17896)
期末余额	16008	16772	—	N/A

表 5-4 真切地反映了直接分红保险合同的三大特点:①合同条款规定保单持有人分享清晰可辨认的基础项目。忽略所有其他费用,15000 元保费直接进入投资账户,投资账户以公允价值计量,形成清晰可辨认的基础项目。②企业预计将基础项目公允价值变动回报中的相当大部分支付给保单持有人。除公司拿走少量年度收费外,基础项目公允价值变动回报中的剩余部分都是保单持有人的。③预计应付保单持有人金额变动中的相当大部分将随基础项目公允价值的变动而变动。显然,除少量风险给付外,保单持有人的主要利益随基础项目公允价值的变动而变动。

此外,新准则第 41 条规定:"浮动收费,是指企业因代保单持有人管理基础项目并提供投资相关服务而取得的对价,等于基础项目公允价值中企业享有份额减去不随基础项目回报变动的履约现金流量。"从这个案例中,读者可以体会到,企业每年会从基础项目公允价值中提走自己享有的 2% 的份额,分别为 330 元、346 元和 369 元。而"不随基础项目回报变动的履约现金流量",在这个案例中是指,企业需要对第 1 年去世的一个被保险人家庭赔偿 170 元,超过当时的保单账户余额(合同组人均账户价值)162 元,这个超出金额(或风险给付额)8元就是"不随基础项目回报变动的履约现金流量"[1]。第2、3年的保单账户余额超过了170元,不随基础项目回报变动的履约现金流量为零。最终,第1、2、3年的浮动收费分别为322(＝330－8)元、346元和369元。

第四节　直接分红保险合同组计量案例(下)

三、案例分析:合同组各年的负债调节表

1. 合同组第1年的负债余额调节表

表5－5　合同组第1年的保险合同负债余额调节表　　　　　单位:元

	履约现金流量		合同服务边际	保险合同负债
	未来现金流量现值	非金融风险调整		
期初余额	(820)	25	795	—
现金流入:保费	15000	—	—	15000
基础项目公允价值变动额	—	—	1500	1500
货币时间价值和金融风险的影响	1403	—	(1403)	—
与当期服务相关的变化	—	(12)	(300)	(312)
与未来服务相关且不随基础项目回报变动的履约现金流量变动	—	—	—	—
现金流出:死亡给付	(170)	—	—	(170)
期末余额	15413	13	592	16018

解释:

(1)期初余额:来自表5－3的初始计量数据。

(2)货币时间价值和金融风险对履约现金流量的影响1403元:应该包括两部分,一是履约现金流量中的投资部分因基础项目公允价值变化而导致的变化;二是履约现金流量中的保险部分(指风险保费)的利息增值,或与未来服务相关且不随基础项目回报变动的履约现金流量的利息增值。(需要说明的是,货币时间价值和金融风险对履约现金流量的影响额,我们无法精确计算,IFRS17的案例分析中也没有详细解释。)

(3)现金流出170元:第1年末因死亡给付而流出170元,其中,162元来自该合同组的基础资产账户,8元来自公司自身资产账户。

(4)非金融风险调整按预期释放12元。

---

[1]　我感觉这个说法其实也不精确(但也没有更精确的说法),因为风险给付额也是随基础项目回报变动的,基础项目回报越高,风险给付额越小。

(5)合同服务边际调整:期末合同服务边际＝期初合同服务边际＋新合同带来的合同服务边际±基础项目公允价值中企业享有份额的变动金额±与未来服务相关且不随基础项目回报变动的履约现金流量变动金额±合同服务边际产生的当期汇兑差额－合同服务边际当期摊销额＝795＋0＋（1500－1403）＋0＋0－300＝592 元。其中,

①基础项目公允价值中企业享有份额的变动金额＝基础项目公允价值变动额－货币时间价值和金融风险对履约现金流量的影响＝1500－1403＝97 元。其含义是,第 1 年,基础项目公允价值变动额为 1500 元,其中,客户利益增加额或履约现金流量增加额为 1403 元,公司利益增加额或合同服务边际增加额为 97 元。

②与未来服务相关且不随基础项目回报变动的履约现金流量变动金额＝0。其含义是,站在第 1 年末看未来,发现未来死亡率不变,折现率也不变,未发现任何"与未来服务相关且不随基础项目回报变动的履约现金流量变动"。

③合同服务边际当期摊销额＝300 元。第 1 年末累积的合同服务边际为 892（＝795＋97）元,当年摊销额＝$892 \times \dfrac{100}{100+99+98} = 300$ 元,在这里,合同服务边际摊销所依据的保障数量或责任单元数量按照每期有效保单数量确定,第 1、2、3 年的保障数量或有效保单数量分别为 100、99、98。(奇怪的是,第 1 年合同服务边际摊销额 300 元 ≠ 第 1 年的浮动收费额 322 元,即,公司实际收益与确认损益的节奏有些差异,这应该是将类似投连险这样的合同按照新准则要求的通用模型法思路、而非老准则要求的公允价值思路计量所导致的结果。)

2. 合同组第 2 年的负债余额调节表

表 5－6　合同组第 2 年的保险合同负债余额调节表　　　　单位:元

	履约现金流量		合同服务边际	保险合同负债
	未来现金流量现值	非金融风险调整		
期初余额	15413	13	592	16018
现金流入:保费	—	—	—	—
基础项目公允价值变动额			1281	1281
货币时间价值和金融风险的影响	1214		(1214)	
与当期服务相关的变化	—	(8)	(331)	(339)
与未来服务相关且不随基础项目回报变动的履约现金流量变动	—	—	—	—
现金流出:死亡给付	(171)	—	—	(171)
期末余额	16456	5	328	16789

解释:

(1)期初余额:来自表 5－5 最后一行数据。

(2)现金流出171元：第2年末1人死亡，保险公司给付死亡保险金171元，资金全部来自基础资产账户，请参看表5-4。

(3)非金融风险调整按预期释放8元。

(4)合同服务边际调整：期末合同服务边际＝期初合同服务边际＋新合同带来的合同服务边际±基础项目公允价值中企业享有份额的变动金额±与未来服务相关且不随基础项目回报变动的履约现金流量变动金额±合同服务边际产生的当期汇兑差额－合同服务边际当期摊销额＝592＋0＋（1281－1214）＋0＋0－331＝328元。其中，

①基础项目公允价值中企业享有份额的变动金额＝基础项目公允价值变动额－货币时间价值和金融风险的影响＝1281－1214＝67元。其含义是，第2年，基础项目公允价值变动额为1281元，其中，客户利益增加额或履约现金流量增加额为1214元，公司利益增加额或合同服务边际增加额为67元。

②与未来服务相关且不随基础项目回报变动的履约现金流量变动金额＝0。其含义是，站在第2年末看未来，发现未来死亡率不变，折现率也不变，未发现任何"与未来服务相关且不随基础项目回报变动的履约现金流量变动"。

③合同服务边际当期摊销额＝331元。如前所述，第2、3年的保障数量或有效保单数量分别为99、98，第2年末累积的合同服务边际为659（＝592＋67）元，于是，第2年摊销额＝659×99/（99＋98）＝331元。（同样，第2年的合同服务边际摊销额331元≠第2年的浮动收费额346元。）

3. 合同组第3年的负债余额调节表

表5-7 合同组第3年的保险合同负债余额调节表　　　　单位：元

	履约现金流量		合同服务边际	保险合同负债
	未来现金流量现值	非金融风险调整		
期初余额	16456	5	328	16789
现金流入：保费	—	—	—	—
基础项目公允价值变动额	—	—	1677	1677
货币时间价值和金融风险的影响	1624		（1624）	—
与当期服务相关的变化	—	（5）	（381）	（386）
与未来服务相关且不随基础项目回报变动的履约现金流量变动	—	—	—	—
现金流出：死亡给付	（18080）	—	—	（18080）
期末余额	—	—	—	—

解释：

(1)期初余额：来自表5-6最后一行数据。

(2)现金流出18080元：第3年末流出18080元，其中，184元赔付给发生死亡事故的

客户,17896 元支付给未发生死亡事故的 97 个客户,数据来源如表 5－4 所示。

（3）非金融风险调整按预期释放 5 元。

（4）合同服务边际调整:期末合同服务边际＝期初合同服务边际＋新合同带来的合同服务边际±基础项目公允价值中企业享有份额的变动金额±与未来服务相关且不随基础项目回报变动的履约现金流量变动金额±合同服务边际产生的当期汇兑差额－合同服务边际当期摊销额＝328＋0＋（1677－1624）＋0＋0－381＝0 元。其中,

①基础项目公允价值中企业享有份额的变动金额＝基础项目公允价值变动额－货币时间价值和金融风险的影响＝1677－1624＝53 元。其含义是,第 3 年,基础项目公允价值变动额为 1677 元,其中,客户利益增加额或履约现金流量增加额为 1624 元,公司利益增加额或合同服务边际增加额为 53 元。

②与未来服务相关且不随基础项目回报变动的履约现金流量变动金额＝0。原因是,第 3 年末,合同组到期了,没有未来了。

③合同服务边际当期摊销额＝381 元。合同组到期了,第 3 年末累积的合同服务边际 381（＝328＋53）元全部被确认为当期损益。（同样,第 3 年的合同服务边际摊销额 381元≠第 3 年的浮动收费额 369 元。）

四、案例分析:合同服务边际余额调节汇总表

如前所述,与通用模型法相比,直接分红保险合同计量最大的特色就是合同服务边际调整项目发生了变化,为此,下面专门给出 3 年的合同服务边际余额调节汇总表,方便读者加深理解,数据来源于表 5－5、表 5－6、表 5－7。

表 5－8 合同服务边际余额调节汇总表　　　　　　　　单位:元

	第 1 年	第 2 年	第 3 年	合计
期初余额	795	592	328	N/A
新加入合同带来的合同服务边际	—	—	—	—
基础项目公允价值中企业享有份额的变动金额（浮动收费的变化额）	97	67	53	217
基础项目公允价值变动总额	1500	1281	1677	4458
货币时间价值和金融风险对履约现金流量的影响(客户享有份额的变动额)	(1403)	(1214)	(1624)	(4241)
与未来服务相关且不随基础项目回报变动的履约现金流量变动金额	—	—	—	—
合同服务边际产生的当期汇兑差额	—	—	—	—
合同服务边际当期摊销额	(300)	(331)	(381)	(1012)
期末余额	592	328	—	N/A

　　与表 5－5,5－6,5－7 的唯一不同是,这里将"基础项目公允价值中企业享有份额的

变动金额"的计算过程在同一行中进行了展示,基础项目公允价值中企业享有份额的变动金额(浮动收费的变化额)=基础项目公允价值变动总额-货币时间价值和金融风险对履约现金流量的影响(客户享有份额的变动额)。

五、合同组对公司损益表的影响

在该合同组3年保险期限内,每年确认的损益如下表。

表5‐9 合同组对公司损益表的影响 单位:元

	第1年	第2年	第3年	总计
保险服务收入	320	339	386	1045
保险服务费用	(8)	—	—	(8)
保险服务业绩	312	339	386	1037
投资收益	1500	1281	1677	4458
保险财务损益(保险财务费用)	(1500)	(1281)	(1677)	(4458)
投资业绩	—	—	—	—
利润	312	339	386	1037

解释:

(1)保险服务收入的核算:本例不考虑保险获取现金流量,保险服务收入是保险公司提供当期保险服务导致的未到期责任负债减少额,且不包含任何投资成分,即,保险服务收入=期初预计的当期保险服务费用(赔付及相关费用)+当期非金融风险调整释放额+当期合同服务边际摊销额。因此,第1年保险服务收入,等于当期赔付扣除投资成分后的8(=170-162)元、当期非金融风险调整释放12元和合同服务边际摊销300元之和,即320=8+12+300。类似的,第2年保险服务收入339=0+8+331,第3年的保险服务收入386=0+5+381。如表5‐10所示。

表5‐10 合同组各年的保险服务收入 单位:元

	第1年	第2年	第3年	总计
与未到期责任负债变动相关的保险服务收入	320	339	386	1045
期初预计当期发生的保险服务费用	8	—	—	8
非金融风险调整的变动	12	8	5	25
合同服务边际的摊销	300	331	381	1012
保险获取现金流量摊销额	—	—	—	—
保险服务收入	320	339	386	1045

(2)保险服务费用的核算:本例中,保险服务费用=当期发生赔款(不含投资成分)及其他相关费用+保险获取现金流量摊销额+已发生赔款负债相关履约现金流量变动+

亏损部分的确认和转回＝当期发生赔款(不含投资成分)＋0＋0＋0＝当期发生赔款(不含投资成分)。因此:第1年,用赔付170元扣除投资成分162元,就得到当年保险服务费用8元;第2、3年赔付或给付中全部都是投资成分,两年的保险服务费用均为零。

(3)保险服务业绩:大家可能看出来了,在不考虑获取成本及其他各种费用的情况下,保险期限3年内,保险服务收入总额＝年度资产管理费之和＝1045元,保险服务费用总额＝风险给付额之和＝8元,保险服务业绩总额＝浮动收费之和＝322＋346＋369＝1037元。

(4)投资业绩:如第二节所述,对直接分红保险合同组而言,资产投资收益＝基础项目公允价值变动损益＝保险财务损益,投资业绩＝资产投资收益－保险财务损益＝0。例如,第1年的投资业绩＝资产投资收益－保险财务损益＝1500－1500＝0。

(5)与前面几章中的案例不同的是,前面几章的案例的利润表不核算资产投资收益,但在本案例的利润表中,由于资产投资收益＝基础项目公允价值变动额,而每期的基础项目公允价值变动额在编制"基础项目公允价值余额调节表"过程中已经知道了,所以给出了资产投资收益。

六、小讨论

现在想来,不将投连险这样的产品按老准则下的"独立账户负债＝独立账户资产"这样的公允价值法计量,转按新准则下的基于通用模型法的"浮动收费法"计量后,复杂程度大幅增加了。

但本质而言,与老准则下类似,保险公司经营投连险赚到的,仍然是各种收费,包括初始费用、资产管理费、账户转换费、买入卖出差价等,将各种收费扣除少量风险赔付和各种费用支出后,就是投连险的利润。

第六章　特例：亏损合同组的负债计量和损益确认

合同组发生亏损，有两种可能的情形：一是合同组初始确认时是薄利组，后来变亏损了；二是合同组初始确认时是亏损组，后来亏损扩大、缩小、变盈利、或者变盈利后又变为亏损等。

对于第一种情形，即初始薄利后来变为亏损的情形，可称为"盈变亏合同组"的计量，第三、四章已经讨论过了。本章专门讨论第二种情形，即初始确认即为亏损组的初始计量和后续计量。

第一节　亏损合同组的计量思路和特别之处

关于亏损合同组的计量，前面不少章节都略有提及，这里系统讨论一下其计量思路和特别之处。

一、何为亏损合同组？

如第二章所述，首先，保险公司要将卖掉的保单归类为保险合同组合（portfolio），即，将具有相似风险且统一管理的保险合同归为同一保险合同组合。其次，是将保险合同组合内的保单进一步分为亏损组、厚利组和薄利组。分组的具体做法是，对合同组合内的保单，保险公司要在初始计量时，逐单评估盈利性进而确定其归属的合同组，后续不再重新评估和调整。

所谓亏损合同，是指在保单盈利性评估中，在考虑现金流入、流出及现金流不确定性基础上，综合评估结果（指现值）为净流出的合同。新准则要求，保险公司不得将签发时间间隔超过1年的合同归入同一合同组，于是，保险公司通常会将每一会计年度确认的同一组合内的亏损合同均归为一个亏损合同组。

二、亏损合同组的初始计量和损益确认

关于亏损合同的初始计量，见新准则第46条所述："合同组在初始确认时发生首日亏损的，或合同组合中的合同归入其所属亏损合同组而新增亏损的，企业应当确认亏损并计入当期保险服务费用，同时将该亏损部分增加未到期责任负债账面价值。初始确认时，亏损合同组的保险合同负债账面价值等于其履约现金流量。"

这条规定有如下几层含义：

第一，对于亏损合同组的首日亏损和新单进入合同组产生的新增亏损，保险公司要

将其计入当期保险服务费用；

第二，亏损的含义就是现金流入不能满足现金流出，亏损金额就是这个窟窿的大小，为保证客户利益或对客户的未来赔付，保险公司要将该亏损部分增加未到期责任负债价值，即是通过计入当期保险服务费用的方式，由股东出资填上这个窟窿。而由股东出资补充到未到期责任负债中的亏损部分，称为"未到期责任负债中的亏损部分（loss component of the liability for remaining coverage)"[1]。

第三，初始确认时，亏损合同组的合同服务边际要记为零（而不是负值），因此，亏损合同组的保险合同负债账面价值等于其履约现金流量。这意味着，在考虑非金融风险调整（或风险边际）的基础上，当前资源将来正好还债。

由此，初始计量时的未到期责任负债＝未到期责任负债的其他部分＋未到期责任负债的亏损部分＝履约现金流量。

三、亏损合同组的后续计量和损益确认

后续计量中，亏损合同组可能会出现亏损继续扩大的情形，也可能出现亏损缩小甚至变为盈利的情形。而亏损扩大或缩小的原因有多种，相应的负债计量和损益确认方式也不同：

一是起因于"与当期服务相关的变化（或营运偏差)"，如赔付额高于或低于预期，导致合同组亏损扩大或缩小。此时，负债计量不受影响；营运偏差会通过实际赔付额和实际其他保险服务费用额反映在保险服务费用中，进而影响保险服务业绩。

二是起因于"与过去服务相关的变化"，主要指已发生赔款负债因物价等因素上升或下降。此时，已发生赔款负债自然上升或下降，且要将其变动额计入当期保险服务费用，称为"已发生赔款负债相关履约现金流变动"。

三是起因于"与未来服务相关的变化或与未来服务相关的履约现金流量变动"，某会计期末，当预期的履约现金流量增加（或减少）时，亏损会增加（或减少）。具体会计处理方式如新准则第49条所述：

（1）后续计量中，当履约现金流量增加导致亏损增加时，企业应该将因与未来服务相关的未来现金流量或非金融风险调整的估计变更所导致的履约现金量增加额，确认为新增亏损并计入当期保险服务费用，同时将亏损部分增加未到期责任负债账面价值，这会增加"未到期责任负债中的亏损部分"。

（2）后续计量中，当履约现金流量减少导致亏损减少时，企业应该将因与未来服务相关的未来现金流量或非金融风险调整的估计变更所导致的履约现金流量减少额，减少"未到期责任负债的亏损部分"，冲减当期保险服务费用；超出亏损部分的金额，确认为合同服务边际。

四、亏损合同组计量的特别之处

上面提到三种亏损，前两种的处理都非常简单。下面着重讨论第三种，即起因于"与未来服务相关的变化或与未来服务相关的履约现金流量变动"的亏损的会计处理的特别

---

① 第四章第三节讨论盈变亏合同组的计量和损益确认时，我们已经看到过"未到期责任负债的亏损部分"。

之处。

1. 未到期责任负债一分为二

亏损合同组计量最大的特色,就是在未到期责任负债中建立了"亏损部分",进而将亏损合同组的未到期责任负债一分为二,分成"未到期责任负债的亏损部分"和"未到期责任负债的其他部分"。

如 IFRS17 第 49 条所述:"企业应该为亏损合同组建立(或增加)一个'未到期责任负债的亏损部分',以便描述初始计量和后续计量中确认的亏损。"

2. 未到期责任负债的释放要分摊处理

在未来保险期限内,未到期责任负债会逐期产生利息增值,因提供保险服务而逐期释放并形成保险服务收入。对亏损合同组而言,由于合同服务边际为零,从未到期责任负债中释放出的保险服务收入,仅包括期初预计的"当期会发生的保险服务费用"和"当期非金融风险调整释放额"。

将未到期责任负债一分为二后,其利息增值和释放都是一分为二的。新准则第 48 条规定:"企业在确认合同组的亏损后,应当将未到期责任负债账面价值的下列变动额,采用系统合理的方法分摊至未到期责任负债的亏损部分和其他部分:①因发生保险服务费用而减少的未来现金流量的现值;②因相关风险释放而计入当期损益的非金融风险调整的变动金额;③保险合同金融变动额。而且,分摊至"未到期责任负债的亏损部分"的金额不得计入当期保险服务收入。"

表 6-1 未到期责任负债三项变动额的分摊(按 48 条)

未到期责任负债的三项变动	未到期责任负债的三项变动的分摊	
科目	分摊至未到期责任负债的 其他部分的金额	分摊至未到期责任负债的亏损 部分的金额
因发生保险服务费用而减少的未 来现金流量的现值	a	d
因相关风险释放而计入当期损益 的非金融风险调整的变动金额	b	e
保险合同金融变动额	c	f

准则为何要求不得将上述"分摊至未到期责任负债的亏损部分的金额"计入当期保险服务收入呢?本来,未到期责任负债会逐期产生利息增值、逐期释放(期初预计的当期会发生的保险服务费用、当期非金融风险调整释放额)并形成保险服务收入。但是,对于亏损合同组而言,由于"未到期责任负债的亏损部分"是由股东出资形成的,而非因提供保险服务从客户手里获得的收入,因此,其计息增值后的释放额不应计入保险服务收入。

3. 未到期责任负债的亏损部分会形成亏损转回

对亏损合同组而言,如前所述,在初始计量及后续计量时,从损益来看,所有预期亏损(包括初始亏损和后续亏损)都要计入当期的保险服务费用;从负债来看,要将预期亏损同时计入"未到期责任负债的亏损部分"。计入"未到期责任负债的亏损部分"中的,是为确保客户利益而短缺的"履约现金流量"(包括"未来现金流量现值"和"非金融风险调整")。

(1)因当期负债释放而产生的亏损转回。

所有预期亏损都已计入当期保险服务费用,意味着,如果合同组未来运行情况与预期一致,后续就不会再产生亏损了。

但是,如上述第2部分所述,未来任一会计期内,"未到期责任负债的亏损部分"释放的预期的保险服务费用和非金融风险调整不计入保险服务收入,这样一来,保险服务收入少了,但实际赔付和费用肯定要照旧计入保险服务费用,一定会导致保险服务业绩亏损。而且,未来每期的亏损额的现值,大致就是当下计入当期保险服务费用中的预期亏损。如此,当下计入当期保险服务费用的预期亏损就显得重复了,亏损被重复记在了损益表中。重复记了多少呢?其现值大致就是"未到期责任负债的亏损部分"那么多。

于是,新准则要求,在未来任一会计期内,保险服务费用也要相应等额扣减"未到期责任负债的亏损部分"释放的预期的保险服务费用和非金融风险调整,每期扣减额被称为"亏损部分的转回",简称"亏损转回"。可以想象,未来每期的"亏损转回"的现值之和,应该正好等于当初记在保险服务费用中的预期亏损。

更准确而言,在未来每个会计期内,保险公司都应该将当期从"未到期责任负债的亏损部分"中释放出来的"因发生保险服务费用而减少的未来现金流量的现值"和"因相关风险释放而计入当期损益的非金融风险调整的变动金额"之和,作为当期保险服务费用的减项,逐期冲抵原来计入的预期亏损,每期冲抵额被新准则称为"未到期责任负债的亏损部分的转回(the reversals of the loss component of the liability of remaining coverage)",简称"亏损转回(reversal of losses)"。

(2)亏损处理的内在原理。

其实,对亏损合同组而言,不考虑保险服务费用中的"亏损确认"和"亏损转回",在不将"未到期责任负债的亏损部分"释放的预期的保险服务费用和非金融风险调整计入保险服务收入的处理方式下,每期的保险服务业绩会自然体现出合同组的亏损。

将亏损合同组的预期亏损一次性通过"亏损确认"计入保险服务费用,然后在后期通过"亏损转回"的方式将其逐渐冲抵掉,这样"神操作"的目的,应该是为了让经营亏损合同的保险公司一次性体会到亏损的"总痛苦",以便抑制其开展亏损业务的冲动。

(3)因预期利好而产生的亏损转回。

此外,亏损转回还会因如下情形而发生:后续计量中,当期末预期的履约现金流量减少(如对未来赔付的预期减少导致履约现金流量减少)导致亏损减少时,按照新准则第49条的规定:"企业应该将因与未来服务相关的未来现金流量或非金融风险调整的估计变更所导致的履约现金流量减少额,减少'未到期责任负债的亏损部分',冲减当期保险服务费用,这一冲减额也被称为亏损转回;超出亏损部分的金额,确认为合同服务边际。"

也就是说,亏损转回(reversal of losses)还可能因为履约现金流量减少这样的"利好预期"而产生。

(4)IFRS17的相关规定。

如IFRS17第49条规定所述:"企业应该为亏损合同组建立(或增加)一个'未到期责任负债的亏损部分',以便描述初始计量和后续计量中确认的亏损。该亏损部分决定了利润表中针对亏损合同组确认的亏损转回(reversal of losses on onerous groups)的金额,而且,该亏损部分应被排除在保险服务收入之外。"

亏损转回可能有些复杂,读者可以结合后续案例来理解。

第二节　亏损合同组负债计量和损益确认:案例分析(上)

一、案例描述和分析任务[①]

美能达保险公司签发了 100 张保险合同,保险期限均为 3 年,组成一个合同组。保单签发后保险责任期立即开始。

初始确认时,保险公司预计:

(1)合同组初始确认后即可收到 800 元保费(每张保单 8 元);

(2)每年末的现金流出(赔付支出)400 元,3 年共计流出 1200 元,公司预计事故发生时赔款立即支付。使用每年 5% 的折现率(该折现率反映了赔付现金流的特征),可得 3 年流出额的现值之和为 1089 元。

(3)初始确认时的非金融风险调整为 240 元,假定非金融风险调整将在未来 3 年保险期限内(随保险风险的释放而)均匀释放。

合同组运行过程如下:

(1)第 1 年,所有事件的发生均与初始确认时的预期一致;

(2)第 2 年,所有事件的发生均与初始确认时的预期一致;

(3)第 2 年末,美能达修正了对第 3 年的现金流出的预期,原来预计第 3 年末流出 400 元,改成了流出 100 元(现金流出现值下降了 286 元)。但是,对与第 3 年现金流相关的非金融风险调整,美能达保持原来的预期不变。

(4)第 3 年,所有事件的发生均与第 2 年末的预期一致。

为简化计量工作,

(1)假设所有保险合同都不会在第 3 年底前失效;

(2)假设不存在任何投资成分;

(3)忽略任何其他因素和其他变化。

请帮助美能达保险公司对该合同组进行负债计量和损益确认,以反映该合同组在其保险期限 3 年内对美能达负债表和利润表的影响。

二、案例分析:第 1 年负债计量和损益确认

初始确认时,美能达对合同组进行了初始计量,并估计了每年末的履约现金流量。

---

① 该案例改编自 IFRS17 Insurance Contracts 中的 Illustrative examples 中的 Example8。

表 6 - 2　初始计量结果及对未来每年末的履约现金流量估计　　　单位:元

	初始计量	第 1 年末	第 2 年末	第 3 年末
预期的未来现金流入现值	(800)	—	—	—
预期的未来现金流出现值	1089	743	381	—
预期的未来现金流量现值	289	743	381	—
非金融风险调整	240	160	80	
履约现金流量	529	903	461	—
合同服务边际	—			
初始确认时的保险合同负债	529			

可以看到,初始计量时,按照新准则第 46 条规定:第一,由于合同组亏损,合同服务边际为零,保险合同负债的账面价值等于履约现金流量 529 元;第二,保险合同负债的窟窿 529 元,将通过计入损益(计入当期保险服务费用)的方式由股东出资填补(如表 6 - 6 "该亏损合同组对利润表的影响(第 1 年)"所示)。

1. 第 1 年的保险合同负债余额调节表(按新准则第 87 条)

第 1 年,保险合同负债(等于未到期责任负债)及其分项(未来现金流量现值、非金融风险调整、合同服务边际)的余额调节表如表 6 - 3 所示,该表可以满足新准则第 87 条规定的披露要求。

表 6 - 3　第 1 年的保险合同负债及其分项余额调节表　　　单位:元

	预期的未来现金流量现值	非金融风险调整	合同服务边际	保险合同负债
期初余额	289	240	—	529
与未来服务相关的变化:新合同加入	—	—	—	—
现金流入量	800			800
保险合同金融变动额	54			54
与当期服务相关的变化	0	(80)	—	(80)
现金流出量	(400)	—		(400)
期末余额	743	160		903

注:表中数据经过了四舍五入的处理。

对表 6 - 3 解释如下:

(1)期初余额:数据来自表 6 - 2 中的初始计量结果。

(2)保险合同金融变动额:54 = (289 + 800)×5%。其内在含义是,该合同组一进入保险公司,即给保险公司造成了 529 元的亏损,这些亏损要由公司股东出钱填充入保险合同负债中,以保证客户利益,其中 289 元填入未来现金流量现值部分,240 元填入非金融风险调整部分。紧接着(几乎同时),保险公司收到了 800 元保费,于是,1089(=289+800)元在第 1 年内将会按照期初假设折现率 5%,产生 54(=1089×5%)元利息。另外,案例描述中提到"假定金融风险调整将在未来 3 年保险期限内(随保险风险的释放而)均匀释放",意味着本合同组计量适用新准则 33 条第 2 款"保险公司选择将货币时间价值及金融风险的影响导致的非金融风险调整变动额不作为保险合同金融变动额",因此,240 元非金融风险调整在未来 3 年内将不产生利息,只是均匀地每年释放 80 元。

(3)与当期服务相关的变化:第 1 年,所有事件的发生均与预期一致,当期现金流没有变化,合同服务边际为零无需摊销,只有非金融风险调整按预期释放 80 元。

(4)最后,我们通过最后一列数据来理解一下保险合同负债的变化过程:初始确认的保险合同负债为 529 元,然后流入 800 元保费,当期产生 54 元利息,释放 80 元非金融风险调整,流出赔款 400 元,剩余保险合同负债 903 元。

2. 第 1 年的保险负债余额调节表(按新准则第 86 条)

第 1 年末,按照新准则第 86 条,保险公司提供的第 1 年的未到期责任负债和已发生赔款负债余额调节表大致如表 6-4,从该表可得到利润表中的相关损益数据。

表 6-4 第 1 年的未到期责任负债和已发生赔款负债余额调节表 　　单位:元

	未到期责任负债		已发生 赔款负债	保险合 同负债
	未到期责任负债 中的其他部分	未到期责任负债 中的亏损部分		
期初余额 (保险服务费用: 亏损合同组的亏损)	—	529	—	529
现金流入量	800	—	—	800
保险合同金融变动额	33	21	—	54
保险服务收入	(289)	—	—	(289)
保险服务费用:已发生费用	—	(191)	400	209
现金流出量	—	—	(400)	(400)
期末余额	544	359	—	903

对表 6-4 中的科目和数据解释如下:

(1)将未到期责任负债分为亏损部分和其他部分:由于初始计量就有亏损,未到期责任负债马上就出现了"未到期责任负债的亏损部分",剩余的就被称为"未到期责任负债的其他部分"。具体而言,初始计量时因亏损而形成的保险合同负债 529 元,计入未到期责任负债的亏损部分;保费流入 800 元后,保险合同负债增加 800 元,计入未到期责任负债的其他部分。

(2)关于 400 元当期赔款:从已发生赔款负债的变化来看,事故发生后,产生已发生赔款负债 400 元,事后立即赔款,已发生赔款负债归零,不产生保险合同金融变动额。从利润表来看,400元当期赔款(不含投资成分)自然要记入当期保险服务费用。

(3)关于保险合同金融变动额33元和21元、以及保险服务收入289元和保险服务费用191元的理解:新准则第48条规定:"企业在确认合同组的亏损后,应当将未到期责任负债账面价值的三变动额,采用系统合理的方法分摊至未到期责任负债的亏损部分和其他部分。而且,分摊至"未到期责任负债的亏损部分"的金额不得计入当期保险服务收入。"根据该规定分摊的结果,就可理解保险合同金融变动额的分拆、保险服务收入和保险服务费用的确认,如表6-5所示。

表6-5　未到期责任负债三项变动额的分摊和相关损益确认(第1年)　　单位:元

未到期责任负债的三项变动			未到期责任负债的三项变动的分摊	
科目	金额	分摊至未到期责任负债的其他部分的金额	分摊至未到期责任负债的亏损部分的金额	
③保险合同金融变动额	54	33	21	
①因发生保险服务费用而减少的未来现金流量的现值	(400)	(241)	(159)	
②因相关风险释放而计入当期损益的非金融风险调整的变动金额	(80)	(48)	(32)	
相关损益确认	保险服务收入		(289)	
	保险服务费用			(191)
	保险财务费用	54		

下面对表6-5进而对6-4中的相关数据解释如下:

(4)本合同组第1年末时需分摊的三项分别为:①因发生保险服务费用而减少的未来现金流量的现值400元;②因相关风险释放而计入当期损益的非金融风险调整的变动金额80元;③保险合同金融变动额(全额计入保险财务费用)54元。之所以在表6-5中将保险合同金融变动额提在上面,是因为从时间顺序来看,是保险合同金融变动额先进入保险合同负债,然后,保险合同负债才释放"因发生保险服务费用而减少的未来现金流量"和"因相关风险释放而计入当期损益的非金融风险调整"。

(5)分摊基准和分摊结果:第1年的收到保费后的期初未到期责任负债总额为1329元,其中,亏损部分529元,其他部分800元,因此,上述三项待摊金额均按800/1329:529/1329,即按60.2:39.8的比例分摊至未到期责任负债的其他部分和亏损部分。分摊计算过程和结果为:①54×60.2%=33,54×39.8%=21;②400×60.2%=241,400×39.8%=159;③80×60.2%=48,80×39.8%=32。

(6)分摊结果的正负号:因发生保险服务费用而减少的未来现金流量的现值400元和因相关风险释放而计入当期损益的非金融风险调整80元,均减少了未到期责任负债,因此其本身和分摊结果均为负值;保险合同金融变动额增加了未到期责任负债,因此其本身和分摊结果均为正值。

(7)从分摊结果来看,第1年末,未到期责任负债释放480元(包括已发生赔付400元和非金融风险调整释放 80 元),其中,289(＝241＋48)元来自于未到期责任负债的其他部分,191(＝159＋32)元来自未到期责任负债的亏损部分,如表 6‐4 所示。令人奇怪的是,为何只有 289 元被释放成了保险服务收入? 191 元却被释放成了保险服务费用呢?

(8)关于保险服务收入 289 元的理解:第 1 年,如第一节所述,未到期责任负债按照预期释放 480 元,本应全部计入当期保险服务收入,但是,由于"未到期责任负债的亏损部分"是由股东出资形成的,而非从客户收取保费形成的,因此,新准则 48 条最后一款规定,分摊至未到期责任负债的亏损部分的金额(这里是 191 元)不得计入当期保险服务收入,只能将 289 元计入保险服务收入。

(9)关于保险服务费用－191 元的理解:如第一节所述,在未来每个会计期内,保险公司都应该将当期从"未到期责任负债的亏损部分"中释放出来的"因发生保险服务费用而减少的未来现金流量的现值"和"因相关风险释放而计入当期损益的非金融风险调整的变动金额"之和,作为当期保险服务费用的减项,冲抵原来计入的预期亏损(金额等于"未到期责任的亏损部分"),每期冲抵额被 IFRS17 称为"亏损转回(reversal of losses)"。本期的亏损转回金额为 191 元。

(10)保险合同负债的当期变化:从表 6‐4 的列数据纵向来看,第一,已发生赔款负债计提 400 元后又立即赔了出去。第二,未到期责任负债分为两部分:①未到期责任负债的其他部分:期初 800 元,当期因利息增值 33 元,当期释放保险服务收入 289 元,期末余额 544 元;②未到期责任负债的亏损部分:期初 529 元,当期因利息增值 21 元,当期扣除"亏损转回"191 元,期末余额 359 元。

3. 推算得到第 1 年的利润表(不考虑投资收益)

根据上述相关数据,该合同组第 1 年对公司利润表的影响,如表 6‐6 所示。其中,保险服务费用的核算见表 6‐7。

表 6‐6　该亏损合同组对公司利润表的影响(第 1 年)　　　　　单位:元

	第 1 年
保险服务收入	289
保险服务费用	(738)
保险服务业绩	(449)
投资收益	－
保险财务损益(保险财务费用)	(54)
投资业绩	(54)
利润	(503)

注:保险服务业绩＝保险服务收入－保险服务费用

　　投资业绩＝投资收益－保险财务损益

　　利润＝保险服务业绩＋投资业绩

表 6-7　保险服务费用的核算(第 1 年)　　　　　　　　单位:元

当期发生赔款及其他相关费用(不含投资成分)	(400)
保险获取现金流量的摊销	—
亏损部分的确认和转回(初始计量亏损-当期亏损转回)	(529-191)
已发生赔款负债相关履约现金流量的变动	—
保险服务费用	(738)

第三节　亏损合同组负债计量和损益确认:案例分析(下)

接上例,对合同组第 2、3 年的负债计量和损益确认进行分析。

三、案例分析:第 2 年负债计量和损益确认

1. 第 2 年的保险合同负债计量(按新准则第 87 条)

第 2 年,保险合同负债(等于未到期责任负债)及其分项(未来现金流量现值、非金融风险调整、合同服务边际)的余额调节表如表 6-8,该表可以满足新准则第 87 条规定的披露要求。

表 6-8　第 2 年的保险合同负债及其分项余额调节表　　　　单位:元

	预期的未来现金流量现值	非金融风险调整	合同服务边际	保险合同负债
期初余额	743	160	—	903
保险合同金融变动额	37	—	—	37
与未来服务相关的变化	(286)	—	103	(183)
与当期服务相关的变化	—	(80)	(52)	(132)
现金流出量	(400)	—	—	(400)
期末余额	94	80	51	225

注:表中数据经过了四舍五入的处理。

对表 6-8 解释如下:

(1)保险合同金融变动额:37=743×5%;如前所述,非金融风险调整不计利息;合同服务边际为零,不会产生利息。

(2)与未来服务相关的变化:①第 2 年末时公司预期第 3 年末的赔付支出为 100 元,而不是之前预期的 400 元,导致与未来服务相关的现金流出现值减少 286(=300/1.05)元;②与第 3 年现金流出相关的非金融风险调整保持不变;③合同服务边际 103 元的理解,要看新准则第 49 条的规定:"企业在确认亏损合同组的亏损后,应当按照下列规定进行后续计量:(一)……;(二)将因与未来服务相关的未来现金流量或非金融风险调整的

估计变更所导致的履约现金流量减少额,减少未到期责任负债的亏损部分,冲减当期保险服务费用;超出亏损部分的金额,确认为合同服务边际。"本例中,第 2 年末时,与未来服务相关的履约现金流量减少 286 元,未到期责任负债的亏损部分为 183 元(推算过程详见表 6 - 9 及其解释(8)),于是,保险公司将前者超过后者的余额 103(＝286－183)元计入第 2 年年末的合同服务边际(同时还应将 183 元记为"亏损转回",冲减当期保险服务费用)。

(3)与当期服务相关的变化:①第 2 年,所有事件的发生均与预期一致,当期现金流没有变化;②非金融风险调整按预期释放 80 元;③由于第 2 年和第 3 年的保险保障数量或责任单元数量完全相同,第 2 年末时,保险公司将期末合同服务边际 103 元一分为二,52 元在当年摊销(取 52 元而不是 51.5 元,是因为四舍五入),51 元留给第 3 年。

(4)最后,我们通过最后一列数据来理解一下保险合同负债的变化过程:初始确认的保险合同负债为 903 元,当期产生 37 元利息,因与未来服务相关的变化而减少 183 元,因当期提供服务而释放非金融风险调整和合同服务边际共 132 元,减去赔付支出 400 元,期末余额 225 元。

2. 第 2 年的保险负债余额调节表(按新准则第 86 条)

第 2 年末,按照新准则第 86 条,保险公司提供的第 2 年的未到期责任负债和已发生赔款负债余额调节表大致如表 6 - 9。

表 6 - 9　第 2 年的未到期责任负债和已发生赔款负债余额调节表　　单位:元

	未到期责任负债		已发生赔款负债	保险合同负债
	未到期责任负债中的其他部分	未到期责任负债中的亏损部分		
期初余额	544	359	—	903
现金流入量	—	—	—	—
保险合同金融变动额	22	15	—	37
保险服务收入	(341)	—	—	(341)
保险服务费用:已发生费用		(191)	400	209
保险服务费用:亏损合同的亏损转回	—	(183)	—	(183)
现金流出量	—	—	(400)	(400)
期末余额	<u>225</u>	—	—	<u>225</u>

对表 6 - 9 解释如下:

(1)关于保险合同金融变动额 22 元和 15 元、以及保险服务收入 341 元和保险服务费用－191 元的理解:新准则第 48 条规定:"企业在确认合同组的亏损后,应当将未到期责任负债账面价值的三项变动额,采用系统合理的方法分摊至未到期责任负债的亏损部分和其他部分。而且,分摊至'未到期责任负债的亏损部分'的金额不得计入当期保险服务收入。"本合同组第 2 年的这一分摊结果如表 6-10 所示。

表 6-10　未到期责任负债三项变动额的分摊和相关损益确认(第 2 年)　　　单位:元

未到期责任负债的三项变动			未到期责任负债的三项变动的分摊	
科目	金额	分摊至未到期责任负债的其他部分的金额	分摊至未到期责任负债的亏损部分的金额	
保险合同金融变动额	37	22	15	
因发生保险服务费用而减少的未来现金流量的现值	(400)	(241)	(159)	
因相关风险释放而计入当期损益的非金融风险调整的变动金额	(80)	(48)	(32)	
当年利润表中确认的合同服务边际摊销	(52)	(52)	—	
相关损益确认	保险服务收入	(341)		
	保险服务费用		(191)	
	保险财务费用	37	22	15

对表 6-10 进而对表 6-9 解释如下:

(2)本合同组第 2 年末时需分摊的三项分别为:①因发生保险服务费用而减少的未来现金流量的现值 400 元;②因相关风险释放而计入当期损益的非金融风险调整的变动金额 80 元;③保险合同金融变动额 37 元。

(3)分摊基准和分摊结果:第 2 年的期初未到期责任负债总额为 903,其中,其他部分 544 元,亏损部分 359 元,因此,上述三项待摊金额均按 544/903:359/903,即按 60.2:39.8 的比例分摊至未到期责任负债的其他部分和亏损部分。分摊计算过程和结果为:①37×60.2%=22,37×39.8%=15;②400×60.2%=241,400×39.8%=159;③80×60.2%=48,80×39.8%=32。

(4)分摊结果的正负号:因发生保险服务费用而减少的未来现金流量的现值 400 元和因相关风险释放而计入当期损益的非金融风险调整 80 元,均减低了未到期责任负债,因此其本身和分摊结果均为负值;保险合同金融变动额增加了未到期责任负债,因此其本身和分摊结果均为正值。

(5)对合同服务边际摊销的解释:如前所述,亏损合同组有合同服务边际的前提,是与未来服务相关的履约服务现金流量减少额超过了未到期责任负债的亏损部分,因此,只要亏损合同组有了合同服务边际,就意味着未到期责任负债的亏损部分清零了,也意味着当期合同服务边际摊销额是从未到期责任负债的其他部分释放出来的。其实,合同服务边际摊销额的计算在表 6-8 下面已有解释,这里列示合同服务边际摊销额,是为了计算下面的保险服务收入。

(6)保险服务收入:由此,第 2 年的保险服务收入,等于期初预计的当期保险服务费用 400 元,加上当期非金融风险调整释放 80 元,再加上合同服务边际摊销 52 元,减去亏损合同组特有的不应计入保险服务收入的"分摊至未到期责任负债中的亏损部分的金额"191元,结果为341(=400+80+52-191)元。或者按表6-10理解为,保险服务收入是从未到期责任负债的其他部分释放出来的,341=241+48+52。

(7)关于"保险服务费用:已发生费用"-191元和400元的理解:与第1年的相关解释完全相同,400元当期赔款当然要记入保险服务费用;191元是未到期责任负债的亏损部分的亏损转回,要从保险服务费用中扣除。

(8)关于"保险服务费用:亏损合同组的亏损转回"183元的理解:第2年,未到期责任负债的亏损部分的期初余额359元,获得当期利息15元、支付159元赔款并释放32元非金融风险调整(合计191元)后,余额为183(=359+15-191)元。如前所述,第2年期末时,与未来服务相关的未来现金流量减少286元,286元冲抵未到期责任负债的亏损部分183元后,余额103元被确认为合同服务边际。与此同时,要在利润表中冲减当期保险服务费用183元,这一被未来乐观预期导致的亏损冲减额,就是第一节所称的"因预期利好而发生的亏损转回"。

3.推算得到第2年的利润表(不考虑投资收益)

根据上述相关数据,该合同组第2年对公司利润表的影响,如表6-11所示。其中,保险服务费用的核算见表6-12。

表6-11　该亏损合同组对公司利润表的影响(第2年)　　　　　单位:元

	第2年
保险服务收入	341
保险服务费用	(26)
保险服务业绩	315
资产投资收益	—
保险财务损益(保险财务费用)	(37)
投资业绩	(37)
利润	278

表6-12　保险服务费用的核算(第2年)　　　　　单位:元

当期发生赔款及其他相关费用(不含投资成分)	(400)
保险获取现金流量的摊销	—
亏损部分的确认和转回(当期有两个亏损转回)	191+183
已发生赔款负债相关履约现金流量的变动	—
保险服务费用	(26)

四、案例分析:第 3 年负债计量和损益确认

1. 第 3 年的保险合同负债计量(按新准则第 87 条)

第 3 年,保险合同负债(等于未到期责任负债)及其分项(未来现金流量现值、非金融风险调整、合同服务边际)的余额调节表如表 6 - 13。该表可以满足新准则第 87 条规定的披露要求。

表 6 - 13　第 3 年的保险合同负债及其分项余额调节表　　　单位:元

	预期的未来现金流量现值	非金融风险调整	合同服务边际	保险合同负债
期初余额	94	80	51	225
保险合同金融变动额	5	—	3	8
与当期服务相关的变化	—	(80)	(54)	(134)
现金流出量	(100)	—	—	(100)
四舍五入的误差	1	—	—	1
期末余额	—	—	—	—

对表 6 - 13 解释如下:

(1)保险合同金融变动额:5＝94×5％;非金融风险调整不计利息;3＝51×5％。

(2)与当期服务相关的变化:当年释放非金融风险调整 80 元,摊销期末所有合同服务边际 54(＝51＋3)元。

(3)现金流出量:期末赔款 100 元。

2. 第 3 年的保险负债余额调节表(按新准则第 86 条)

第 3 年末,按照新准则第 86 条,保险公司提供的第 3 年的未到期责任负债和已发生赔款负债余额调节表大致如表 6 - 14。

表 6 - 14　第 3 年的未到期责任负债和已发生赔款负债余额调节表　　　单位:元

	未到期责任负债		已发生赔款负债	保险合同负债
	未到期责任负债中的其他部分	未到期责任负债中的亏损部分		
期初余额	225	—	—	225
保险合同金融变动额	8	—	—	8
保险服务收入	(233)	—	—	(233)
保险服务费用	—	—	100	100
现金流出量	—	—	(100)	(100)
期末余额	—	—	—	—

对表 6-14 解释如下：

(1)未到期责任负债的亏损部分在第 2 年末已经归零。

(2)保险合同金融变动额：参看表 6-13 及其解释。

(3)保险服务收入 233 元：等于期初预计的保险服务费用 100 元，与非金融风险调整释放 80 元、合同服务边际摊销 54 元之和，再减去 1 元的四舍五入误差，即 233＝100＋80＋54－1。

(4)保险服务费用 100：等于当期赔款 100 元。

3. 推算得到第 3 年的利润表(不考虑投资收益)

根据上述相关数据,该合同组第 3 年对公司利润表的影响,如表 6-15 所示。其中,保险服务费用的核算见表 6-16。

表 6-15　该亏损合同组对公司利润表的影响(第 3 年)　　　　　单位:元

	第 3 年
保险服务收入	233
保险服务费用	(100)
保险服务业绩	133
资产投资收益	—
保险财务损益	(8)
承保财务损益	(8)
利润	125

表 6-16　保险服务费用的核算(第 3 年)　　　　　单位:元

当期发生赔款及其他相关费用(不含投资成分)	(100)
保险获取现金流量的摊销	—
亏损部分的确认和转回(当期有两个亏损转回)	—
已发生赔款负债相关履约现金流量的变动	—
保险服务费用	(100)

五、案例分析总结

该合同组对公司损益表的历年影响如下表。

表 6-17　历年的保险服务业绩、保险财务损益和利润　　　　　单位:元

	第 1 年	第 2 年	第 3 年	合计
保险服务收入	289	341	233	863

（续表）

	第 1 年	第 2 年	第 3 年	合计
保险服务费用	(738)	(26)	(100)	(864)
保险服务业绩	(449)	315	133	(1)
资产投资收益	—	—	—	—
保险财务损益	(54)	(37)	(8)	(99)
投资业绩	(54)	(37)	(8)	(99)
利润	(503)	278	125	(100)

三年总体来看，该合同组在期初收到保费 800 元，在第一、二、三年末分别赔付 400 元、400 元、100 元。

显然，忽略资产投资收益，如果不考虑保险合同金融变动额或保险合同负债的利息增值 99 元，则该合同组亏损 100（＝800－400－400－100）元。这就是表 6-17 中合同组利润－100 元的由来。内在原理是，表 6-17 中的合同组利润，其实就是在不考虑投资收益、不考虑保险合同金融变动额（这里等于负债利息增值）条件下，该合同组为公司贡献的利润。这正是《保险公司经营分析：基于财务报告》（郭振华，2018）中"承保利润"的含义。

忽略资产投资收益，如果考虑保险合同金融变动额或保险合同负债的利息增值 99 元，则该合同组亏损 1 元。这就是表 6-17 中保险服务业绩－1 元的由来。内在原理是，表 6-17 中的合同组保险服务业绩，其实就是在不考虑投资收益、但考虑保险合同金融变动额（这里等于负债利息增值）条件下，该合同组为公司贡献的利润。

六、亏损转回的再理解

如第一节所述，新准则要求，在未来任一会计期内，保险服务费用要相应等额扣减"未到期责任负债的亏损部分"释放的预期的保险服务费用和非金融风险调整，每期扣减额被称为"亏损部分的转回"，简称"亏损转回"。可以想象，未来每期的"亏损转回"的现值之和，应该正好等于当初记在保险服务费用中的预期亏损。

本例中，亏损合同组初始计量时的预期亏损为 529 元，进而形成"未到期责任负债的亏损部分"529 元，该亏损部分在第 1、2 年分别计息增值 21 元、15 元，因此，考虑计息增值的"未到期责任负债的亏损部分"为 565（＝529＋21＋15）元。本例中，第 1 年产生亏损转回 191 元，第 2 年产生亏损转回 191 元和 183 元，亏损转回合计 565（＝191＋191＋183）元。可见，

考虑计息增值的未到期责任负债的亏损部分＝亏损转回之和。

再回顾一下准则设计亏损转回的目的：将亏损合同组的预期亏损一次性通过"亏损确认"计入保险服务费用，然后在后期通过"亏损转回"的方式将其逐渐冲抵掉，这样"神操作"的目的，应该是为了让经营亏损合同的保险公司一次性体会到亏损的"总痛苦"，以便抑制其开展亏损业务的冲动。

第七章　简化计量:保费分配法

所谓简化计量,是说通用模型法过于复杂,可以对一些保险期限短和未来履约现金流量没啥变化(或保单未来运行状况与初始预期基本一致)的合同组采用保费分配法进行简化计量。

所谓保费分配法(Premium Allocation Approach,简称PAA),顾名思义,就是无需通过估算履约现金流量(和合同服务边际)来确定未到期责任负债,也无需通过计算因提供保险服务导致的未到期责任负债减少额来确定保险服务收入,而是直接将保费(包括已收保费和预计收取的保费)按某种方式(如按时间)分配在保险责任期限内确认当期保险服务收入和期末未到期责任负债的方法。但是,保费分配法仅用于计量未到期责任负债,已发生赔款负债还是用通用模型法通过估算履约现金流量的方式进行计量。

例如,某保险合同组内所有合同均在2023年7月1日签发,同时收取趸交总保费1000元,责任期限均为1年,其提供的保险服务在责任期限内按时间均匀分配,若采用保费分配法且按时间分配保费,则,该合同组2023年的当期保险服务收入为500元,2023年底的期末未到期责任负债为500元,2024年的当期保险服务收入也是500元。这种计量未到期责任负债和保险服务收入的方法显然比通用模型法大幅简化了。

本章专门讨论如何采用保费分配法对适用合同组进行计量。第一节讨论保费分配法的适用范围,第二节讨论保费分配法下保险获取现金流量的处理;第三节讨论保费分配法下的负债计量和损益确认,第四节是保费分配法计量的三个小案例,第五节是保费份分配法计量的一个大案例。

第一节　保费分配法的适用范围

与通用模型法相比,保费分配法用分配保费的方式确定未到期责任负债和当期保险服务收入,显然大幅降低了计量未到期责任负债和确认保险服务收入的难度,是一种简化计量,但可能存在不精确的问题。不精确的原因,是在保险期限内,对未来现金流的预期或履约现金流量的预期可能发生变化,进而导致保险期限内某些时点的实际未到期责任负债与初始预期存在差异。因此,需要厘清保费分配法的适用范围。

一、如何判断保费分配法是否适用?

新准则第50条规定:"符合下列条件之一的,企业可以采用保费分配法简化合同组的计量:(一)企业能够合理预计采用本节简化处理规定与根据本准则前述章节规定计量合同组未到期责任负债的结果无重大差异。企业预计履约现金流量在赔案发生前将发生重大变化的，表明该合同不符合本条件。（二）该合同组内各项合同的责任期不超过一年。"

由上述规定可见：第一，对于保险期限不超过一年（≤1 年）的保险合同所组成的合同组，可以采用保费分配法对其进行计量；第二，如果保险期限超过 1 年，就要看采用保费分配法与采用通用模型法计量得到的合同组未到期责任负债的结果是否有重大差异，如果没有，可以采用保费分配法计量，如果有就不可以。

如何判断采用保费分配法与采用通用模型法计量得到的合同组未到期责任负债的结果是否有重大差异呢？这就要看未来各期的履约现金流量是否会发生重大变动。如前面几章所述，采用通用模型法时，每个会计期末或资产负债表日，保险公司均需要根据当时的信息更新对于未来履约现金流量的估计，如果在保险期限内，未来各资产负债表日的履约现金流量与期初预计值相比，有重大差异，就说明采用保费分配法确定的未到期责任负债的准确性很差，会导致未到期责任负债与剩余期限的保险责任不匹配。此时，采用保费分配法（即按期初预期、按时间）对保险服务收入和剩余保险合同负债在保险期限内进行分配的做法就不一定合适。

于是，按照新准则第 50 条规定，如果企业预计履约现金流量在赔案发生前将发生重大变化的，则企业无法合理预计保费分配法与通用模型法的计量结果无重大差异，此时就不可以使用保费分配法，反之则可以。

此外，新准则第 51 条规定："企业对其签发的保险合同采用保费分配法时，应当假设初始确认时该合同所属合同组合内不存在亏损合同，该假设与相关事实和情况不符的除外。"这意味着，采用保费分配法的前提是合同在初始确认时不亏损。原因是，若初始确认就亏损，说明保费形成的负债不足以保证客户利益，需要股东出资弥补，如果直接采用保费分配法，会掩盖未到期责任负债的不足问题。

二、适用保费分配法的险种

由此推断，在保险市场上，适用保费分配法的险种应该包括：

（1）保险期限在 1 年以内的各种保险产品，如车险、家财险、企财险、1 年期及 1 年期以内的意外伤害险、各种 1 年期或 1 年期以内的团体人身险等；

（2）根据对未来履约现金流量的可变性的评估，只要可变性很小，保险责任期超过 1 年的险种也可以适用保费分配法。

需要说明的是，即便适用保费分配法，保险公司也可以不使用保费分配法，而使用通用模型法进行计量，这既要看计量复杂性，也要看公司对管理细度的要求来定。

第二节　保费分配法下保险获取现金流量的处理

采用保费分配法时，依据新准则规定，对于保险获取现金流量也可以简化处理，即保险公司可以选择在发生时直接计入费用，而不是像通用模型法下那样一定要摊销处理。因此，本节专门介绍保险获取现金流量的处理，并讨论保费分配法下和通用模型法下的处理差异。

如第四章第五节所述,可以将保险获取现金流量分为"合同边界内的保险获取现金流量"和"合同边界外的保险获取现金流量",后者不影响保险负债计量,在发生时直接计入损益,这里要讨论的,是"合同边界内的保险获取现金流量"该如何处理。

进一步地,对于"合同边界内的保险获取现金流量"(以下常常简称保险获取现金流量),如第四章第五节所述,可以按发生时间将其分为合同组确认前、确认时和确认后发生的保险获取现金流量,下面分别讨论保费分配法下这三类保险获取现金流量对损益确认和负债计量的影响。

一、保险获取现金流量的损益确认

从损益确认来看,采用通用模型法计量时,如第四章第五节所述,对"合同边界内的保险获取现金流量",无论发生在合同组确认前、确认时还是确认后,均要进行摊销处理,即按新准则第 32 条,将其随时间流逝进行系统摊销(systematic amortization over time),计入责任期内各个期间的保险服务费用,同时确认为保险服务收入。

采用保费分配法时,如新准则第 52 条所述,企业采用保费分配法且合同组内各项合同初始确认的责任期均不超过 1 年的,可以选择在保险获取现金流量发生时将其确认为费用,计入当期损益。这样,保险公司就多了一个选择,既可以选择摊销,也可以选择发生时全额确认为费用。

需要进一步明确的是,对于合同组确认前发生的保险获取现金流量,由于尚未分摊到合同组,无法在其发生时将其确认为合同组的费用,所以,新准则 52 条所讲的可直接在发生时确认为费用的,是指合同组初始确认时、确认后发生的保险获取现金流量。

表 7-1 合同边界内保险获取现金流量的损益确认:保费分配法与通用模型法的差异

	通用模型法	保费分配法
合同组确认前发生的保险获取现金流量	摊销,将摊销额同时计入保险服务费用和保险服务收入	摊销,将摊销额计入保险服务费用
合同组确认时发生的保险获取现金流量		二选一:①摊销,将摊销额计入保险服务费用;②发生时直接计入保险服务费用
合同组确认后发生的保险获取现金流量		

表 7-1 对保险获取现金流量的损益处理进行了总结,其中需要注意的是:

第一,保费分配法下对保险获取现金流量选择不摊销是有条件的,即合同组内各项合同初始确认的责任期均不超过 1 年;

第二,通用模型法下,摊销后的保险获取现金流量,要同时计入保险服务费用和保险服务收入;但在保费分配法下,摊销后的保险获取现金流量,只需计入保险服务费用,无需计入保险服务收入(因为通过保费分摊得到的保险服务收入中,已经包含了保险获取现金流量摊销额)。

二、保险获取现金流量对负债计量的影响

保费分配法下的负债计量与通用模型下的负债计量是大相径庭了,计量思路完全不一样。

1. 合同组确认前发生的保险获取现金流量

对于合同组确认前发生的保险获取现金流量,如通用模型法中所述,要按新准则第17条确认为保险获取现金流量资产,待合同组确认时终止确认。这种做法在保费分配法下仍然适用。

区别是:

(1)通用模型法下,所谓终止确认,是在合同组初始确认时,将分摊至该合同组的保险获取现金流量资产,在确定保险合同负债中的合同服务边际的过程中终止确认,其实就是等额减少合同服务边际,保险合同负债也因此等额减少;

(2)保费分配法下,所谓终止确认,是在合同组初始确认时,直接从已收保费中将保险获取现金流量资产减去后,作为未到期责任负债的初始值;

上述两个终止确认本质上其实是相同的,都是等额减少了未到期责任负债,只不过,在保费分配法下,已不再计量未到期责任负债的内部结构,不显示所谓合同服务边际了。

2. 合同组确认时、确认后发生的保险获取现金流量

在通用模型法下:对于合同组确认时发生的保险获取现金流量,在初始计量时直接从合同服务边际中扣除,减少未到期责任负债;对于合同组确认后发生的保险获取现金流量,在初始计量时计入履约现金流量,在其发生时扣减合同服务边际。

在保费分配法下,对合同组确认时、确认后发生的保险获取现金流量:

(1)如果选择对保险获取现金流量进行摊销处理,则,根据新准则第53条,在其发生时一次性从未到期责任负债中扣减,后面再逐期将摊销值加回。后面逐期将摊销额加回,是保费分配法下未到期责任负债计量的一大特色,这样做的原因,是为了保证未到期责任负债能够释放出保费分摊形成的那么多保险服务收入。

(2)如果选择按新准则第52条在保险获取现金流量发生时直接将其确认为费用(计入当期保险服务费用),则,在负债计量时无需扣减这笔费用,直接将保费分摊就得到当期保险服务收入和期末未到期责任负债。

表7-2 合同边界内保险获取现金流量对未到期责任负债计量的影响

	通用模型法		保费分配法	
	初始计量	后续计量	初始计量	后续计量
合同组确认前发生的保险获取现金流量	减少合同服务边际	无	(摊销)从已收保费中扣减,后面逐期将摊销值加回	
合同组确认时发生的保险获取现金流量			二选一 ①若摊销:发生时一次性扣减,后面逐期将摊销值加回 ②若不摊销:无需扣减	
合同组确认后发生的保险获取现金流量	计入履约现金流量	发生时减少合同服务边际		

可以预见,由于保险获取现金流量主要发生在签单时,因此,将发生时直接计入费用与摊销处理相比,保险公司选择前者,通常会导致签单年度的保险服务费用较高、保险服务利润较低,后续年度的保险服务费用较低、保险服务利润较高。

第三节 保费分配法下的负债计量和损益确认

先讨论未到期责任负债的初始计量和后续计量,再讨论相关的损益确认。

一、未到期责任负债的初始计量

根据新准则第 53 条第一款,初始计量时:

(1)如果保险公司选择将初始确认时发生的保险获取现金流量进行摊销处理,则,初始计量的未到期责任负债＝已收保费－初始确认时发生的保险获取现金流量－合同组初始确认时终止确认的保险获取现金流量资产。

(2)如果保险公司选择将初始确认时发生的保险获取现金流量在发生时确认为保险服务费用(并计入当期损益),则,初始计量时的未到期责任负债＝已收保费－合同组初始确认时终止确认的保险获取现金流量资产。

对上述未到期责任负债初始计量公式,解释如下:

(1)对于合同组初始确认时终止确认的保险获取现金流量资产,如表 7-2 所示,直接从已收保费中扣减,减少未到期责任负债。

(2)对于初始确认时发生的保险获取现金流量,如表 7-2 所示,如果选择摊销处理,就在其发生时一次性从未到期责任负债中扣减(后续计量时再逐期将摊销值加回);如果选择按新准则第 52 条在保险获取现金流量发生时直接将其确认为费用(计入当期损益),则,在负债计量时无需扣减这笔费用。

二、未到期责任负债的后续计量

根据新准则第 53 条第二款,资产负债表日未到期责任负债＝期初未到期责任负债＋当期已收保费－当期发生的保险获取现金流量(选择在发生时计入当期损益的除外)＋当期确认为保险服务费用的保险获取流量摊销金额(选择在发生时计入当期损益的除外)＋针对融资成分的调整－因当期提供保险服务而被确认的保险服务收入－当期已付或转入已发生赔款负债中的投资成分。

对上述未到期责任负债的后续计量公式,逐项解释如下:

(1)当期已收保费:未到期责任负债是个池子,当期已收保费会流入这个池子,所以要加上。

(2)当期发生的保险获取现金流量、当期确认为保险服务费用的保险获取流量摊销金额:如表 7-2 所示,①如果选择摊销处理,就在其发生时一次性从未到期责任负债中扣减,后续计量时再逐期将摊销值加回,这个每期被加回的摊销值,就是公式中的"当期确认为保险服务费用的保险获取现金流量摊销金额";②如果选择按新准则第 52 条在保险获取现金流量发生时直接将其确认为费用（计入当期损益），则，在未到期责任负债计量时无需扣减"当期发生的保险获取现金流量"，"当期确认为保险服务费用的保险获取流量摊销金额"自然也不存在。

（3）选择将保险获取现金流量摊销处理时，为何要将"当期确认为保险服务费用的保险获取现金流量摊销额"加进未到期责任负债中呢？原因是，在计算"因当期提供保险服务而被确认的保险服务收入"时，按新准则第 57 条规定，保险公司是直接将所有保费在保险期限内分摊形成的，也就是说，不考虑投资成分和融资成分调整，所有各期保险服务收入之和正好等于总保费。但是，若选择将保险获取现金流量摊销处理，在未到期责任负债计量时，已经从保费中扣除了保险获取现金流量，这将导致未到期责任负债无法释放那么多的保险服务收入，因此，要将"当期确认为保险服务费用的保险获取现金流量摊销额"加回到未到期责任负债中，请读者参看下一节小案例二。

（4）针对融资成分的调整：如果合同组中存在重大融资成分，按照新准则第 54 条，保险公司应当按照合同组初始确认时确定的折现率，对未到期责任负债的账面价值进行调整，以反映货币时间价值及金融风险的影响。但是，合同组初始确认时，如果企业预计提供保险合同服务每一部分服务的时点与相关保费到期日（可以视为合同约定的保费支付日）之间的间隔不超过一年，可以不考虑合同中存在的重大融资成分，即不需要按照货币时间价值和金融风险的影响来调整未到期责任负债。这意味着，当合同组内各合同的责任期限均不超过一年时，就可认定合同组中不存在重大融资成分，进而不需要为未到期责任负债按初始确认时确定的折现率计息增值。

（5）因当期提供保险服务而被确认的保险服务收入：企业提供保险服务要确认当期保险服务收入，实际上是从期初未到期责任负债中释放出当期保险服务收入，因此，计算期末未到期责任负债时，要扣除当期保险服务收入（不含投资成分）。

（6）当期已付或转入已发生赔款负债中的投资成分：由于当期保险服务收入中不包含投资成分，但投资成分确实会被包含在赔付中给到客户，进而离开未到期责任负债，因此，企业应该将"当期已付或转入已发生赔款负债中的投资成分"从未到期责任负债中扣除。

三、已发生赔款负债的计量

已发生赔款负债的计量，仍采用通用模型法，即根据与赔案及其他相关费用有关的履约现金流量计量已发生赔款负债，即，已发生赔款负债＝履约现金流量＝未来现金流量现值＋非金融风险调整。

而且，按照新准则第 56 条，相关履约现金流量预计在赔案发生后一年内支付或收取的，企业可以不考虑货币时间价值及金融风险的影响。

四、损益确认：保险服务业绩

保险服务业绩＝保险服务收入－保险服务费用。

1. 保险服务收入：与通用模型法大不相同

保费分配法下，新准则第 57 条规定："企业应当将已收和预计收取的保费，在扣除投资成分并根据本准则第 54 条规定对重大融资成分进行调整后，分摊至当期的金额确认为保险服务收入。企业应当随时间流逝在责任期内分摊经调整的已收和预计收取的保费；保险合同的风险在责任期内不随时间流逝为主释放的，应当以保险服务费用预计发生时间为基础进行分摊。"即，

当期保险服务收入＝待摊保费分摊在当期的部分；

待摊保费＝已收和预计收取的保费－投资成分＋针对重大融资成分的当期调整

这其实就是保费分配法的根本含义，保险公司可直接通过"将保费分摊"的方式来确定当期保险服务收入和期末未到期责任负债。具体而言：

（1）如果保险合同的承保风险在责任期内是随时间流逝为主释放的，企业应当随时间流逝在责任期内分摊经调整的已收和预计收取的保费，以确定当期保险服务收入；

（2）如果保险合同的承保风险在责任期内是不随时间流逝为主释放的，企业应当以保险服务费用预计发生时间为基础分摊经调整的已收和预计收取的保费，以确定当期保险服务收入。

2. 保险服务费用：与通用模型法基本一致

与通用模型法下基本一致，保费分配法下的保险服务费用＝当期发生的赔款及其他相关费用＋（摊销处理时的）保险获取现金流量摊销额或（非摊销处理时的）保险获取现金流量发生额＋亏损部分的确认和转回＋已发生赔款负债相关履约现金流量变动。

关于亏损部分的确认和转回。如果在保险责任期间内的任何时点，相关事实和情况表明合同组存在亏损时，按照新准则第 55 条，企业应当确认亏损（计入当期保险服务费用）并相应增加未到期责任负债，亏损确认额＝未到期责任负债增加额＝运用通用模型法计量的与未到期责任相关的履约现金流量－采用保费分配法所确定的未到期责任负债账面价值，即，要通过计入损益的方式由股东出资来填补未到期责任负债的窟窿，以保证客户利益。确认亏损后，未到期责任负债中就有了"亏损部分"，与前面章节的相关处理方法一致，后续保险期限内，该"亏损部分"的释放不形成保险服务收入，但会在保险服务费用中形成"亏损转回"。

五、损益确认：投资业绩

1. 投资业绩的核算方法

投资业绩＝投资收益－保险财务损益。

投资收益就是保险合同负债资金在当期产生的投资收益。

保险财务损益通常等于当期的保险合同金融变动额，包括两部分，一是保险合同负债按照合同组初始确认时确定的折现率实现的当期利息增值，包括未到期责任负债的利息增值和已发生赔款负债的利息增值；二是期末折现率变动导致的保险合同负债变动。

2. 保险财务损益的简化处理

按照新准则第 54 条，合同组初始确认时，如果企业预计提供保险合同服务每一部分服务的时点与相关保费到期日（可以视为合同约定的保费支付日）之间的间隔不超过一年，可以不考虑合同中存在的重大融资成分，即不需要按照货币时间价值和金融风险的影响来调整未到期责任负债。

按照新准则第 56 条，与已发生赔款负债相关的履约现金流量预计在赔案发生后一年内支付或收取的，企业可以不考虑货币时间价值和金融风险的影响，即不需要按照货

币时间价值和金融风险的影响来调整已发生赔款负债。

显然,我们可以预计,对于以短期纯保障性业务为主的财险公司来说,如果对大量业务采用保费分配法,则,将考虑和不考虑合同中存在的重大融资成分相比,即将考虑和不考虑保险合同负债的计息增值相比,前者会使保险服务收入提升,保险服务业绩会提升,投资业绩下降,总利润不变。

六、新、老准则下的业绩比较:保险服务业绩与承保利润

大家可能看出来了,对短期纯保障型业务来说,新准则下采用保费分配法核算的保险服务业绩与老准则下的承保利润很相似。

核算保险服务业绩和承保利润时,新准则下的保险服务收入与老准则下的已赚保费很相似,都是从未到期责任负债中释放出来的与提供保险服务相关的当期营业收入。两者的主要区别是,保费分配法下的保险服务收入中可能包含未到期责任负债的利息增值,而老准则下的已赚保费中不包括未到期责任负债的计息增值。

因此,可以预计,对于以短期纯保障型业务为主的财险公司来说,新准则实施后,在考虑合同中存在的重大融资成分,或考虑保险负债的利息增值的条件下,会使保险服务收入(相对于老准则下的已赚保费)有所提升,保险服务业绩(相对于老准则下的承保利润)相应提升。

第四节　保费分配法计量:三个小案例[①]

一、小案例一:保险服务收入和预期亏损的确认

1. 案例描述和分析任务

美能达保险公司于 2023 年 6 月 30 日签发了一个保险合同组,该合同组:

(1)保险责任期间为 12 个月;

(2)保费为 1200 元,在合同开始时全额交清,保费中没有投资成分;

(3)初始确认时的折现率为 5%,美能达决定调整未到期责任负债以反映货币时间价值和金融风险的影响;

(4)保险合同的承保风险在责任期内是随时间流逝为主释放的;

(5)为简化分析,本案例忽略保险获取现金流量的影响。

在资产负债表日 2023 年 12 月 31 日前,该合同组未发生任何赔案。

请帮助美能达公司对该合同组进行 2023 年 6 月 30 日的初始计量和 2023 年 12 月 31 日的后续计量,并确认相关损益。

2. 案例分析

(1)2023 年 6 月 30 日的初始计量。

---

① 本节三个案例改编自 KPMG2020 年 7 月编写的《国际财务报告准则的最新发展:2020 年版:国际财务报告准则第 17 号 — 保险合同》第 14 章《保费分配法》中的示例。

合同组初始确认时,忽略保险获取现金流量,则

$$初始计量的未到期责任负债=已收保费=1200(元)$$

(2)2023 年底确认的当期(2023 年)保险服务收入。

考虑货币时间价值和金融风险的影响,未到期责任负债在 2023 年会增加:

$$针对融资成分的调整=1200\times\left(1+\left(0.05\times\frac{6}{12}\right)\right)-1200=30(元)$$

$$
\begin{aligned}
待摊保费=&已收和预计收取的保费-投资成分+\\
&针对重大融资成分的当期调整\\
=&1200-0+30=1230(元)
\end{aligned}
$$

$$当期保险服务收入=待摊保费分摊在当期的部分=1230\times\frac{6}{12}=615(元)$$

(3)2023 年 12 月 31 日的未到期责任负债。

在不考虑保险获取现金流量,没有后续保费流入,没有投资成分,且当期没有发生赔案的条件下,

期末未到期责任负债＝期初未到期责任负债＋当期已收保费－当期发生的保险获取现金流量(选择在发生时计入当期损益的除外)＋当期确认为保险服务费用的保险获取流量摊销金额(选择在发生时计入当期损益的除外)＋针对融资成分的调整－因当期提供保险服务而被确认的保险服务收入－当期已付或转入已发生赔款负债中的投资成分

$$
\begin{aligned}
&=1200+0-0+0+30-615-0\\
&=615(元)
\end{aligned}
$$

(4)截至 2023 年 12 月 31 日为止的 6 个月期间的损益确认。

当期保险服务收入＝615 元;

当期保险服务费用＝当期发生的赔款及其他相关费用＋(摊销处理时的)保险获取现金流量摊销额或(非摊销处理时的)保险获取现金流量发生额＋亏损部分的确认和转回＋已发生赔款负债相关履约现金流量变动＝0＋0＋0＋0＝0;

当期保险财务费用＝30 元

则,不考虑投资收益,利润＝保险服务业绩＋投资业绩

$$=(615-0)+(0-30)=585(元)。$$

(5)关于预期亏损的延伸讨论:

假定 2023 年 12 月 31 日,相关事实和情况表明该合同组亏损,美能达采用通用模型法计量当时的履约现金流量为 800 元,而采用保费分配法计量的未到期责任负债仅有 615 元,此时,保险公司需要确认损失并相应增加未到期责任负债账面价值:

$$确认损失额=未到期责任负债增加额=800-615=185(元)$$

由此:第一,美能达在损益表中确认亏损 185 元,计入保险服务费用,当期利润减少 185 元;第二,同时将这 185 元增加 2023 年 12 月 31 日确认的未到期责任负债,考虑亏损后的未到期责任负债为 800 元。

二、小案例二：初始计量、后续计量和损益确认

1. 案例描述和分析任务

幸福保险公司签发了一组保险合同，该合同基本情况如下：

(1) 保险责任期间为 12 个月，而且合同在赔付后也不会失效；

(2) 保费为 1200 元，在合同责任期开始时一次交清，没有投资成分；

(3) 保险获取现金流量为 24 元，在合同开始时一次性支出。

幸福保险公司决定：

(1) 对保险获取现金流量 24 元进行摊销处理，并在保险责任期内将保险获取现金流量均匀地计入费用；

(2) 忽略未来现金流量的折现和利息增值。

幸福保险公司需要在该合同组责任期开始后的第 1 个月末呈列财务报表，1 个月内发生的赔案金额为 60 元，1 个月末时尚未支付，已发生赔案的非金融风险调整为 10 元。

请帮助幸福保险公司对该合同组进行初始计量和 1 个月末的后续计量，并确认相关损益。

2. 案例分析

(1) 初始计量。

公司选择对保险获取现金流量进行摊销处理，则，

初始计量的未到期责任负债＝已收保费－初始确认时发生的保险获取现金流量－合同组初始确认时终止确认的保险获取现金流量资产

$$＝1200－24－0＝1176（元）$$

(2) 第 1 个月的当期保险服务收入。

当期保险服务收入是已收和预收保费，在扣除投资成分并对重大融资成分进行调整后，分摊至当期的金额，本案例没有投资成分，并且无需对重大融资成分进行调整，则，

$$当期保险服务收入＝1200÷12＝100（元）$$

(3) 第 1 个月末的未到期责任负债计量。

公司决定对保险获取现金流量进行摊销处理，并计入当期保险服务费用，则，

第 1 个月确认为保险服务费用的保险获取现金流量摊销额＝24÷12

$$＝2（元）$$

第 1 个月末的未到期责任负债＝期初未到期责任负债＋当期已收保费－当期发生的保险获取现金流量（选择在发生时计入当期损益的除外）＋当期确认为保险服务费用的保险获取流量摊销金额＋针对融资成分的调整－因当期提供保险服务而被确认的保险服务收入－当期已付或转入已发生赔款负债中的投资成分

$$＝1176＋0－0＋2＋0－100－0$$
$$＝1078（元）$$

为何要将在初始计量时已经从未到期责任负债中扣除的 24 元保险获取现金流量，又要在保险期间以 2 元/月的进度加进未到期责任负债里呢？原因是，每期分摊的保险服务收入，都是从总保费 1200 元中分摊出来的，这将导致每期释放的保险服务收入之和等于总保费 1200 元，但初始计量的未到期责任负债只有 1176 元，如何才能释放出 1200

元的保险服务收入呢? 就需要每期将 2 元钱的保险获取现金流量摊销额加回去,1176＋2×12＝1200,这就正好平衡了。

(4)第 1 个月末的已发生赔款负债计量。

忽略未来现金流量的折现和利息增值,则

第 1 个月末的已发生赔款负债＝履约现金流量

$$＝已发生未支付赔款＋非金融风险调整$$
$$＝60＋10$$
$$＝70(元)$$

(5)第 1 个月确认的相关损益。

表 7－3 合同组对公司利润表的影响(第 1 个月)

科目	金额
保险服务收入	100
保险服务费用	(72)
当期发生赔款及其他相关费用	(70)
保险获取现金流量摊销额	(2)
亏损部分的确认和转回	—
已发生赔款负债相关履约现金流量变动	—
保险服务业绩	28
投资收益	—
保险财务损益	—
投资业绩	—
利润	28

三、小案例三:初始计量、后续计量和损益确认

1. 案例描述和分析任务

本案例与上述小案例 2 完全相同,唯一不同的是,幸福保险公司决定,对保险获取现金流量 24 元,在发生时将其确认为费用,计入当期损益。

请帮助幸福保险公司对该合同组进行初始计量和 1 个月末的后续计量,并确认相关损益。

2. 案例分析

(1)初始计量。

公司选择对保险获取现金流量在发生时确认为费用,不进行摊销处理,则,

初始计量的未到期责任负债＝已收保费－合同组初始确认时终止确认的保险获取现金流量资产
$$＝1200－0$$
$$＝1200(元)$$

(2)第 1 个月的当期保险服务收入。

当期保险服务收入是已收和预收保费,在扣除投资成分并对重大融资成分进行调整后,分摊至当期的金额,本案例没有投资成本,并且无需对重大融资成分进行调整,则

$$当期保险服务收入=1200÷12=100(元)$$

(3)第1个月末的未到期责任负债计量。

公司选择对保险获取现金流量在发生时确认为费用,不进行摊销处理,则,

第1个月末的未到期责任负债=期初未到期责任负债+当期已收保费-当期发生的保险获取现金流量(选择在发生时计入当期损益的除外)+当期确认为保险服务费用的保险获取流量摊销金额+针对融资成分的调整-因当期提供保险服务而被确认的保险服务收入-当期已付或转入已发生赔款负债中的投资成分

$$=1200+0-0+0+0-100-0$$
$$=1100(元)$$

(4)第1个月末的已发生赔款负债计量。

忽略未来现金流量的折现和利息增值,则

第1个月末的已发生赔款负债=履约现金流量

$$=已发生未支付赔款+非金融风险调整$$
$$=60+10$$
$$=70(元)$$

(5)第1个月确认的相关损益。

表7-4 合同组对公司利润表的影响(第1个月)

科目	金额
保险服务收入	100
保险服务费用	(94)
当期发生赔款及其他相关费用	(70)
保险获取现金流量	(24)
亏损部分的确认和转回	—
已发生赔款负债相关履约现金流量变动	—
保险服务业绩	6
投资收益	—
保险财务损益	—
投资业绩	—
利润	6

对比表7-4和表7-3可以看出,正如第二节末尾所述,对于保险获取现金流量,保险公司若选择在发生时直接计入费用,与选择摊销处理相比,会导致签单年度的保险服务费用较高、保险服务利润较低。

第五节　保费分配法计量：一个完整案例

一、案例描述和分析任务[①]

羚锐保险公司于 2023 年 7 月 1 日签发了一组保险合同，这些保险合同的保险期限均为 10 个月，将于 2024 年 4 月 30 日到期。该保险公司的年度财务报告的终止期限是 12 月 31 日，除发布年报外，该公司还发布半年报。

1. 初始确认时的相关估计

初始确认时，该保险公司预计：

(1)会收到 1220 元保费；

(2)支付直接获取现金流 20 元；

(3)在保险期限内，出现索赔和释放风险是均匀的；

(4)在保险期限内，任何保单都不会失效。

并且，本案例中：

(1)相关事实和情况并未表明该合同组会亏损；

(2)为简化分析，忽略所有其他变量，包括投资成分等。

2. 初始确认后的收支情况

(1)合同组初始确认后，保险公司即刻收到所有保费 1220 元并支付了所有获取现金流 20 元；

(2)在截至 2023 年 12 月 31 日的半年报期限内，有一个 600 元的已发生未支付索赔，与该索赔对应的非金融风险调整是 36 元，索赔案件发生后，保险公司预计将在一年内支付赔款；

(3)在截至 2024 年 6 月 30 日的半年报期限内，有一个 400 元的已发生未支付索赔，与该索赔对应的非金融风险调整是 24 元，索赔案件发生后，保险公司预计将在一年内支付赔款；

(4)在 2024 年 8 月 31 日，该保险公司修正了对两笔已发生赔款的预期，并且支付了所有赔款 1070 元；

(5)为简化计算，当赔款支付后，与赔款相关的非金融风险调整立即被确认为损益。

3. 分析任务

请帮助羚锐保险公司对该保险合同组进行负债计量和损益确认，直至合同组履约完毕。

二、案例分析

1. 相关判断和计量决策

(1)采用保费分配法：显然，该合同组内合同的保险期限为 10 个月，且不属于亏损合

---

① 该案例改编自 IFRS17 Insurance Contracts 中的 Illustrative examples 中的 Example 2 及 2A。

同,因此,可以采用保费分配法对其进行简化计量。

（2）不考虑折现和利息增值:第一,保险公司预计提供保险合同服务每一部分服务的时点与相关保费到期日之间的间隔不超过一年,因此,根据新准则第54条,保险公司不考虑合同中存在的重大融资成分,选择不考虑货币时间价值和金融风险对未到期责任负债账面价值的影响,即,不考虑未来现金流的折现和未到期责任负债的计息增值。第二,索赔案件发生后,保险公司预计将在一年内支付赔款,因此,根据新准则第56条,保险公司选择不考虑货币时间价值和金融风险对已发生赔款负债账面价值的影响,即,不考虑未来现金流的折现和已发生赔款负债的计息增值。

（3）保险获取现金流不摊销:由于合同组内各项合同初始确认时的责任期限均不超过一年,根据新准则第52条,保险公司选择在保险获取现金流量发生时将其确认为费用,计入当期损益。这意味着,根据新准则第53条,在未到期责任负债的初始计量时,不需要从保费中扣除已发生保险获取现金流量。

2. 该合同组对保险公司资产负债表的影响

假定保险公司并未用保费形成的未到期责任负债资金去投资,而是以现金形式放在公司,则合同组对公司资产负债表的影响如表7-5所示。

表 7-5　合同组对公司资产负债表的影响　　　　　　　　　单位:元

	2023 年 7 月 1 日	2023 年 12 月 31 日	2024 年 6 月 30 日	2024 年 12 月 31 日
现金	1200	1200	1200	130
保险合同负债	1220	1124	1060	—
股东权益	(20)	76	140	130

解释:

（1）2023 年 7 月 1 日、2023 年 12 月 31 日、2024 年 6 月 30 日的现金 1200 元:均等于 2023 年 7 月 1 日收到的保费 1220 元扣除当时支出的获取现金流量 20 元,由于 2024 年 6 月 30 日之前没有赔付和其他支出,且不考虑投资收益,现金资产一直保持 1200 元不变

（2）2024 年底的现金 130 元:等于 2024 年 8 月 31 日赔款前的现金资产 1200 元(等于 2023 年 7 月 1 日收到的净保费 1200 元)减去 2024 年 8 月 31 日支出的赔款 1070 元。

（3）保险合同负债=未到期责任负债+已发生赔款负债:①初始确认时,考虑到保险获取现金流不摊销直接进损益,保险合同负债=未到期责任负债=已收保费=1220 元;②后续 2023 年 12 月 31 日和 2024 年 6 月 30 日的保险合同负债金额 1124 元和 1060 元,要根据表 7-6 中的未到期责任负债和表 7-7 中的已发生赔款负债之和计算,1124=488+636,1060=0+1060;③2024 年 12 月 31 日,合同组义务早已履行完毕,保险合同负债为零。

（4）股东权益=资产-负债=现金-保险合同负债。股东权益也是该合同组每期利润的累积,每期利润可参看表 7-8。

3. 未到期责任负债和已发生赔款负债余额调节表

按照新准则第86条的要求,企业应当在附注中就签发的保险合同,单独披露未到期

责任负债和已发生赔款负债余额调节表,以反映与保险合同账面价值变动有关的信息,这些信息至少包括:(1)未到期责任负债的当前变动情况,其中会产生当期保险服务收入,本案例相关信息如表 7-6 所示;(2)已发生赔款负债的当期变动情况,其中会产生保险服务费用,该条还特别说明,采用保费分配法的保险合同应当分别披露未来现金流量现值和非金融风险调整,本案例相关信息如表 7-7 所示。

表 7-6 未到期责任负债余额调节表

单位:元

	2023 年 (7 月 1 日到 12 月 31 日)	2024 年上半年 (或 2024 年全年)
期初余额	—	488
现金流入	1220	—
保险服务收入	(732)	(488)
期末余额	488	—

解释:

(1)未到期责任负债计量过程中未扣除保险获取现金流量 20 元,原因是合同组内各项合同初始确认时的责任期限均不超过一年,根据新准则第 52 条,保险公司选择在保险获取现金流量发生时将其确认为费用并计入当期损益。

(2)保险服务收入 723 元和 488 元核算:本例中,合同组已收所有保费 1220 元,组内合同的责任期限均为 10 个月,不考虑投资成分和重大融资成分,且保险合同的风险在责任期内随时间流逝为主释放,2023 年合同组责任期为 6 个月,2024 年合同组责任期为 4 个月,则,根据新准则第 57 条规定的通过保费分摊确定保险服务收入的方法,该合同组 2023 年创造的保险服务收入 $= 1220 \times 60\% = 732$ 元,2024 年创造的保险服务收入 $= 1220 \times 40\% = 488$ 元。上述计算反映了保费分配法的含义,将保费(需要扣除投资成分并对重大融资成分进行调整)按照保险期限内提供的保险服务数量在资产负债表日左右直接进行分配,就得到了左右两侧的保险服务收入。

(3)2023 年末未到期责任负债 488 元的核算:按照新准则第 53 条,企业采用保费分配法计量合同组时,在趸交保费、仅有一笔保险获取现金流且在发生时被确认为费用计入当期损益、不考虑投资成分和重大融资成分的条件下,资产负债表日未到期责任负债=期初未到期责任负债-因当期提供保险服务而被确认的保险服务收入。本例中,2023 年末的未到期责任负债 $= 1220 - 732 = 488$ 元。

表 7-7 已发生赔款负债余额调节表

单位:元

	2023 年 7 月 1 日 到 12 月 31 日	2024 年上半年	2024 年下半年
期初余额	—	636	1060
未来现金流量现值(当期新增)	600	400	70

（续表）

	2023 年 7 月 1 日 到 12 月 31 日	2024 年上半年	2024 年下半年
非金融风险调整（当期新增）	36	24	(60)
当期保险服务费用	636	424	10
现金流出	—	—	(1070)
期末余额	636	1060	—
未来现金流量现值	600	1000	—
非金融风险调整	36	60	—

解释：

（1）每期末的已发生赔款负债＝履约现金流量＝未来现金流量现值＋非金融风险调整。

（2）2023 年的保险服务费用 636 元：等于当期的已发生未支付赔款 600 元和对应的非金融风险调整 36 元之和。这里的 636 元是当期的已发生赔款负债，在老准则下被称为未决赔款准备金，按照权责发生制，当然要列入当期支出，按照新准则，要列在保险服务费用中。

（3）2024 年上半年的保险服务费用 424 元：等于当期的已发生未支付赔款 400 元和对应的非金融风险调整 24 元之和，原理同上。

（4）2024 年下半年的保险服务费用 10 元的核算：前期两笔案件的预计赔款总额为 1000 元，最终实际赔款总额为 1070 元，多了 70 元，这个 70 元先是耗掉了两笔案件的非金融风险调整总和 60 元，剩余的 10 元需要通过计入当期保险服务费用的方式由股东出资弥补。

（5）已发生赔款负债余额调节过程：2023 年下半年产生 636 元已发生赔款负债；2024 年上半年产生 424 元已发生赔款负债，与之前的 636 元合并，2024 年上半年末共有 1060 元已发生赔款负债；2024 年下半年将两笔已发生赔款支付给客户，实际共支付 1070 元，除用掉累积的 1060 元已发生赔款负债外，股东额外掏出 10 元赔给客户；2024 年末，已发生赔款负债归零。

4. 合同组对利润表的影响

该合同组不考虑重大融资成分，因此不形成保险财务费用，这里也不考虑投资收益，因此，合同组的损益是由保险服务收入和保险服务费用形成的。表 7-8 是合同组对公司利润表的影响，其中，保险服务费用的核算见表 7-9。

表 7-8　合同组对公司利润表的影响　　　　　　　　　　　　单位：元

	2023 年 7 月 1 日 到 12 月 31 日	2024 年上半年	2024 年下半年	合计
保险服务收入	732	488	—	1220

（续表）

	2023 年 7 月 1 日 到 12 月 31 日	2024 年上半年	2024 年下半年	合计
保险服务费用	（656）	（424）	（10）	（1090）
利润	76	64	（10）	130

表 7-9　保险服务费用的核算　　　　　　　　　　　　单位:元

	2023 年 7 月 1 日 到 12 月 31 日	2024 年 上半年	2024 年 下半年	合计
当期发生的赔款及其他相关费用	（636）	（424）	（10）	（1070）
（非摊销处理时的）保险获取现金流量发生额	（20）	—	—	（20）
亏损部分的确认和转回	—	—	—	—
已发生赔款负债相关履约现金流量的变动	—	—	—	—
保险服务费用	（656）	（424）	（10）	（1090）

解释:

(1)2023 年下半年的保险服务费用 656 元,等于当期产生的已发生赔款负债 636 元与发生时直接计入损益的保险获取现金流量 20 元之和。

(2)总体来看,由于不考虑资产投资收益和负债利息增值,该合同组创造的总利润＝保费－保险获取成本－赔付＝1220－20－1070＝130 元。上述各种折腾,主要是为了将该合同组对公司的影响计入各期资产负债表和损益表。

第 四 部 分

分出再保险合同的资产计量和损益确认

第八章　分出再保险合同的初始计量

再保险合同,是指再保险分入人(再保险合同签发人)与再保险分出人约定,对再保险分出人由对应的保险合同所引起的赔付等进行补偿的合同。因此,根据保险风险的转移和接受,新准则将再保险合同分为"分出的再保险合同"和"分入的再保险合同"(以下简称"分出再保险合同"和"分入再保险合同",但在引用新准则原文时仍称为"分出的再保险合同"和"分入的再保险合同")。此外,适应行业习惯,需要的时候,下文常将再保险合同对应的保险合同称为"原保险合同"。

从准则适用来看:分入再保险合同(reinsurance contracts issued)与保险合同采用同样的计量方法进行计量,即通常采用通用模型法计量,满足相关条件可采用保费分配法进行简化计量;分出再保险合同(reinsurance contracts held)则要按新准则第六章"分出的再保险合同组的确认和计量"进行计量,新准则第六章对前面介绍过的通用模型法进行了适当修订,以反映分出再保险合同的特点,使其适用于分出再保险合同。

分出再保险合同的计量略显复杂,下面分两章讨论其初始计量和后续计量,再用一章专门讨论一个综合计量案例。本章专门介绍分出再保险合同的初始计量,第一节讨论分出再保险合同的分组、确认和计量方法选择;第二讨论分出再保险合同的初始计量及损益确认;第三、四节讨论两个初始计量案例。

第一节　分出再保险合同的分组、确认和计量方法选择

一、分组

1. 分组规定

与保险合同计量时要先分组类似,分出再保险合同也要分组。按照新准则第59条,企业应当将同一分出的再保险合同组合至少分为下列合同组:(一)初始确认时存在净利得的合同组,可简称为净利得组;(二)初始确认时无显著可能性在未来产生净利得的合同组,可简称为净成本组;(三)该组合中剩余合同组成的合同组,可简称为剩余组。同时,企业不得将分出时间间隔超过一年的合同归入同一分出的再保险合同组。

2. 净利得和净成本的含义

什么是分出再保险合同在初始确认时存在的净利得或净成本呢?

对原保险合同而言,如第二章所述,保险公司需要将同一合同组合内的合同分为盈利组、亏损组和剩余组。所谓盈利,在分组时其实是指初始计量的合同服务边际为正或

有未赚利润;所谓亏损,在分组时其实是指初始计量的合同服务边际为负或会给公司造成亏损。显然,定价高的保单将给公司创造未来利润,会被归入盈利组;定价低的保单将给公司带来亏损,会被归入亏损组。

对分出再保险合同而言,不太好直接用盈利和亏损来界定,因为分入人一定是追求利润的,对应过来,分出人往往是亏损的(当然也可能出现例外),但总体来看,分出人其实想是通过分出业务降低自己的承保风险或最低资本要求,与分入人共担风险、实现共赢。于是,对于分出再保险合同,新准则采用了净利得和净成本的提法,但其本质仍然是指分出人的盈和亏,即,对分出人而言,净利得(net gain)就是指分出再保险合同的合同服务边际为正,净成本(net cost)就是指分出再保险合同的合同服务边际为负。

二、初始确认时点

大家知道,按合同双方承担风险的方式,分出再保险合同可分为比例再保险和非比例再保险。比例再保险,是指合同双方按同样的比例分配原保险合同的保费和承担原保险合同的赔偿责任,例如,假定双方的约定比例是7:3,则双方按7:3的比例来分配保费,也按7:3的比例来承担赔偿责任。非比例再保险也称超赔再保险,是指分出人按照承保能力或赔偿能力确定自留额之后,将超出自己承保能力或赔偿能力的部分分给分入人,例如,对于某类保险合同的每一张保单,分出人确定自留保额1000万元之后,将超出1000万元保额低于5000万元保额的部分分给某再保险公司(分入人)。

如果分出再保险合同属于比例再保险,按照新准则第61条,分出再保险合同组的确认时点是下列时点中的最早时点:①"分出的再保险合同组责任期开始日"和"任一对应的保险合同初始确认时点"中的较晚的时点;②分出的再保险合同组所对应的保险合同组确认为亏损合同组时。上述说法有些绕,这里解释一下:第一,如果对应的原保险合同组不亏损,则分出再保险合同组的确认时点为"分出再保险合同组责任期开始日"和"任一对应的保险合同初始确认时点"中较晚的一个;第二,如果对应的原保险合同组亏损,就要比较亏损原保险合同组确认时点和前述二选一较晚时点,选较早的一个。

如果分出再保险合同组属于其他再保险(或超赔再保险),按照新准则第60条,分出再保险合同组的确认时点是下列时点中的最早时点:①分出再保险合同组责任期开始日;②分出再保险合同组所对应的保险合同组确认为亏损合同组时。也就是说,如果原保险合同组初始计量时不亏损,分出超赔再保险合同组在自身保险责任期间的期初确认;如果原保险合同组初始计量时亏损,就需要通过二选一选择较早时点。

表8-1给出了4个分出再保险合同如何确定其初始确认时点的案例,读者可对照理解上面的内容。

表 8-1　分出再保险合同确认时点的确定

		再保险合同签发时间	原保险合同是否亏损	原保险合同初始确认时点	再保险合同责任期开始日	分出再保合同确认时点(日)
比例再保险	合同A	2023/11/30	否	2024/2/1	2024/1/1	2024/2/1
	合同B	2023/11/30	是	2024/2/1	2024/3/1	2024/2/1

（续表）

		再保险合同 签发时间	原保险合同 是否亏损	原保险合同 初始确认时点	再保险合同 责任期开始日	分出再保合同 确认时点（日）
超赔 再保险	合同 D	2023/11/30	否	2024/2/1	2024/1/1	2024/1/1
	合同 E	2024/2/1	是	2024/2/1	2024/1/1	2024/1/1

数据来源：参考了冯惠伟《财险公司对新保险合同准则的理解与执行》（PPT），2021 年。

三、采用通用模型法还是保费分配法？

新准则第六章（第 58—70 条）大幅介绍了计量分出再保险合同组的通用模型法，其思维方式与计量保险合同的通用模型法一致，只是针对分出再保险合同的特征进行了修订；第六章最后两条（第 71、72 条）规定了采用保费分配法计量分出再保险合同组的适用范围和计量要点。

新准则第 71 条规定，符合下列条件之一，分出再保险合同组可以采用保费分配法计量：①企业能够合理预计采用保费分配法与不采用保费分配法计量分出再保险合同组的结果无重大差异。企业预计履约现金流量在赔案发生前将发生重大变化的，表明该合同组不符合条件。②该分出再保险合同组内各项合同的责任期不超过一年。

这条规定看起来与原保险合同组适用保费分配法的条件几乎一模一样，但是，分出再保险合同组有一些特殊情况，可能导致原保险合同组适用保费分配法，但对应的分出再保险合同组却不一定适用。例如，原保险合同组内各单项合同的保险责任期间是一年，但对应的再保险合同（组）的保险责任期间可能会超过一年，这就导致，原保险合同适用保费分配法，但对应的分出再保险合同还需按第 71 条第（1）款仔细斟酌是否适用。

如果适用保费分配法，就可以按照时间因素或其他因素在保险责任期内对分出保费进行分配，以确定"当期分出保费的分摊"和"期末分保摊回未到期责任资产"。此外，对于"分保摊回已发生赔款资产"，无论如何都只能使用通用模型法通过测算其履约现金流量进行计量。

下面主要介绍通用模型法计量分出再保险合同组。

第二节　分出再保险合同的初始计量及损益确认

本节介绍分出再保险合同的初始计量及初始计量中涉及的损益确认。

一、初始计量的主要任务

对分出再保险合同组（the group of reinsurance contracts held）进行初始计量，主要任务就是要在其初始确认时计量该分出再保险合同组给公司带来的"分出再保险合同资产（assets for reinsurance contracts held）"。之所以是"资产"而不是"负债"，是因为再保险合同签约后，分出公司向分入公司支付分保保费（reinsurance premium），分入公司收到保费后会对分出公司形成负债,相应地,分出公司会因持有再保险合同而形成资产,这里称为"分出再保险合同资产"。

此外,与老准则下类似,新准则下,保险公司仍然会对原保险合同进行总额列报,即原保险合同组计量时,即便有分出,也是在不考虑分出的条件下进行计量并列报的。因此,保险公司的资产负债表中,原保险合同通常会在负债端形成总额列报的"保险合同负债",其对应的分出再保险合同通常会在资产端形成"分出再保险合同资产"。

进一步地,初始确认时,分出再保险合同组只有未到期责任,没有已发生赔款责任。因此,初始确认时,对分入人来说,对分出人只承担有未到期责任负债,没有已发生赔款负债。反过来,对分出人来说,初始确认时,分出再保险合同组带来的,只有"分保摊回未到期责任资产",没有"分保摊回已发生赔款资产"。

因此,初始计量的主要任务,就是计算"分保摊回未到期责任资产"。

二、初始计量公式

在通用模型法思维下,分保摊回未到期责任资产自然可以分解为履约现金流量和合同服务边际,因此,初始确认时,

初始计量的分出再保险合同资产＝分保摊回未到期责任资产＝履约现金流量＋合同服务边际＝未来现金流量现值＋非金融风险调整＋合同服务边际。

其中,

第一,企业在估计分出再保险合同组的未来现金流量现值(流出是分出保费,流入主要是摊回赔款和分保费用)时,采用的相关假设应当与计量对应原保险合同组(the group of the underlying insurance contracts)所用的假设保持一致(新准则第 63 条),并考虑再保险分入人的不履约风险。

第二,企业应当根据分出再保险合同组转移给再保险分入人的风险,估计非金融风险调整,转移的风险越多,非金融风险调整越大(新准则第 64 条)。可以想象,当采用超赔再保险方式分出时,相对于比例再保险,转移的非金融风险通常会较大些。

第三,这里的合同服务边际,就是前面说过的分出再保险合同组给分出人带来的净成本或净利得,但其计算有点复杂,下面单独讨论。

三、合同服务边际的计算思路

如新准则第 65 条所述,企业应当在分出再保险合同组初始确认时计算"履约现金流量＋在该日终止确认的相关资产或负债对应的现金流量＋分出再保险合同组内合同在该日产生的现金流量＋分保摊回未到期责任资产亏损摊回部分的金额",然后,企业应当将上述各项之和所反映的净成本或净利得,确认为合同服务边际。

读者可能已经觉察到有些似曾相识,对,在原保险合同组初始计量时,其合同服务边际的计量也是这个思路,如新准则第 27 条所述,企业应当在合同组初始确认时计算"履约现金流量＋在该日终止确认保险获取现金流量资产以及其他相关资产或负债对应的现金流量＋合同组内合同在该日产生的现金流量",上述各项之和反映为现金净流入的,企业应当将其确认为合同服务边际;反映为现金净流出的,企业应当将其作为首日亏损计入当期损益。

可见,初始计量合同服务边际时,原保险合同组与分出再保险合同组的计量思路是类似的,都是要将合同组边界内的现金流,无论发生在初始确认前、确认时还是确认后,都要一并考虑进去。

两者之间的区别是:第一,初始计量合同服务边际时,相较于原保险合同组,分出再保险合同组多了一项"分保摊回未到期责任资产亏损摊回部分";第二,初始计量时,原保险合同组的合同服务边际大于等于零(亏损时合同服务边际为零),分出再保险合同组的合同服务边际可以大于等于零(体现为净收益),也可以小于零(体现为净成本)。

下面对上述初始计量合同服务边际中涉及的项目作进一步讨论。

四、项目一:在该日终止确认的相关资产或负债对应的现金流量

分出再保险合同组在初始确认前可能会发生一些现金流量,主要是为签订再保险合同而提前发生的各种支出或收入,可能有分出公司支出的合约谈判费用和从分入公司收到的分保手续费等。这些提前发生的现金流量,与原保险合同组的初始确认前发生的保险获取现金流量的处理方式一样,会在发生时被确认为资产或负债,并在分出再保险合同组初始确认时终止确认,被称为"在该日终止确认的相关资产或负债对应的现金流量"。

这部分现金流量自然会影响到分出再保险合同组的总体盈亏,进而影响到其合同服务边际。但是,在分出再保险合同组初始计量时,这部分现金流量并不在(面向未来的)履约现金流量之内,进而无法通过计入履约现金流量来影响合同服务边际。于是,根据新准则第65条,初始计量时,应该用"该日终止确认的相关资产或负债对应的现金流量"直接调整合同服务边际。

具体而言,前期发生的现金流入(如分保手续费)会提升盈利(或减少亏损),进而提升合同服务边际;相反地,前期发生的现金流出会减少盈利(或增加亏损),进而降低合同服务边际。

五、项目二:分出再保险合同组内合同在该日产生的现金流量

所谓"分出再保险合同组内合同在该日产生的现金流量",就是其字面含义,例如,分入公司给的手续费如果是在分出公司初始确认分出再保险合同时流入的,就属于"分出再保险合同组内合同在该日产生的现金流量"。

这部分现金流量自然也会影响到分出再保险合同组的总体盈亏,进而影响到其合同服务边际。但是,在分出再保险合同组初始计量时,这部分现金流量也不在(面向未来的)履约现金流量之内,进而无法通过计入履约现金流量来影响合同服务边际。于是,按照新准则第65条,初始计量时,要用"分出再保险合同组内合同在该日产生的现金流量"直接调整合同服务边际。显然,初始确认日的现金流入会增加合同服务边际,初始确认日的现金流出会减少合同服务边际。

六、项目三:分保摊回未到期责任资产亏损摊回部分的金额

"分保摊回未到期责任资产亏损摊回部分"中的关键词是"亏损摊回"。

1. 亏损摊回的概念及其处理思路

如第六章讨论亏损合同组计量时所述,如果原保险合同组在初始计量时发现预期亏损,要把预期亏损一次性计入当期损益(计入保险服务费用,即是由股东出资填补未到期责任负债的窟窿),在未到期责任负债中形成"亏损部分(loss component)",然后,在后续会计期限内逐步"亏损转回(reversal of losses)"。

现在,如果原保险合同组有对应的分出再保险合同,对分出人而言,自然可以从分入人那里摊回赔款,这赔款自然可以覆盖一部分原保险合同组的亏损,这部分被覆盖的亏损被称为"亏损摊回(recovery of losses)"。例如,若采用比例分保,分出比例为 30%,则,摊回赔款可覆盖分出人 30% 的原保险合同组亏损,亏损摊回的金额就是原保险合同组亏损额的 30%。

于是,就像处理原保险合同的预期亏损一样,保险公司也要将分出再保险合同的预期可覆盖的这部分亏损,一次性计入当期损益(计入摊回保险服务费用:亏损摊回),在分保摊回未到期责任资产中形成"亏损摊回部分(loss-recovery component)",然后,在后续会计期限内逐步进行"亏损摊回部分的转回(reversal of loss-recovery component)"。

2. 亏损摊回在利润表和资产负债表中的具体处理

从利润表来看,如新准则第 67 条所述,企业应当将"亏损摊回部分"确认为"摊回保险服务费用",计入当期损益。本质上,摊回保险服务费用抵消了部分保险服务费用,可以视为企业的收入项。例如,若原保险合同组初始计量时亏损 100 元,应将 100 元计入当期保险服务费用,若分出比例为 30%,分出再保险合同预期将弥补 30 元亏损,应将 30 元计入摊回保险服务费用,这 30 元本质上是企业的收入项。

从资产负债表来看,与利润表中出现"摊回保险服务费用:亏损摊回部分的确认"相对应,分保摊回未到期责任资产中会等额增加"分保摊回未到期责任资产亏损摊回部分"。如新准则第 67 条所述,对于订立时点不晚于对应原保险合同确认时点的分出再保险合同,企业在初始确认对应的亏损合同组或者将对应的亏损保险合同归入合同组而确认亏损时,应当按照下式确定"分保摊回未到期责任资产亏损摊回部分的金额":分保摊回未到期责任资产亏损摊回部分＝对应的原保险合同确认的亏损×预计从分出再保险合同组摊回的对应的原保险合同赔付的比例。例如,若原保险合同组亏损 100 元,分出比例为 30%,则,计入摊回保险服务费用的亏损摊回为 30 元,同时形成分保摊回未到期责任资产亏损摊回部分 30 元。

由此,与原保险合同组会因亏损而使其未到期责任负债一分为二(亏损部分和其他部分)类似,"分保摊回未到期责任资产"也因此一分为二:一是"亏损摊回部分",二是"其他部分",读者可以翻看第十章表 10-6,提前感受一下。

3. 合同服务边际如何随之调整?

如上所述,原保险合同组初始计量亏损时,相应的分出再保险合同会使利润表中会出现"摊回保险服务费用:亏损摊回",分保摊回未到期责任资产中会等额增加"分保摊回未到期责任资产亏损摊回部分"。

现在要强调的是,对分保摊回未到期责任资产而言,其"亏损摊回部分"与其履约现金流量无关,因此,分出再保险合同组的合同服务边际按"亏损摊回金额"做等额调整。

接下来的问题是,合同服务边际随"亏损摊回金额"作负向调整还是正向调整? 由于亏损摊回实质上是在利润表中一次性确认了分出再保险合同组所能覆盖的对应原保险合同组的预期亏损,进而在利润表中形成了"收入项"(而非"支出项"),这一收入项在未来将通过逐期出现的"亏损摊回的转回"这一"支出项"而被抵消,因此,"亏损摊回"应该是使合同服务边际作负向调整,进而形成负的合同服务边际,以便未来从而合同服务边际中释放出"支出项"(而非"收入项")。

七、初始计量亏损对原保险合同组和分出再保险合同组计量的影响对比

如果原保险合同组初始计量时亏损,在有对应分出再保险合同的情形下,这一亏损对原保险合同组计量和分出再保险合同组计量的影响对比如表8-2,阅读这一对比可增强对本部分难点内容"亏损摊回"的理解。

表8-2　原保险合同组初始计量亏损带来的影响:原保险合同组和分出再保险合同组的差异

产生	原保险合同组	分出再保险合同组
	亏损	亏损摊回
损益处理方式	将"亏损"计入当期损益 形成保险服务费用:亏损部分的确认	将"亏损摊回"计入当期损益 形成摊回保险服务费用:亏损摊回部分的确认
资产负债处理方式	股东出资填补履约现金流量,负债增加,形成"未到期责任负债的亏损部分", 未到期责任负债一分为二	履约现金流量不变,合同服务边际按"亏损摊回额"负向调整,形成"分保摊回未到期责任资产亏损摊回部分", 分保摊回未到期责任资产一分为二
损益表与资产负债表的联动	负债增加"亏损部分" 保险服务费用等额增加	资产增加"亏损摊回部分" 摊回保险服务费用等额增加

关于原保险合同组初始亏损对原保险合同组和分出再保险合同组计量的总体影响,以比例分出30%为例,影响如下:①利润表中,保险服务费用-摊回保险服务费用=亏损额-亏损额×30%=亏损额×70%,相当于股东出资填补了70%的亏损;②资产负债表中,负债增加了亏损额那么多,资产增加了亏损额的30%那么多。

八、初始计量时的损益确认

1. 初始计量亏损不必计入当期损益

如前所述,与原保险合同组的合同服务边际不能为负、需要将初始计量亏损计入当期保险服务费用不同,分出再保险合同组的合同服务边际可以为负,初始计量亏损无需计入当期损益,而是留在合同服务边际中在后期逐渐摊销。

但是,如新准则第65条最后一句话所述,如果分出再保险合同组初始计量合同服务边际时,体现为净成本,且净成本与分出前发生的事项相关的,企业应当将其确认为费用并计入当期损益。

2. 亏损摊回部分的损益确认

如上所述,如果对应的原保险合同组亏损,则分出再保险合同组自然会相应承担亏

损,于是,按照新准则第 67 条,分出公司应该按"分保摊回未到期责任资产亏损摊回部分的金额"调整分出再保险合同的合同服务边际,同时确认为"摊回保险服务费用",计入当期损益。

计入摊回保险服务费用的"亏损摊回部分的确认",其实是提高了分出公司的收入,本质上属于收入确认。

第三节　初始计量案例:原保险合同组盈利

一、案例描述和分析任务①

红杰保险公司签发了一组保险责任期间为 3 年的合同,预计初始确认时收到总保费 1000 元,并会在保险责任期间支付现值为 900 元的赔付,相关的非金融风险调整为 60 元。

红杰保险公司对上述原保险合同组的初始计量结果如表 8-3 所示。

表 8-3　原保险合同组的初始计量　　　　单位:元

估计的未来现金流入现值	(1000)
估计的未来现金流出现值	900
估计的未来现金流量现值	(100)
非金融风险调整	60
履约现金流量	(40)
合同服务边际	40
初始确认时的保险合同负债	—

同时,红杰保险公司与瑞丽再保险公司就上述原保险合同组签订了一份再保险合同:

(1)合同约定,红杰保险公司将从瑞丽再保险公司获得原保险合同组未来发生的每笔赔款的 30% 的摊回赔付。

(2)红杰保险公司以趸交方式支付给瑞丽再保险公司的分出保费:一种情形是 260 元;另一种情形是 300 元。

(3)为简化分析,忽略瑞丽再保险公司的不履约风险,忽略分保费用等所有其他变量。

(4)红杰保险公司就分出再保险合同建立了一个分出再保险合同组,该合同组内其实只有一份分出的再保险合同(如 IFRS17 第 23 条所述,分出再保险合同组可以只包含一个单独的合同)。

---

① 该案例改编自 IFRS17 Insurance Contracts 中的 Illustrative examples 中的 Example 11。

请帮助红杰保险公司对上述分出再保险合同组进行初始计量。

二、案例分析

1. 支付分出保费前的初始计量

原保险合同组初始计量的结果是得到保险合同负债(实际是未到期责任负债),分出再保险合同组初始计量的结果是得到分出再保险合同资产(实际是分保摊回未到期责任资产)。

支付分出保费前,估计的未来现金流出现值就是分出保费,情形1、2分别为260元、300元,初始计量过程和结果如表8-4所示。

表8-4 分出的再保险合同组(分出再保险合同资产)的初始计量   单位:元

	情形1: 分出保费=260元	情形2: 分出保费=300元
估计的未来现金流入现值(摊回赔付)	(270)	(270)
估计的未来现金流出现值(分出保费)	260	300
估计的未来现金流量现值	(10)	30
非金融风险调整	(18)	(18)
履约现金流量	(28)	12
合同服务边际	28	(12)
初始确认时的分出再保险合同资产	—	—
损益确认	—	—

解释:

(1)未来现金流入现值270元的核算:估计分出再保险合同组的未来现金流量现值时,采用的相关假设与计量所对应的保险合同组保持一致,且由于分出比例为30%,因此,该分出再保险合同组给红杰保险公司带来的未来现金流入(摊回赔付)现值为270(=900×30%)元,其中,900元是对应的原保险合同组的赔付支出现值或未来现金流出现值。

(2)非金融风险调整18元的核算:根据新准则第64条,分出再保险合同组的非金融风险调整,应当根据分出再保险合同组转移给再保险分入人的风险来确定。本例中,红杰保险公司预期会将30%的原保险合同组赔付风险转移给瑞丽再保险公司,原保险合同组的非金融风险调整为60元,因此,该分出再保险合同组的非金融风险调整为18(=60×30%)元。需要强调的是,原保险合同组的非金融风险调整主要考虑的是保险公司可能要多赔款,这对红杰保险公司是不利的,与此相对应,分出再保险合同组主要考虑的是分出公司多赔款带来的分入公司多摊回赔款,因此,这里的18元指的是瑞丽再保险公司可能在270元摊回赔款基础上再多摊回18元,这对红杰保险公司其实是有利的。

(3)合同服务边际的核算方法:如前所述,企业应当在分出再保险合同组初始确认时计算"履约现金流量+在该日终止确认的相关资产或负债对应的现金流量+分出再保合同组内合同在该日产生的现金流量＋分保摊回未到期责任资产亏损摊回部分的金额"，企业应当将上述各项之和所反映的净成本或净利得，确认为合同服务边际。由于本案例中不考虑任何其他变量且原保险合同组不亏损，"在该日终止确认的相关资产或负债对应的现金流量＋分出再保险合同组内合同在该日产生的现金流量＋分保摊回未到期责任资产亏损摊回部分的金额"＝0，因此，合同服务边际＝－履约现金流量。

（4）情形1的合同服务边际28元的含义：在情形1中，履约现金流量为－28元，意味着考虑非金融风险调整（摊回更多赔款）后，红杰保险公司在该分出再保险合同组上的净流入为28元，因此，该分出再保险合同组的合同服务边际为28元，或净利得为28元。

（5）情形2的合同服务边际－12元的含义：在情形2中，履约现金流量为12元，意味着考虑非金融风险调整（摊回更多赔款）后，红杰保险公司在该分出再保险合同组上的净流出为12元，因此，该再保险合同组的合同服务边际为－12元，或净成本为12元。

（6）再保险合同资产：无论情形1还是情形2，只要原保险合同组不亏损，在未支付分出保费的情况下，该分出再保险合同给红杰保险公司带来的分出再保险合同资产（或分保摊回未到期责任资产）均为零，只是两种情形下的分出再保险合同资产结构（履约现金流量和合同服务边际的相对大小）不同。

2. 支付分出保费后的计量

进一步地，当红杰保险公司将分出保费支付给瑞丽再保险公司后，计量的分出再保险合同资产如表8-5所示。

表8-5 支付分出保费后的分出再保险合同资产计量 单位：元

	情形1： 分出保费＝260元	情形2： 分出保费＝300元
估计的未来现金流入现值（摊回赔付）	（270）	（270）
估计的未来现金流出现值（分出保费）	0	0
估计的未来现金流量现值	（270）	（270）
非金融风险调整	（18）	（18）
履约现金流量	（288）	（288）
合同服务边际	28	（12）
初始确认时的分出再保险合同资产	（260）	（300）
损益确认	—	—

可以看出：

（1）支付分出保费后，未来现金流出变为零，情形1和情形2下就都有了分出再保险合同资产，金额分别为260元和300元，实际就是分出保费的金额。

（2）特别需要说明的是：本书表格中，现金流出是正数，现金流入是负数，于是，保险负债通常是正数（不带括号），分出再保险资产通常是负数（带括号），由于保险负债是总额列报，两者抵消后，才是保险公司的实际负债。因此，为了表述清晰和方便，本书有时将资产直接用负数表示,尤其是按新准则第 87 条讨论分出再保险资产结构及其变化时。

(3)分出再保险合同资产(这里指分保摊回未到期责任资产)的内部结构为:情形 1 下,$-260 = -288 + 28 = (-270) + (-18) + 28$;情形 2 下,$-300 = -288 - 12 = (-270) + (-18) + (-12)$。

三、案例带来的重要启示

读者可能已经看出来了,关于合同服务边际,分出再保险合同组计量结果与与原保险合同组计量结果有一个重大区别:

(1)在原保险合同组初始计量时,合同服务边际永远大于等于零,合同组盈利时合同服务边际大于零,合同组亏损时合同服务边际等于零,而且要将亏损在损益表中确认为保险服务费用;

(2)但在分出再保险合同组计量时,分出再保险合同组盈利时合同服务边际大于零(反映为净利得),分出再保险合同组亏损时合同服务边际小于零(反映为净成本),同时,净成本通常无需在损益表中立即确认。

分出再保险合同组可以保留负的合同服务边际,有两个结果:

(1)当分出保费尚未支出时,即便分出再保险合同组亏损,初始确认的分出再保险合同资产也为零;当分出保费支付后,即便分出再保险合同组亏损,分出再保险合同资产也等于分出保费;

(2)即便合同服务边际为负,也会在未来逐期摊销进损益,而不是一次性在损益中确认亏损。

第四节　初始计量案例:原保险合同组亏损

一、案例描述和分析任务[①]

案例情形与本章第二节中的案例完全相同,只是将原保险合同组的预收总保费更改为 850 元,这将导致合同组亏损。此情形下,红杰保险公司对原保险合同组的初始计量结果如表 8-6 所示。

表 8-6　原保险合同组(亏损组)的初始计量　　　　　　　　　　　单位:元

估计的未来现金流入现值	(850)
估计的未来现金流出现值	900
估计的未来现金流量现值	50
非金融风险调整	60

[①]　本案例改编自 KPMG2020 年 7 月编写的《国际财务报告准则的最新发展:2020 年版:国际财务报告准则第 17 号 — 保险合同》第 17 章《分出的再保险合同》中的示例 15.2。

（续表）

估计的未来现金流入现值	（850）
履约现金流量	110
合同服务边际	0
初始确认时的保险合同负债	110
损益确认:保险服务费用——亏损部分的确认	（110）

从表8-6可见,由于保费流入较少,导致履约现金流量体现为净流出现值110元,公司亏损了110元,合同服务边际记为零,初始确认的保险合同负债＝履约现金流量＝110元。同时在损益表中确认保险服务费用110元,相当于股东掏110元补了这个窟窿,以保证客户利益。

同时,红杰保险公司与瑞丽再保险公司就上述原保险合同组签订了一份再保险合同,合同条件与上一节完全相同,如,①红杰保险公司将从瑞丽再保险公司获得原保险合同组未来发生的每笔赔款的30％的摊回赔付;②红杰保险公司以趸交方式支付给瑞丽再保险公司的分出保费:一种情形是260元;另一种情形是300元。

忽略其他变量,请帮助红杰保险公司对上述分出再保险合同组进行初始计量。

二、案例分析

1. 支付分出保费前的初始计量

仍然分为两种情形,情形1下的分出保费为260元,情形2下的分出保费为300元。

表8-7　支付分出保费前的分出再保险合同资产计量(原保险合同组亏损)　　单位:元

	情形1: 分出保费＝260元	情形2: 分出保费＝300元
估计的未来现金流入现值(摊回赔付)	（270）	（270）
估计的未来现金流出现值(分出保费)	260	300
估计的未来现金流量现值	（10）	30
非金融风险调整	（18）	（18）
履约现金流量	（28）	12
合同服务边际(采用亏损摊回调整之前)	28	（12）
亏损摊回部分	（33）	（33）
合同服务边际(采用亏损摊回调整之后)	（5）	（45）
初始确认时的分出再保险合同资产	（33）	（33）
损益确认:摊回保险服务费用:亏损摊回部分的确认	33	33

解释：

(1)如果原保险合同组不亏损,分出再保险合同组就没有"亏损摊回",情形 1、2 下的合同服务边际分别为 28 元、－12 元,两种情形下的分出再保险合同资产均为零。这就与上一节的计量结果相同了。

(2)但是,原保险合同组实际上初始确认了 110 的亏损,分人公司预期会分担 33(＝110×30％)元的亏损,于是,根据新准则第 67 条,

1 分出人应该将 33 元的"亏损摊回"确认为"摊回保险服务费用",计入当期损益。摊回保险服务费用本质上是公司的收入,所以不带括号。

2 分出再保险合同的合同服务边际要用"亏损摊回部分"进行负向调整,由此,情形 1、2 下的合同服务边际均减少了 33 元,变为－5 元、－45 元。

3 形成"分保摊回未到期责任资产的亏损摊回部分"33 元。

(3)初始确认的再保险合同资产:有两种核算方法:①可在不亏损时的再保险合同资产零元基础上增加 33 元,于是两种情形下再保险合同资产均为 33 元;②也可用"分出再保险合同资产＝分保摊回未到期责任资产＝履约现金流量＋合同服务边际"计算得到,情形 1 下的分出再保险合同资产＝28＋5＝33 元;情形 2 下的分出再保险合同资产＝－12＋45＝33 元。

2. 支付分出保费后的计量

表 8‑8　支付分出保费后的分出再保险合同资产计量(原保险合同组亏损)　　单位:元

	情形 1: 分出保费＝260 元	情形 2: 分出保费＝300 元
估计的未来现金流入现值(摊回赔付)	(270)	(270)
估计的未来现金流出现值(分出保费)	—	—
估计的未来现金流量现值	(270)	(270)
非金融风险调整	(18)	(18)
履约现金流量	(288)	(288)
合同服务边际(采用亏损摊回调整之前)	28	(12)
亏损摊回部分	(33)	(33)
合同服务边际(采用亏损摊回调整之后)	(5)	(45)
分出再保险合同资产	(293)	(333)

解释:

(1)履约现金流量:支付分出保费后,在未来没有分出保费流出的情况下,履约现金流量相应增加了分出保费(260、300)那么多。

(2)是否支付分出保费不会改变合同服务边际。

(3)再保险合同资产:支付分出保费后,再保险合同资产也相应增加了分出保费(代表增加的履约现金流量)那么多,即,－293＝－260－33,－333＝－300－33。

　　(4)分出再保险合同资产(这里指分保摊回未到期责任资产)的内部结构为:情形 1 下,$-293=-288-5=(-270)+(-18)+(-5)$;情形 2 下,$-333=-288-45=(-270)+(-18)+(-45)$。

第九章　分出再保险合同的后续计量

本章专门介绍分出再保险合同的后续计量方法,第一节讨论分出再保险合同资产的后续计量方法,第二节讨论后续计量中的损益确认方法,第三节是一个后续计量案例。

第一节　分出再保险合同资产的后续计量:思路与方法

分出再保险合同组后续计量的主要任务,就是在各资产含负债表日计量分出再保险合同资产,并确认相关损益,本节先讨论再保险资产计量方法,下一节讨论相关的损益确认方法。

一、后续计量公式和合同服务边际调整方法

1. 计量公式

按照新准则第 66 条,企业应当在资产负债表日对分出再保险合同资产进行后续计量,分出再保险合同资产=分保摊回未到期责任资产+分保摊回已发生赔款资产。

分保摊回未到期责任资产包括资产负债表日分摊至分出再保险合同组的、与未到期责任有关的履约现金流量和当日该合同组的合同服务边际,即,分保摊回未到期责任资产=履约现金流量+合同服务边际。

分保摊回已发生赔款资产就是资产负债表日分摊至分出再保险合同组的、与已发生赔款及其他相关费用的摊回有关的履约现金流量,即,分保摊回已发生赔款资产=履约现金流量。

2. 合同服务边际的调整

根据新准则第 68 条,资产负债表日的分出再保险合同的合同服务边际应当以期初账面价值为基础,经下列各项调整后予以确定:

(1)当期归入该合同组的合同对合同服务边际的影响金额(这里是指分出再保险合同的归入,而非原保险合同的归入);

(2)合同服务边际在当期计提的利息。计息率为该合同组内合同确认时,不随基础项目回报变动的现金流量所适用的加权平均利率;

(3)根据新准则第 67 条第一款计算的分保摊回未到期责任资产亏损摊回部分的金额,以及与分出再保险合同组的履约现金流量变动无关的分保摊回未到期责任资产亏损摊回部分的转回;

(4)与未来服务相关的履约现金流量的变动金额,但分摊至对应的保险合同组且不

调整其合同服务边际的履约现金流量变动而导致的变动,以及对应的保险合同组采用保费分配法计量时因确认或转回亏损而导致的变动除外;

(5)合同服务边际在当期产生的汇兑差额;

(6)合同服务边际在当期的摊销金额。企业应当按照取得保险合同服务的模式,合理确定分出再保险合同组在责任期内各个期间的责任单元,并据此对上述(1)至(5)调整后的合同服务边际账面价值进行摊销,计入当期及以后期间损益。

也就是说,期初合同服务边际要经过如下变量的调整,才能得到期末合同服务边际,如表9-1所示。

表 9-1　合同服务边际调整过程

期初合同服务边际	
调整项(1)	组内新增合同的影响
调整项(2)	合同服务边际的当期利息增值
调整项(3a)	按第 67 条第一款计算的分保摊回未到期责任资产亏损摊回部分
调整项(3b)	与分出再保险合同组的履约现金流量变动无关的亏损摊回部分的转回
调整项(4)	与未来服务相关的履约现金流量变动—分摊至对应的保险合同组且不调整其合同服务边际的履约现金流量变动而导致的变动—对应的保险合同组采用保费分配法计量时因确认或转回亏损而导致的变动
调整项(5)	合同服务边际的汇兑差额
调整项(6)	合同服务边际摊销
期末合同服务边际	

其中,调整项(3a)、(3b)(4)、(6)涉及的概念有些复杂,下面做些解释,并说明合同服务边际如何随之调整。

二、几个概念及其带来的合同服务边际调整

1."按第 67 条第一款计算的分保摊回未到期责任资产亏损摊回部分"带来的合同服务边际调整

首先需要明确,第 67 条第一款说的"亏损摊回",指的是分出再保险合同组对应的亏损原保险合同组初始计量和新的亏损原保险合同入组时发生的事儿。

其次,如上一章讨论初始计量时所述,对应的原保险合同组的初始计量亏损,亏损要计入当期损益,而分出再保险合同显然可以抵消部分亏损,于是将抵消部分以"摊回保险服务费用:亏损摊回部分的确认"的方式计入当期损益,同时在资产表中产生了"分保摊回未到期责任资产亏损摊回部分"。

这一亏损摊回部分完全是为抵消原保险合同组的预期亏损而产生的,与分出再保险合同的履约现金流量无关,于是,合同服务边际随之等额调整。或者说,通过调整合同服务边际的方式计入了分出再保险合同资产,并形成了"亏损摊回部分",有时简称为"亏损

摊回"。

特别强调,这里仅指确认为当期收入(即摊回保险服务费用)的(新分出保险合同带进来的)"新增亏损摊回",以免与按同样方法计算的之前已有的亏损摊回(如初始计量时确认的亏损摊回)重复。

2. "与分出再保险合同组的履约现金流量变动无关的亏损摊回部分的转回"带来的合同服务边际调整

首先需要明确的是,由于按第 67 条第一款计算的"分保摊回未到期责任资产的亏损摊回部分"(简称"亏损摊回部分")是初始计量或新合同加入时产生的,与分出再保险合同组的履约现金流量无关,因此被称为"与分出再保险合同组的履约现金流量变动无关的分保摊回未到期责任资产亏损摊回部分"。

其次,如上一章所述,按第 67 条第一款计算的亏损摊回的出现,致使分保摊回未到期责任资产分为"亏损摊回部分"和"其他部分",于是,新准则第 67 条最后一款规定:"企业在对分出的再保险合同组进行后续计量时,应当调整亏损摊回部分的金额以反映对应的保险合同亏损部分的变化,调整后的亏损摊回部分的金额不应超过企业预计从分出再保险合同组摊回的对应的保险合同亏损部分的金额。"

所谓"调整亏损摊回部分的金额以反映对应的保险合同亏损部分的变化",是指随原保险合同组的"未到期责任负债的亏损部分"的转回,"分保摊回未到期责任资产的亏损摊回部分"也要相应转回,形成"亏损摊回部分的转回",而且,这两个"转回"要步调一致。

最后,上述"亏损摊回部分"本来就在合同服务边际中,其释放出来的"亏损摊回的转回",会使合同服务边际等额减少。

3. 与未来服务相关的履约现金流量变动—分摊至对应的保险合同组且不调整其合同服务边际的履约现金流量变动而导致的变动—对应的保险合同组采用保费分配法计量时因确认或转回亏损而导致的变动

(1)"与未来服务相关的履约现金流量变动"带来的合同服务边际调整。

对分出再保险合同组而言,后续计量时,与未来服务相关的履约现金流量变动,通常会使其合同服务边际等额变动(或者理解为被合同服务边际吸收)。

不过,分出再保险合同组的与未来服务相关的履约现金流量变动,通常或主要是由对应原保险合同组的履约现金流量变动引起的。例如,在后续计量时,如果对应原保险合同组的未来现金流出增加导致其履约现金流量增加(通常会被其合同服务边际吸收),通常会引发分出再保险合同的未来现金流入增加(或履约现金流量数额[①]增加),进而带动分出再保险合同的合同服务边际等额增加;反之,与未来服务相关的履约现金流量数额减少,会带动分出再保险合同组的合同服务边际等额减少。

(2)但"分摊至对应的保险合同组且不调整其合同服务边际的履约现金流量变动而导致的变动"除外。

首先明确概念。后续计量时,如果对应原保险合同组的合同服务边际已因不利情况而归零,则其未来现金流出增加导致的履约现金流量增加,就没法用其合同服务边际吸收,就会形成当期亏损(相当于由股东出资填补履约现金流量的窟窿,以保证客户利益)。

---

① 这里用"履约现金流量数额"而不是"履约现金流量",是为了消除正负号,便于描述。

进一步地,上述无法用其合同服务边际吸收的原保险合同组履约现金流量增加,会带动分出再保险合同的未来现金流入增加或履约现金流量数额增加,这就是"分摊至对应的保险合同组且不调整其合同服务边际的履约现金流量变动而导致的变动"。

其次,如(1)所述,分出再保险合同的履约现金流量变动通常是要调整其合同服务边际的,但是,新准则规定,上一段描述的这种分出再保险合同的"超额履约现金流量变动"不调整其合同服务边际,而是直接计入分出再保险合同资产的"亏损摊回部分",同时计入当期损益(称为"摊回保险服务费用:亏损摊回部分的确认")。

显然,要是直接计入当期损益,就无须记入合同服务边际进而在后期逐渐摊销进损益了。

(3)但"对应的保险合同组采用保费分配法计量时因确认或转回亏损而导致的变动"除外。

首先,这里是说,分出再保险合同组采用通用模型法计量时,原保险合同组(即对应的保险合同组)可能采用保费分配法计量,这种情形在上一章第一节中提到过。

其次,若采用保费分配法计量的原保险合同组在后续计量时亏损,则,如第七章所述,亏损确认额=未到期责任负债增加额=运用通用模型法计量的与未到期责任负债相关的履约现金流量-采用保费分配法所确定的未到期责任负债账面价值,未到期责任负债中就有了"亏损部分",该"亏损部分"要通过计入损益的方式由股东出资来弥补,并在后期逐渐释放形成"亏损部分的转回"。

显然,若采用保费分配法计量的原保险合同组出现上述"亏损部分的确认和转回",相应地,分出再保险合同组的履约现金流量数额通常也会增加和减少,这就是"对应的保险合同组采用保费分配法计量时因确认或转回亏损而导致的变动"。

这里要强调的是,新准则规定,这种分出再保险合同的"超额履约现金流量变动"也不调整其合同服务边际,而是直接计入分出再保险合同资产的"亏损摊回部分",并在后期随履约而不断释放,同时计入当期损益(将"亏损摊回部分的确认-亏损摊回部分的转回"确认为"摊回保险服务费用")。

(4)亏损摊回部分可能包含两个部分。

讨论到现在,分保摊回未到期责任资产的亏损摊回部分实际上可能包含两个部分:一部分是按 67 条第一款计算的与履约现金流量变动无关的亏损摊回部分,要调整合同服务边际(或被合同服务边际吸收);另一部分是与履约现金流量变动有关的亏损摊回部分,直接被计入当期损益(计入摊回保险服务费用),不需要调整合同服务边际(或不被合同服务边际吸收)。

不过,无论哪一种"亏损摊回",在利润表中都是将针对未来的预期亏损摊回"一次性"计入了当期损益,因此,后期都要逐步转回,形成"亏损摊回的转回"。这个亏损摊回的转回,会降低分保摊回未到期责任资产的亏损摊回部分,同时计入当期损益。如表 9-2 所示。

表 9 - 2　分出再保险合同的两类亏损摊回的会计处理

	与履约现金流量变动无关的亏损摊回	与履约现金流量变动有关的亏损摊回	
		情形 1	情形 2
出现的时点和原因	对应亏损原保险合同组初始确认时,或亏损原保险合同加入合同组时	对应原保险合同组的合同服务边际归零后,其履约现金流量继续增加导致亏损,同时导致的分出再保险合同组的履约现金流量发生超额变动	对应的采用保费分配法计量的原保险合同组在后续计量时亏损,出现"亏损部分的确认和转回",导致分出再保险合同组的履约现金流量发生超额变动
出现时的处理方式	资产表:形成亏损摊回部分;调整合同服务边际,亏损摊回部分在合同服务边际中	资产表:形成亏损摊回部分,不调整合同服务边际,亏损摊回部分在履约现金流量中	
	利润表:计入摊回保险服务费用,称为"亏损摊回部分的确认"		
后续处理方式	后期逐渐转回,称为"亏损摊回的转回"; 资产表:亏损摊回部分因转回而逐渐减少,最终归零; 利润表:将"亏损摊回的转回"计入摊回保险服务费用,逐渐抵消之前计入的"亏损摊回部分的确认"。		

4. 合同服务边际摊销

按照新准则第 68 条最后一款,企业应当按照取得保险合同服务的模式,合理确定分出再保险合同组在责任期内各个期间的责任单元,并据此对经上述调整后的合同服务边际账面价值进行摊销,计入当期及以后期间损益。

需要强调的是,对分出再保险合同组而言,无论合同服务边际是正还是负,都是一样的摊销模式,即按照提供的再保险服务的责任单元数量来分配或摊销合同服务边际。

三、期末合同服务边际计算公式

说合同服务边际如何调整还比较容易说清楚,但要给出公式,就需要考虑加减号问题,这是非常难的,有时很难彻底说清该用加号还是减号。

首先,鉴于分出再保险合同通常是亏损的,合同服务边际从期初到期末往往一直都是负值,后续计量通常都是在负值基础上进行调整,直至归零。其次,无论期初合同服务边际是正是负,其调整项若可能双向变动,则可能是加号也可能是减号;最后,调整项若单向变动,在期初值可能为负也可能为正的情况下,要么是加号要么是减号。

于是,假设期初而合同服务边际为负值,则期末合同服务边际的计算公式为:

期末合同服务边际

＝期初合同服务边际

　　±组内新增合同的影响额

　　－合同服务边际当期利息增值额

　　－（按第67条第一款计算的新增分保摊回未到期责任资产亏损摊回部分的金额－与分出再保险合同组的履约现金流量变动无关的亏损摊回部分的转回）

　　±（与未来服务相关的履约现金流量变动额－分摊至对应的保险合同组且不调整其合同服务边际的履约现金流量变动而导致的变动额）

　　±合同服务边际的汇兑差额

　　＋合同服务边际摊销额。

　　其中,

　　(1)组内新增合同带来的合同服务边际通常是负值,但也有小概率是正值,因此用加减号;

　　(2)合同服务边际当期利息增值肯定会增加合同服务边际的金额,考虑到期初合同服务边际是负值,这里用减号;

　　(3)按第67条第一款计算的新增分保摊回未到期责任资产亏损摊回部分通常会扩大合同服务边际(和再保险资产)的规模,因此用减号;

　　(4)与未来服务相关的履约现金流量变动(减去分摊至对应的保险合同组且不调整其合同服务边际的履约现金流量变动而导致的变动),是双向变动的,因此用加减号;

　　(5)合同服务边际的汇兑差额是双向变动的,因此用加减号;

　　(6)合同服务边际摊销会减少合同服务边际规模,因此用加号。

　　需要注意的是,上述公式假设期初合同服务边际为负值,所以,当科目前是减号时,合同服务边际规模或数额增加;当科目前是加号时,合同服务边际规模或数额减少。

第二节　后续计量中的损益确认:思路与方法

　　按照新准则第85条,如果一家保险公司有分出再保险合同,其利润表会出现三个相关科目:分出保费的分摊、摊回保险服务费用和分出再保险财务损益。下面介绍这三个科目的核算思路和方法。

一、三个科目是总额列报的结果

　　与老准则相似,新准则下,原保险合同的相关收支和负债也是总额列报的。例如,新准则下的保险服务收入、保险服务费用和保险合同负债都是总额列报的,类似于老准则下的保险业务收入、赔付支出、提取保险责任准备金、未到期责任准备金、未决赔款准备金、寿险责任准备金和长期健康险责任准备金等是总额列报的。

　　因此,与老准则下利润表中需要从相关总额列报的收支科目中扣除与分出再保险相关的科目类似,新准则下,也需要从利润表中的保险服务收入、保险服务费用、承保财务损益中扣除与分出再保险相关的分出保费的分摊、摊回保险服务费用、分出再保险财务损益。如表9-3所示。

表 9 - 3　三个损益科目是总额列报的结果

原保险合同组	分出再保险合同组
保险业务收入－分出保费 赔付支出－摊回赔付支出 手续费佣金支出＋业务及管理费－摊回分保费用 提取保险责任准备金－摊回保险责任准备金	保险服务收入－分出保费的分摊 保险服务费用－摊回保险服务费用 承保财务损益－分出再保险财务损益

第一，与老准则下利润表中的营业收入中的"分出保费"是保险公司收入的减项类似，新准则下，"分出保费的分摊"也是保险公司收入的减项，本质是公司支出项；

第二，与老准则下利润表中的营业支出中的各种摊回（摊回赔付、摊回分保费用、摊回保险责任准备金）类似，新准则下，"摊回保险服务费用"也是公司支出的减项，本质是公司收入项。

第三，与原保险合同组确认保险服务收入和保险服务费用时一致，保险公司在确认分出再保险合同的"分出保费的分摊"和"摊回保险服务费用"时，也要剔除投资成分。分出再保险合同通常是纯保障性的，通常不含投资成分，但是，不少 IFRS17 的资料中提到，当分出再保险合同采用浮动手续费，即分保手续费按分入人的赔付率上下调整（赔付率较高时，分出人要退回部分手续费；赔付率较低时，分入人要追加部分手续费）时，该分出再保险合同就含有投资成分。

第四，如前所述，承保财务损益（＝保险负债在当期的计息增值＋期末折现率导致的保险负债变动）也是总额列报的，因此，在利润表中，需要从中扣除分出再保险财务损益。

二、损益确认的思路和公式

本质而言，"分出保费的分摊"是分出公司的分保成本；"摊回保险服务费用"是分出公司的分保收入，因此，分出再保险服务业绩＝摊回保险服务费用－分出保费的分摊。

在计算原保险合同的投资业绩时，投资业绩＝资产投资收益－承保财务损益。其中，由于保险合同负债是总额列报的，承保财务损益应该也是未扣除分出再保险资产的保险合同负债形成的，或也是总额列报的，因此，从承保财务损益中扣除分出再保险财务损益后，得到的考虑分出再保险之后的投资业绩，才是公司的净投资业绩。即

净投资业绩＝考虑分出再保险之后的投资业绩＝资产投资收益－（承保财务损益－分出再保险财务损益）。

如果单独考虑分出再保险，则，任一会计期内，

分出再保险的利润贡献＝摊回保险服务费用－分出保费的分摊＋分出再保险财务损益。

下面分别讨论分出再保险合同三大损益科目的核算。

三、"分出保费的分摊"的核算

这里本质上是要从分出公司角度核算分出再保险的成本。

1. 核算原理和公式

根据新准则第 70 条，企业因当期取得再保险分入人提供的保险合同服务而导致的

"分保摊回未到期责任资产账面价值的减少额",应当确认为"分出保费的分摊(allocation of reinsurance premiums paid)",计入利润表。

我们知道,在不考虑保险获取现金流量的条件下,原保险合同组的保险服务收入是"企业因提供当期保险服务而导致的未到期责任负债账面价值减少额",显然,原保险合同组的"保险服务收入"和分出再保险合同组的"分出保费的分摊",两者的分析逻辑是一致的,因此,两者的核算原理也是一样的。

在不考虑保险获取现金流量的条件下,对于原保险合同组,保险服务收入＝与提供当期保险合同服务相关的未到期责任负债减少额＝期初预计的当期会发生的保险服务费用＋当期非金融风险调整释放额＋当期合同服务边际摊销额。

在不考虑分保费用的条件下,对于分出再保险合同组,分出保费的分摊＝与当期取得分入人提供保险合同服务相关的分保摊回未到期责任资产账面价值减少额＝期初预计的当期摊回赔款及其他相关费用＋当期非金融风险调整释放＋当期合同服务边际摊销。

为何起名叫"分出保费的分摊"呢？简单而言,"分出保费"本质上就是分出公司的分保成本,将分出保费分摊到分出再保险合同所在的各会计期内,考虑利息增值,应该就得到了各期的分出再保险成本,也就得到了"分出保费的分摊",它反映了各期的分保成本。

2."分出保费的分摊"的具体核算:两个"排除在外"

如前所述,分保摊回未到期责任资产包括"其他部分"和"亏损摊回部分",初始计量时的"其他部分"通常就是分出保费(现值),这正是分出公司支付的总分保成本,其每期的释放额自然就是每期的分保成本,即"分出保费的分摊";而"亏损摊回部分"是初始计量和后续计量时增加到资产里、后续会不断转回至零的资产,并非分保成本。因此,

第一,核算分出保费的分摊时,若直接计算"与当期取得分入人提供保险合同服务相关的分保摊回未到期责任资产账面价值减少额",即直接计算期末、期初分保摊回未到期责任资产的差值,应该将"当期分保摊回未到期责任资产亏损摊回部分的减少额"排除在外。

第二,核算分出保费的分摊时,若计算"期初预计的当期摊回赔款及其他相关费用＋当期非金融风险调整释放＋当期合同服务边际摊销",应该将"亏损摊回部分"释放出来的"亏损摊回部分的转回"排除在外。(其中的道理,与原保险合同组未到期责任负债的亏损部分释放出来的"亏损转回"不应计入当期保险服务收入类似。)

如 IFRS17 第 66B 条所述:对应原保险合同组亏损时,企业应该为分出再保险合同组建立分保摊回未到期责任资产的亏损摊回部分,亏损摊回部分的金额决定了在损益表中展示的再保险合同"亏损摊回部分的转回(reversals of recoveries of losses)金额",并且,"亏损摊回部分的转回"要排除在"分出保费的分摊"之外。这可能也是新准则第 70 条第二款的含义所在。新准则第 70 条第二款说:"企业应当将预计从再保险分入人收到的不取决于对应的保险合同赔付的金额,作为分出保费的分摊的减项。"

四、"摊回保险服务费用"的核算

根据新准则第 70 条,企业因当期发生赔款及其他相关费用的摊回导致"分保摊回已发生赔款资产账面价值的增加额",以及与之相关的履约现金流量的后续变动额,应当确

认为"摊回保险服务费用(Amount recovered from reinsurer)"。

具体而言,根据新准则第86条,当期摊回保险服务费用=摊回当期发生赔款及其他相关费用+(当期确认的亏损摊回部分-亏损摊回部分的转回)+分保摊回已发生赔款资产相关履约现金流量变动。

其中,

(1)摊回的当期赔款及其他相关费用当然属于摊回保险服务费用。

(2)当期确认的亏损摊回部分:如上一节所述,无论是按新准则第67条核算的与履约现金流量无关的亏损摊回部分,还是后续计量时核算的与履约现金流量有关的亏损摊回部分,都要计入当期损益,计入当期摊回保险服务费用。

(3)亏损摊回部分的转回:亏损摊回的确认,其实是对分出再保险合同"扳回"亏损合同组的部分亏损的功能的提前一次性确认,以及时全面反映亏损合同组给公司带来的影响。但事实上,分出再保险合同会在后续期间通过各期摊回赔款实现之前一次性确认的扳回亏损功能。因此,为了避免重复确认,要在后续各期不断扣除"亏损摊回的转回"。可以想象,各期确认的亏损摊回的总额,正好等于各期确认的"亏损摊回的转回"的总额,这样,企业在亏损摊回出现时立即确认了收入,后面再通过亏损摊回的转回全部抵消。

(4)分保摊回已发生赔款资产相关履约现金流量变动:我们知道,原保险合同组发生保险事故后,就会产生已发生赔款负债,有分出再保险的,就会产生分保摊回已发生赔款资产。在赔案了结前,赔款估计值可能会发生变化,进而导致分保摊回已发生赔款资产相关履约现金流量发生变动,这些变动,要计入摊回保险服务费用。

五、"分出再保险财务损益"的核算

根据新准则第34条,保险财务损益,是指计入当期及以后期间损益的保险合同金融变动额,包括企业签发的保险合同的承保财务损益和分出再保险合同的分出再保险财务损益。

对原保险合同组而言,如第二章第四节所述,任一会计期内,保险合同金融变动额=保险负债的利息增值+期末折现率变动导致的保险负债变动。其中,①保险负债(含未到期责任负债和已发生赔款负债)的计息增值,会形成保险财务费用,降低公司的投资利润;②期末折现率变动导致的保险负债变动(或履约现金流量变动)是双向的,可能形成保险财务收益,也可能形成保险财务费用,对投资利润的影响可正可负(当期末市场利率下降(上升)导致期末折现率下降(上升),进而导致保险合同负债上升(下降)时,会形成保险财务费用(保险财务收益),降低(提升)公司的投资利润)。

分出再保险合同给公司带来是分出再保险合同资产,包括分保摊回未到期责任资产和分保摊回已发生赔款资产,任一会计期内,这些分出再保险资产也会产生"分出再保险合同金融变动额",进而形成"分出再保险财务损益"。

分出再保险合同金融变动额=分出再保险资产的利息增值+期末折现率变动导致的分出再保险资产变动。其中,①分出再保险资产的利息增值,会形成分出再保险财务费用,可部分抵消原保险合同组的保险财务费用;②期末折现率变动导致的分出再保险资产(或其履约现金流量)变动是双向的(这些变动不调整合同服务边际),可能形成保险财务费用,也可能形成保险财务收益。

是否要将分出再保险合同金融变动额全额计入分出再保险财务损益呢？按照新准则 34 条,保险公司可以进行选择性处理。

最后,如第二部分所述,净投资业绩＝考虑分出再保险之后的投资业绩＝资产投资收益－(承保财务损益－分出再保险财务损益)。

六、后续计量中的主要难点

后续计量中,主要难点就是亏损摊回及其转回的会计处理,亏损摊回及其转回分别在资产表和利润表中如何处理,在前面都讨论过,请读者再去阅读表 9-2,体会一下。

第三节　后续计量:案例分析

一、案例描述和分析任务[①]

假设魏莱保险公司与瑞丽再保险公司签订了一个再保险合同,魏莱保险公司向瑞丽再保险公司支付固定保费,瑞丽将承担对应原保险合同组的每笔赔付金额的 30%,并且,魏莱向瑞丽转移了对应原保险合同组的 30% 的非金融风险。

为简化计算,忽略折现率的影响,忽略瑞丽再保险公司的违约风险,忽略所有其他变量。

魏莱保险公司将该分出再保险合同确认为一个分出再保险合同组。

在该分出再保险合同组初始确认后的抵达 1 年末的最后时刻,在未来预期没有发生变化的条件下,魏莱保险公司对该分出再保险合同组和对应原保险合同组进行了后续计量,计量结果如表 9-4 所示。

表 9-4　再保险合同和原保险合同组 1 年末最后时刻的后续计量结果　　单位:元

	原保险合同负债	再保险合同资产
履约现金流量(未来预期未发生变化)	300	(90)
合同服务边际	100	(25)
保险合同负债/再保险合同资产	400	(115)

解释:

(1)逼近 1 年末的最后时刻,分出再保险合同的合同服务边际为－25 元,意味着分出再保险合同组此时的净成本是 25 元。

(2)在原保险合同负债及其结构已知的条件下,根据案例介绍,分出再保险合同的履约现金流量应该是原保险合同组的履约现金流量的 30%,因此,90＝300×30%。按照这

---

① 该案例改编自 IFRS17 Insurance Contracts 中的 Illustrative examples 中的 Example 12。

一逻辑推下去,分出再保险合同的合同服务边际也应该是原保险合同组的合同服务边际的 30%,但是,由于再保险与原保险的定价水平有一定的区别,导致分出再保险合同的合同服务边际不是 100 元的 30%,而且,由于原保险合同组盈利,按照上述比例逻辑,当定价水平相同时,分出再保险合同对分出人来说通常是亏损的,基于这两个原因,分出再保险合同组的合同服务边际实际是−25 元。

第 1 年末,魏莱保险公司修改了其对原保险合同组的履约现金流量的预期:

(1)情形 A(原保险合同组仍盈利):魏莱估计的原保险合同组的履约现金流量增加了 50 元,相应地,合同服务边际降低了 50 元。这说明,原保险合同组并未因此而变为亏损合同。

(2)情形 B(原保险合同组变亏损):魏莱估计的原保险合同组的履约现金流量增加了 160 元,这一悲观预期使原保险合同组变成了亏损合同,于是,原保险合同组的合同服务边际从 100 降为 0,不仅如此,魏莱还得将 60 元亏损确认在损益表中。

在上述修改预期下,请帮助魏莱保险公司对第 1 年末的保险合同负债和分出再保险合同资产进行后续计量。

二、案例分析:情形 A 下 1 年末的后续计量

第 1 年末,在魏莱估计的原保险合同组的履约现金流量增加 50 元的条件下,魏莱保险公司对保险合同负债和分出再保险合同资产进行计量,如表 9-5 所示。

表 9-5 情形 A 下第 1 年末的保险合同负债和再保险合同资产计量 单位:元

	原保险合同负债	再保险合同资产
履约现金流量(包含了未来预期的变化)	350	(105)
合同服务边际	50	(10)
第 1 年末的保险合同负债/再保险合同资产	400	(115)
预期变动对损益表的影响:第 1 年末确认的损益	—	—

解释:

(1)原保险合同负债:履约现金流量增加 50 元至 350 元,相应地,合同服务边际减少 50 元至 50 元,一升一降且升降额相等,第 1 年末的保险合同负债不变。

(2)再保险合同资产中的履约现金流量:本来是 90 元,原保险合同组的履约现金流量增加 50 元,于是,再保险合同的履约现金流量数额增加 15(=50×30%)元,变成了 105(=90+15)元。

(3)再保险合同资产中的合同服务边际:本来是−25 元,与未来相关的履约现金流量数额增加 15 元,合同服务边际随之调整,增加 15 元,于是变成了−10(=−25+15)元。

读者要注意,仅就分出再保险合同而言,与未来相关的履约现金流量数额增加会导致分入人支付的履约现金流量数额增多,对分出人而言,在分出保费不变的条件下,分出再保险合同的合同服务边际其实是增加了,或者潜在亏损(净成本)其实是减少了,从亏损 25 元变成了亏损 10 元。

三、案例分析：情形 B 下 1 年末的后续计量

第 1 年末，在魏莱估计的原保险合同组的履约现金流量增加 160 元的条件下，魏莱保险公司对保险合同负债和分出再保险合同资产进行计量，如表 9−6 所示。

表 9−6　情形 B 下第 1 年末的保险合同负债和再保险合同资产计量　　　单位：元

	原保险合同负债	再保险合同资产
履约现金流量（包含了未来预期的变化）	460	（138）
合同服务边际	—	5
第 1 年末的保险合同负债/再保险合同资产	460	（133）
预期变动对损益表的影响：第 1 年末确认的损益	（60）	18

解释：

(1)原保险合同负债：履约现金流量增加 160 元至 460 元，履约现金流量增加额 160 元"干掉"所有剩余边际 100 元后，还差 60 元，只能通过计入损益的方式由股东出钱来弥补，客户利益即履约现金流量是必须保证的，原保险合同负债＝履约现金流量＝460 元。

(2)再保险合同资产中的履约现金流量：本来是 90 元，原保险合同组的履约现金流量增加 160 元，于是，再保险合同的履约现金流量数额相应增加 48（＝160×30％）元，变成了 138（＝90＋48）元。

(3)再保险合同资产中的合同服务边际：

①原保险合同组的履约现金流量增加了 160 元，其中，100 元通过在保险合同负债内部调减合同服务边际 100 元来解决，剩余 60 元则通过计入损益的方式由股东出资来弥补。

②相应地，分出再保险合同的与未来相关的履约现金流量增加了 48 元，该如何调整分出再保险合同的合同服务边际呢？根据新准则第 68 条，与未来服务相关的履约现金流量的变动金额，应该相应调整合同服务边际，但"分摊至对应的保险合同组且不调整其合同服务边际的履约现金流量变动而导致的变动"除外。显然，48 元履约现金流量变动中，18（＝60×30％）元属于"分摊至对应的保险合同组且不调整其合同服务边际的履约现金流量变动而导致的变动"，这 18 元的履约现金流量变动无需调整合同服务边际，剩余 30（＝100×30％）元的履约现金流量变动则要调整合同服务边际。

③具体调整：原保险合同组履约现金流量增加，带来的是分出再保险合同组的履约现金流量数额增加，这会使分出再保险合同组的合同服务边际增加。因此，分出再保险合同组的合同服务边际从之前的−25 元增加 30 元，变成了 5（＝−25＋30）元。

(4)相关损益确认：原保险合同组由于履约现金流量大幅增加而亏损 60 元（也就是不调整合同服务边际的履约现金流量变动额），应将该亏损计入当期损益，确认为当期保险服务费用，称为"亏损部分的确认"。相应地，分出再保险合同组履约现金流量增加总额 48 元中，未计入合同服务边际的 18 元，应被计入当期损益，确认为当期的摊回保险服务费用，称为"亏损摊回部分的确认"。读者注意，摊回保险服务费用本质上是公司的收入项，因此，这 18 元没有括号。

第十章　分出再保险合同计量的综合案例

为比较全面地反映计量分出再保险合同组时可能出现的各种状况,本章展示一个综合案例[1],案例中设计有两个原保险合同组,初始确认时一组盈利另一组亏损,同时对这两个原保险合同组安排了一个再保险合同,要求对该分出再保险合同进行初始计量和后续计量。

第一节是案例描述和分析任务,第二节按新准则第87条对分出再保险合同资产三要素(未来现金流量现值、非金融风险调整、合同服务边际)进行计量,第三节根据新准则第86条给出分保摊回未到期责任资产和分保摊回已发生赔款余额调节表,第四节给出分出再保险合同对公司利润表的影响。

第一节　案例描述和分析任务

第1年初,万事达保险公司签发了一个原保险合同组合,同时,瑞丽再保险公司向万事达保险公司签发了这个原保险合同组合的再保险合同,万事达支付固定保费,瑞丽再保险公司承诺将支付对应原保险合同组的每笔赔款的30%。

初始确认时,合同组合内的部分原保险合同是亏损的,于是,万事达建立了一个亏损组,其余的合同(盈利合同)被归入一个盈利组。

(两个)原保险合同组和(一个)再保险合同的保险责任期均为3年,从第1年初开始,到第3年末结束。提供的保险服务和再保险服务的数量在3年内均匀分布。

为简化分析,本案例忽略保险获取现金流量等费用、忽略折现率的影响、非金融风险调整的影响、再保险公司的不履约风险等,可视为,保险获取现金流量等费用=折现率=非金融风险调整=再保险公司的不履约风险=0。

一、原保险合同组合的基本状况和初始计量

本案例假定:

(1)保险期限结束前任何合同都不会失效;

(2)除第2年末对未来履约现金流量的估计发生一些变化外,对未来的估计没有其他变化;

---

[1]　该案例来自 Amendments to IFRS17(2020年6月)中的 Illustrative examples 中的 Example 12C,有重大改动。

万事达保险公司预计:

(1)将在(两个)原保险合同组初始确认后立即收到保费1110元;

(2)针对(两个)原保险合同组的索赔在3年保险责任期内均匀发生,而且事故一发生就立即支付赔款。

(3)忽略折现率的影响,未来现金流出合计900元;

(4)提供的保险服务的数量在3年内均匀分布,索赔在3年保险责任期内均匀发生,就意味着,(两个)原保险合同组未来3年内每年赔款300元。

万事达对(两个)原保险合同组进行了初始计量,计量结果如表10-1所示:

表 10-1　原保险合同组的初始计量　　　　　　　　　　单位:元

	盈利合同组	亏损合同组	总计
未来现金流入现值	(900)	(210)	1110
未来现金流出现值	600	300	900
履约现金流量	(300)	90	(210)
合同服务边际	300	—	300
保险合同负债	—	90	90
初始确认的亏损	—	(90)	(90)

二、分出再保险合同组的基本状况

针对上述两个原保险合同组,万事达与瑞丽再保险公司签订了一个再保险合同,建立了一个分出再保险合同组(其实仅包含一个再保险合同)。

再保险合同组初始确认后,万事达立即向瑞丽再保险公司支付了315元分出保费,并且,

(1)预期未来自己赔付客户的当日就会收到瑞丽的摊回赔付,摊回赔付额是万事达赔付额的30%。

(2)采用与原保险合同组计量同样的假设来估计分出再保险合同的未来现金流量现值,估计的未来现金流入现值为270(=900×30%)元,即,初始计量时,这个分出再保险合同的摊回赔付现值为270元。

(3)忽略折现率的影响,考虑到索赔均匀分布,预期未来每年摊回赔付均为90元。

三、第2年末的预期改变

第2年末,万事达发现第3年的保单运行将与初始计量时的预期不一致:

(1)对于原保险合同而言:第2年末,万事达改变了对原保险合同组的未来履约现金流量的预期,预计未来(第3年)现金流出会从300元增加至330元,导致未来履约现金流量增加10%。

(2)对分出再保险合同而言:万事达预计,受原保险合同组预期变化的影响,分出再

保险合同组的履约现金流量数额①也会增加,未来(第 3 年)现金流入会从 90 元增加至 99 元。

读者要注意,对万事达来说,原保险合同组变化的是未来现金流出(导致履约现金流量增加),分出再保险合同组变化的是未来现金流入(导致履约现金流量数额增加),前者会使万事达盈利下降(或亏损增加),后者却会使万事达盈利增加(或亏损下降)。这正是再保险的风险管理功能的体现。

四、分析任务

请帮助万事达保险公司计量上述分出再保险合同,任务包括:

(1)按新准则第 87 条计量分出再保险合同资产及其三要素结构;

(2)按新准则第 86 条给出分保摊回未到期责任资产和分保摊回已发生赔款余额调节表,中间会反映"分出保费的分摊"和"当期摊回保险服务费用",进而有利于衡量分出再保险合同对公司利润表的影响;

(3)给出分出再保险合同对公司利润表的影响。

第二节　案例分析:分出再保险合同资产计量(按第 87 条)

根据新准则第 87 条(或 IFRS 第 101 条),企业应当在附注中披露分出再保险合同的履约现金流量余额调节表和合同服务边际余额调节表。

本节不会给出详细的余额调节表,但会给出初始计量和每年末的分出再保险合同资产计量结果,包括履约现金流量和合同服务边际,并通过计量结果表后的解释,阐述履约现金流量和合同服务边际是如何从期初账面价值变动到期末账面价值的。

一、分出再保险合同组的初始计量

如第一节所述,尽管原保险合同被分为盈利组和亏损组,但安排分出再保险时,是用一张再保险保单分保了上述两个原保险合同组。表 10-2 是分出再保险合同的初始计量结果(初始确认时点是在支付分出保费 315 元前)和支付分出保费 315 元后的计量结果。

表 10-2　分出再保险合同组的初始计量　　　　　　　　　　单位:元

初始计量参数	初始计量结果	支付分出保费 315 元后的计量结果
估计的未来现金流入现值(摊回赔付)	(270)	(270)
估计的未来现金流出现值(分出保费)	315	—
估计的未来现金流量现值	45	(270)

---

① 这里用的是"履约现金流量数额",而不是"履约现金流量",是为了避免正负号的影响。因为,原保险合同组的履约现金流量和分出再保险合同组的履约现金流量,两者的变动方向通常正好相反。

（续表）

初始计量参数	初始计量结果	支付分出保费315元后的计量结果
非金融风险调整	—	—
履约现金流量	45	(270)
合同服务边际(采用亏损摊回部分对其调整之前)	(45)	(45)
亏损摊回部分	(27)	(27)
合同服务边际(采用亏损摊回部分对其调整之后)	(72)	(72)
初始确认的再保险合同资产	(27)	(342)
初始确认的收入:摊回保险服务费用:亏损摊回部分的确认	27	—

解释:

(1)如果原保险合同组不亏损,则该分出再保险合同的合同服务边际为－45元,或净成本45元。(如第八章所述,与原保险合同组计量不同的是,分出再保险合同组初始计量的合同服务边际可以是负值。)

(2)原保险合同组合中有亏损组且初始确认亏损90元,则,根据新准则第67条,分出再保险合同组应当计算由此增加的"分保摊回未到期责任资产亏损摊回部分",亏损摊回部分的金额＝原保险合同组的亏损×摊回赔付比例,并且,企业应当按照亏损摊回部分的金额调整分出再保险合同的合同服务边际,同时确认为摊回保险服务费用,计入当期损益。在这里,亏损摊回部分为27(＝90×30%)元,由此:

①合同服务边际调整为－72(＝－45－27)元。

②合同服务边际调整带动分出再保险合同资产等额调整,初始确认的再保险合同资产变为－27元。如上一章所述,在分出保费支付前,无论分出再保险合同是净成本还是净利得,再保险合同资产均为零,因此,增加分保摊回未到期责任资产亏损摊回部分－27元后,初始确认的再保险合同资产变为－27元。当然,也可按照履约现金流量与合同服务边际之和来计算再保险合同资产,－27＝45－72。

③按表9-2,将亏损摊回部分27元确认为摊回保险服务费用,这会部分抵消原保险合同组的亏损,因此被归类为收入(Income)。

(3)支付分出保费315元后,初始确认的再保险资产变为－342(＝－27－315)元。

(4)表10-2给出了初始计量的分出再保险资产及其内部结构:分出再保险资产＝履约现金流量＋合同服务边际,在这里,－27＝45＋(－72);－342＝－270＋(－72)。本例中,非金融风险调整＝0。

(5)需要再次特别说明的是:本书表格中,现金流出是正数,现金流入是负数,于是,保险负债通常是正数(不带括号),分出再保险资产通常是负数(带括号),由于保险负债是总额列报,两者抵消后,才是保险公司的实际负债。因此,为了表述清晰和方便,本书有时将资产直接用负数表示,尤其是按新准则第87条讨论分出再保险资产结构及其变化时。

二、第1年末的再保险资产计量

第1年末时,对原保险合同负债和再保险合同资产的计量结果如表10-3。

表10-3 再保险合同资产的后续计量(第1年末)　　　　　　　单位:元

	保险合同负债		再保险合同资产
	盈利合同组	亏损合同组	
未来现金流入现值	—	—	(180)
未来现金流出现值	400	200	—
履约现金流量	400	200	(180)
合同服务边际	200	—	(42)
保险合同负债	600	200	
再保险合同资产			(222)

解释:

(1)盈利合同组和亏损合同组的未来现金流出、分出再保险合同组的未来现金流入:如案例介绍所述,提供的保险服务和再保险服务的数量在3年内均匀分布,因此,上述三个数据在3年保险责任期内都是均匀变动或均匀释放的,盈利组(亏损组)的未来现金流出现值从期初的600元(300元)均匀释放200元(100元)后,余额为400元(200元);分出再保险合同未来现金流入现值从期初的270元均匀释放90元后,余额为180元;

(2)盈利合同组和亏损合同组的合同服务边际:对原保险合同组而言,期末合同服务边际=期初合同服务边际+组合新增合同的影响+当期利息+吸收的履约现金流量变动-当期摊销,提供的保险服务的数量在3年内均匀分布,意味着合同服务边际在3年内均匀释放。于是,盈利合同组的合同服务边际=300+0+0+0-300/3=200元,亏损合同组合同服务边际仍为零。

(3)分出再保险合同的期末合同服务边际-42元:

①亏损摊回部分的转回:初始计量时,出现了"与分出再保险合同组的履约现金流量变动无关的亏损摊回部分"27元,按表9-2,这27元会在后面3年内逐期转回,考虑到保险服务和再保险服务的数量在3年内均匀分布,第1、2、3年都会产生"与分出再保险合同组的履约现金流量变动无关的亏损摊回部分的转回"9(=27/3)元。

②期末待摊合同服务边际的核算:在没有新增合同、不考虑折现率、没有与未来相关的履约现金流量变动、不考虑汇兑差额的情况下,期末待摊合同服务边际=期初合同服务边际±组内新增合同的影响额-合同服务边际当期利息增值额-(按第67条第一款计算的新增分保摊回未到期责任资产亏损摊回部分的金额-与分出再保险合同组的履约现金流量变动无关的亏损摊回部分的转回)±(与未来服务相关的履约现金流量变动

额一分摊至对应的保险合同组且不调整其合同服务边际的履约现金流量变动而导致的变动额)±合同服务边际的汇兑差额＝－72±0－0－(0－9)±(0－0)±0＝－63(元)。

③当年合同服务边际摊销额＝－63/3＝－21(元)。

④第1年末的合同服务边际余额＝期末待摊合同服务边际－当年合同服务边际摊销额＝－63－(－21)＝－42(元)。

(4)表10－3最后一列给出了第1年末的分出再保险资产及其内部结构：分出再保险资产＝履约现金流量＋合同服务边际，在这里，－222＝－180－42。

三、第2年末的再保险资产计量

第2年末时，如案例描述，万事达改变了对原保险合同组的未来履约现金流量的预期，预计未来现金流出会从300元增加至330元，导致未来履约现金流量增加10％。由此，万事达预计，分出再保险合同组的履约现金流量数额也会增加，未来现金流入会从90元增加至99元。

在上述预期下，万事达对原保险合同负债和再保险合同资产计量如表10－4所示。

表10－4　再保险合同组的后续计量(第2年末)　　　　　单位：元

	保险合同负债		再保险合同资产
	盈利合同组	亏损合同组	
未来现金流入现值	—	—	(99)
未来现金流出现值	220	110	—
履约现金流量	220	110	(99)
合同服务边际	90	—	(13)
保险合同负债	310	110	
再保险合同资产			(112)
利润表：确认亏损、亏损摊回		(10) 确认亏损	3 确认亏损摊回

解释：

(1)盈利合同组、亏损合同组的未来现金流出：提供的保险服务的数量在3年内均匀分布时，盈利合同组和亏损合同组的未来现金流出本来分别是200、100元，第2年末预期未来现金流出增加10％后，两者分别变为220、110元，合计330元。

(2)同理，分出再保险合同的未来现金流入本来是90元，增加10％后，变为99元。

(3)盈利合同组的期末合同服务边际：第1年末的合同服务边际为200，第2年末的与未来服务相关的履约现金流量增加20元，应该被合同服务边际吸收，于是，第2年末的调整后的待摊合同服务边际余额为180(＝200－20)元，将其在第2、3年之间进行分摊，第2年的合同服务边际摊销额为90(＝180÷2)元，期末余额＝待摊余额－当年摊销额＝180－90＝90(元)。

(4)亏损合同组的期末合同服务边际和确认亏损:与未来服务相关的履约现金流量增加 10 元,导致合同组亏损增加 10 元,期末合同服务边际仍为零,将新增亏损计入当期损益。

(5)分出再保险合同组的期末合同服务边际:第 2 年的期初合同服务边际为(第 1 年末的)－42 元,其他因素不变,第 2 年末只需根据亏损摊回的转回、与未来服务相关的履约现金流量变动、当期合同服务边际摊销进行调整,具体而言,

①与第 1 年类似,第 2 年的"与分出再保险合同组的履约现金流量变动无关的亏损摊回部分"转回 9(＝27/3)元,第 2 年末余额为 9(＝27－9－9)元。

②第 2 年末的与未来服务相关的履约现金流量数额增加 9 元,本来可以直接被合同服务边际全部吸收(或调整合同服务边际 9 元),但是,其中有 3 元是由亏损合同组的履约现金流量增加 10 元所导致的,属于新准则第 68 条所说的"分摊至对应的保险合同组且不调整其合同服务边际的履约现金流量变动而导致的变动",不应据此调整合同服务边际。因此,与未来服务相关的履约现金流量变动导致的合同服务边际调整额为 6(＝9－3)元。

③期末待摊合同服务边际＝－42＋9＋6＝－27(元)。

④期末待摊合同服务边际在第 2、3 年之间进行分摊,第 2 年的合同服务边际摊销额＝－27/2＝－14(元)。

⑤期末合同服务边际＝期末待摊合同服务边际－当年摊销额＝－27－(－14)＝－13(元)。

(6)表 10‐4 最后一列给出了第 2 年末的分出再保险资产及其内部结构:分出再保险资产＝履约现金流量＋合同服务边际,在这里,－112＝－99－13。

(7)分出再保险资产中增加亏损摊回 3 元、利润表确认亏损摊回 3 元:

①如(5)中所述,第 2 年亏损原保险合同增加亏损 10 元,分出再保险合同组的与未来服务有关的履约现金流量中,产生"分摊至对应的保险合同组且不调整其合同服务边际的履约现金流量变动而导致的变动"3(＝10×30%)元;

②根据新准则,或按表 9‐2,这 3 元不调整合同服务边际,计入分出再保险资产中的亏损摊回部分。同时,要在利润表中确认摊回保险服务费用,体现为"亏损摊回部分的确认"3 元(这是公司在第 2 年末对第 3 年"预期亏损摊回"的一次性确认,要在第 3 年通过"亏损摊回的转回"来抵消)。

③由此,第 2 年末时,分出再保险资产中的亏损摊回部分变为 12(＝9＋3)元,其中,9元属于"与履约现金流量变动无关的亏损摊回",在合同服务边际中;3 元属于"与履约现金流量变动有关的亏损摊回",不在合同服务边际中(在履约现金流量中)。

四、第 3 年末的再保险资产

第 3 年末时,原保险合同和分出再保险合同都到期了,案例描述中假定不存在理赔延迟的情况,因此,保险合同负债＝分出再保险资产＝0。

1. 原保险合同负债的当期变动

(1)盈利合同组的保险合同负债从年初的 310 元全部释放,期初履约现金流量 220

元全部赔付给客户,期初合同服务边际90元没有当期调整且全部摊销完毕。

(2)亏损合同组的期初保险合同负债110元全部释放,全部赔付给客户。

2.分出再保险资产的当期变动

分出再保险资产从年初的－112元全部释放,其中,

(1)履约现金流量的当期变动:

1期初履约现金流量－99元全部摊回赔付,期末归零。

2需要注意的是,期初履约现金流量数额99元中,包含与履约现金流量变动有关的亏损摊回部分3元。

(2)合同服务边际的当期变动:

①期末待摊合同服务边际=期初合同服务边际±组内新增合同的影响额－合同服务边际当期利息增值额－(按第67条第一款计算的新增分保摊回未到期责任资产亏损摊回部分的金额－与分出再保险合同组的履约现金流量变动无关的亏损摊回部分的转回)±(与未来服务相关的履约现金流量变动额－分摊至对应的保险合同组且不调整其合同服务边际的履约现金流量变动而导致的变动额)±合同服务边际的汇兑差额=－13±0－0－(0－9)±(0－0)±0=－4(元)。

②对合同服务边际调整的解释:如前所述,虽然第3年期初的"亏损摊回部分"为12元,但是,其中的与未来履约现金流量无关的亏损摊回部分为9元,剩余3元是与未来履约现金流量有关的亏损摊回部分,合同服务边际会随前者调整,但不会随后者调整。

③当期合同服务边际全部摊销完毕,合同服务边际摊销额=期末待摊合同服务边际=－4元。

第三节　案例分析:分出再保险合同资产余额调节表(按第86条)

根据新准则86条,企业应当在附注中就签发的分出再保险合同,披露分保摊回未到期责任资产和分保摊回已发生赔款资产余额调节表,以反映与保险合同账面价值变动有关的下列信息:

①分出再保险合同资产的期初和期末余额及净额调节情况;

②分保摊回未到期责任资产当期变动情况,亏损摊回部分应单独披露;

③分保摊回已发生赔款资产当期变动情况;

④当期分出保费的分摊;

⑤当期摊回保险服务费用,包括摊回当期发生赔款及其他相关费用、亏损摊回部分的确认和转回、分保摊回已发生赔款资产相关履约现金流量变动;

⑥与当期保险服务无关但影响保险合同账面价值的金额,包括当期现金流量、再保险分入人不履约风险变动额等,当期现金流量应分别披露支付分出保费、收到摊回赔款及其相关费用。

一、第 1 年的分出再保险资产余额调节表

表 10 - 5　第 1 年的分保摊回未到期责任资产和分保摊回已发生
赔款资产余额调节表

单位:元

	分保摊回未到期责任资产		分保摊回已发生赔款资产	再保险合同资产
	其他部分	亏损摊回部分		
期初余额	—	(27)	—	(27)
现金流量:支付分出保费	(315)	—	—	(315)
当期分出保费的分摊	111	—	—	111
摊回当期发生赔款	—	—	(90)	(90)
亏损摊回部分的转回	—	9	—	9
现金流量:收到摊回赔款	—	—	90	90
期末余额	(204)	(18)	—	(222)

解释:

(1)分保摊回未到期责任资产分为亏损摊回部分和其他部分:如前所述,初始计量(未支付分保保费)时,分保摊回未到期责任资产为 27 元,全部为亏损摊回部分。支付分出保费后,分保摊回未到期责任资产其他部分的金额变为 315 元,分出再保险资产总额变为 342(=27+315)元。

(2)亏损摊回部分的转回 9 元:如上一节所述,初始计量时产生的 27 元亏损摊回会在后面 3 年内逐期转回,考虑到保险服务和再保险服务的数量在 3 年内均匀分布,第 1、2、3 年都会产生"与分出再保险合同组的履约现金流量变动无关的亏损摊回部分的转回"9(=27/3)元。第 1 年末,分保摊回未到期责任资产中的亏损摊回部分的余额为 18(=27-9)元。

(3)当期分出保费的分摊 111 元:

①第一种算法:如第九章所述,不考虑分保费用,分出保费的分摊=期初预计的当期摊回赔款及其他相关费用+当期非金融风险调整释放额+当期合同服务边际摊销额=90+0+21=111(元)。

②第二种算法:鉴于第二节已经给出了分保摊回未到期责任资产的期初余额 342 元和期末余额 222 元,而且本期没有与提供保险服务无关的现金流入和流出,因此,分出保费的分摊=与当期取得分入人提供保险合同服务相关的分保摊回未到期责任资产账面价值减少额=(342-222)-(27-18)=111(元)。如第九章第二节所述,核算分出保费的分摊时,若直接计算"与当期取得分入人提供保险合同服务相关的分保摊回未到期责任资产账面价值减少额",应该将"当期分保摊回未到期责任资产亏损摊回部分的减少额"(这里是"27-18")排除在外。

(4)当期摊回保险服务费用=摊回当期发生赔款及其他相关费用+(当期确认的亏

损摊回部分－亏损摊回部分的转回）＋分保摊回已发生赔款资产相关履约现金流量变动额＝90＋（27－9）＋0＝108（元）。

（5）再保险合同资产在第 1 年发生的变动（最后一列）：期初余额为 27 元；支付分出保费后增加 315 元；因提供保险合同服务释放"分出保费的分摊"111 元；因发生保险事故计提"分保摊回已发生赔款资产"而增加 90 元，分入人很快赔款后 90 元资产就释放了；因"亏损摊回部分的转回"而减少 9 元；期末余额为 222 元。

（6）期末再保险合同资产的结构：分出再保险资产＝分保摊回未到期责任资产＋分保摊回已发生赔款资产＝（分保摊回未到期责任资产中的其他部分＋分保摊回未到期责任资产中的亏损摊回部分）＋分保摊回已发生赔款资产，在这里，222＝（204＋18）＋0。

二、第 2 年的分出再保险资产余额调节表

表 10‑6　第 2 年的分保摊回未到期责任资产和分保摊回已发生赔款资产

余额调节表　　　　　　　　　　　　　　　　　　　　　　　单位：元

	分保摊回未到期责任资产		分保摊回已发生赔款资产	再保险合同资产
	其他部分	亏损摊回部分		
期初余额	（204）	（18）	—	（222）
当期分出保费的分摊	104	—	—	104
摊回当期发生赔款	—	—	（90）	（90）
亏损摊回部分的转回	—	9	—	9
亏损摊回部分的增加	—	（3）	—	（3）
现金流量：收到摊回赔款	—	—	90	90
期末余额	（100）	（12）	—	（112）

解释：

（1）亏损摊回部分的当期变动：

①如第二节所述，本来是按照正常节奏转回 9 元，但由于第 2 年底预期改变，原保险合同组的亏损增加了 10 元，于是，亏损摊回部分增加 3（＝10×30%）元。第 2 年末的亏损摊回部分余额为 12 元。

②需要强调的是，如第二节所述，期末余额 12 元中，包括与未来履约现金流量无关的亏损摊回 9 元，与未来履约现金流量有关的亏损摊回 3 元。

（2）当期分出保费的分摊 104 元：

①第一种算法：如第九章所述，不考虑分保费用，分出保费的分摊＝期初预计的当期摊回赔款及其他相关费用＋当期非金融风险调整释放＋当期合同服务边际摊销＝90＋0＋14＝104 元。

②第二种算法：鉴于第二节已经给出了分保摊回未到期责任资产的期初余额 222 元

和期末余额112元,而且本期没有与提供保险服务无关的现金流入和流出,因此,分出保费的分摊=与当期取得分入人提供保险合同服务相关的分保摊回未到期责任资产账面价值减少额=(222-112)-(18-12)=104(元)。如第九章第二节所述,核算分出保费的分摊时,若直接计算"与当期取得分入人提供保险合同服务相关的分保摊回未到期责任资产账面价值减少额",应该将"当期分保摊回未到期责任资产亏损摊回部分的减少额"(这里是"18-12")排除在外。

(3)当期摊回保险服务费用=摊回当期发生赔款及其他相关费用+(当期确认的亏损摊回部分-亏损摊回部分的转回)+分保摊回已发生赔款资产相关履约现金流量变动=90+(3-9)+0=84(元)。

(4)再保险合同资产在第2年发生的变动(最后一列):期初余额222元;提供当期保险合同服务释放"当期分出保费的分摊"104元;因发生保险事故计提"分保摊回已发生赔款资产"而增加90元,分入人很快赔款后90元资产就释放了;因亏损摊回部分的转回而减少9元,因亏损摊回部分的增加而增加3元;期末余额112元。

(5)期末再保险合同资产的结构:分出再保险资产=分保摊回未到期责任资产+分保摊回已发生赔款资产=(分保摊回未到期责任资产中的其他部分+分保摊回未到期责任资产中的亏损摊回部分)+分保摊回已发生赔款资产,在这里,112=(100+12)+0。

三、第3年的分出再保险资产余额调节表

表10-7 第3年的分保摊回未到期责任资产和分保摊回已发生赔款资产

余额调节表

单位:元

	分保摊回未到期责任资产		分保摊回已发生赔款资产	再保险合同资产
	其他部分	亏损摊回部分		
期初余额	(100)	(12)	—	(112)
当期分出保费的分摊	100	—		100
摊回当期发生赔款			(99)	(99)
亏损摊回部分的转回		12		12
亏损摊回部分的增加				—
现金流量:收到摊回赔款			99	99
期末余额	—			

解释:

(1)亏损摊回部分的转回12元:因为原保险合同组责任期结束了,因此,亏损摊回部分的期初余额12在本期全部转回。

(2)当期分出保费的分摊100元:

①第一种算法:如第九章所述,不考虑分保费用,分出保费的分摊=期初预计的当期

摊回赔款及其他相关费用＋当期非金融风险调整释放＋当期合同服务边际摊销＝（99－3）＋0＋4＝100元。如第九章第二节所述，核算分出保费的分摊时，若计算"期初预计的当期摊回赔款及其他相关费用＋当期非金融风险调整释放＋当期合同服务边际摊销"，应该将三项中包含的"亏损摊回部分的转回"排除在外。在这里，如本章第二节所述，第3年的期初履约现金流量99元中，包括亏损摊回3元，本期全部转回。①

②第二种算法：鉴于第二节已经给出了分保摊回未到期责任资产的期初余额112元和期末余额0元，而且本期没有与提供保险服务无关的现金流入和流出，因此，分出保费的分摊＝与当期取得分入人提供保险合同服务相关的分保摊回未到期责任资产账面价值减少额＝（112－0）－（12－0）＝100（元）。如第九章第二节所述，核算分出保费的分摊时，若直接计算"与当期取得分入人提供保险合同服务相关的分保摊回未到期责任资产账面价值减少额"，应该将"当期分保摊回未到期责任资产亏损摊回部分的减少额"（这里是"12－0"）排除在外。

（3）摊回当期发生赔款99元：如前所述，第2年末，万事达改变了对原保险合同组的未来履约现金流量的预期，预计未来现金流出会从300元增加至330元，导致未来履约现金流量增加10％。由此，万事达预计，分出再保险合同组的履约现金流量也会增加，未来现金流入会从90元增加至99元。第3年的实际摊回赔付确实是99元。

（4）当期摊回保险服务费用＝摊回当期发生赔款及其他相关费用＋（当期确认的亏损摊回部分－亏损摊回部分的转回）＋分保摊回已发生赔款资产相关履约现金流量变动＝99＋（0－12）＋0＝87（元）。

（5）再保险合同资产在第3年发生的变动（最后一列）：期初余额112元；提供当期保险合同服务释放"当期分出保费的分摊"100元；因发生保险事故计提"分保摊回已发生赔款资产"而增加99元，分入人很快赔款后99元资产就释放了；因亏损摊回部分的转回而减少12元；期末余额为0。

第四节 案例分析：分出再保险合同的损益确认

本节展示案例中原保险合同组合和分出再保险合同组的损益确认情况。

由于本案例忽略折现率的影响，原保险合同组合和分出再保险合同组不产生承保保险财务损益和分出再保险财务损益，因此，下面的展示不考虑投资业绩，仅展示保险服务业绩和分出再保险服务业绩。如表10－8所示。

---

① 读者可能会疑惑的是，本期还有9元亏损摊回的转回，为何不在这里扣除？答案是：这9元亏损摊回的转回在合同服务边际调整时已经被扣除掉了。

表 10-8 展示在利润表中的保险服务业绩(含分出再保险业绩)　　　单位:元

	第1年	第2年	第3年	总计
保险服务收入	370	360	380	1110
保险服务费用	(360)	(280)	(290)	(930)
保险服务业绩	10	80	90	180
分出保费的分摊	(111)	(104)	(100)	(315)
摊回保险服务费用	108	84	87	279
分出再保险服务业绩	(3)	(20)	(13)	(36)
总保险服务业绩	7	60	77	144

注:保险服务业绩=保险服务收入-保险服务费用

　　分出再保险服务业绩=摊回保险服务费用-分出保费的分摊

　　总保险服务业绩=保险服务业绩+分出再保险服务业绩

　　表 10-8 中保险服务业绩的核算可参看表 10-9。表 10-9 中的相关数据均来自第一、二、三节。

表 10-9 保险服务业绩的核算　　　单位:元

	第1年	第2年	第3年	总计
保险服务收入	370	360	380	1110
与未到期责任负债变动相关的保险服务收入	370	360	380	1110
期初预计当期发生的保险服务费用-亏损部分的转回	300-30	300-30	330-40	830
非金融风险调整的变动	—	—	—	—
合同服务边际的摊销	100	90	90	280
其他金额				
保险获取现金流量的摊销	—	—	—	—
保险服务费用	(360)	(280)	(290)	(930)
当期发生赔款及其他相关费用	(300)	(300)	(330)	(930)
保险获取现金流量的摊销				
亏损部分的确认及转回	(90-30)	(10-30)	(0-40)	(0)
已发生赔款负债相关履约现金流量的变动	—	—	—	—
保险服务业绩	10	80	90	180

解释:

(1)原保险合同组合没有投资成分,且保险负债计量不考虑计息增值,因此,3 年保险服务收入之和,正好等于原保险保费收入 1110 元。

(2)不考虑未到期责任负债中亏损部分的计息增值,亏损部分的确认之和 100(=

90+10)元,正好等于亏损部分的转回之和 100(＝30＋30＋40)元 。

表 10‐8 中分出再保险服务业绩的核算可参看表 10‐10。表 10‐10 中的相关数据均来自第二、三节。

表 10‐10 分出再保险服务业绩的核算　　　　　　　单位:元

	第 1 年	第 2 年	第 3 年	总计
分出保费的分摊	(111)	(104)	(100)	(315)
期初预计的当期摊回赔款及其他相关费用	(90)	90	(99-3)	(276)
当期非金融风险调整释放	—	—	—	—
当期合同服务边际摊销	(21)	(14)	(4)	(39)
摊回保险服务费用	108	84	87	279
摊回当期发生赔款及其他相关费用	90	90	99	279
当期确认的亏损摊回部分－亏损摊回部分的转回	27-9	3-9	0-12	(0)
分保摊回已发生赔款资产相关履约现金流变动	—	—	—	—
分出再保险服务业绩	(3)	(20)	(13)	(36)

解释:

(1)分出再原保险合同没有投资成分,且分出再保险资产计量不考虑计息增值,因此,3 年的分出保费的分摊之和,正好等于分出保费 315 元。

(2)不考虑分保摊回未到期责任资产中亏损摊回部分的计息增值,各期确认的亏损摊回部分之和 30(＝27＋3)元,正好等于亏损摊回部分的转回之和 30(＝9＋9＋12)元 。

(3)在各种简化条件下,摊回保险服务费用正好等于各期摊回赔款之和,即,279＝90＋90＋99。

(4)在各种简化条件下,分出再保险服务业绩正好等于摊回赔款总额与分出保费之差,即,－36＝279－315。

第 五 部 分

新财务报告及其财务分析方法

第十一章　资产负债表和利润表的列示和披露

前面各章讨论的各种保险合同和分出再保险合同的计量方法和计量结果,最终都会体现在保险公司的资产负债表和利润表中,并形成保险公司的财务报告。

本章第一、二节讨论在资产负债表和利润表中如何列示与保险合同和分出再保险合同相关的科目,第三节讨论资产负债表和利润表的相关科目的附注或披露,第四节讨论保险公司财务报告的其他信息披露。

第一节　资产负债表的列示

不考虑与保险合同计量无关的科目,如资产表中的各种投资资产,在建工程、固定资产等,负债表中的各种与保险合同无关的短期或长期借款(如卖出回购金融资产款、应付债券等),仅考虑与保险合同计量相关的科目,新、老准则下的资产负债表大致如表11-1所示。

表 11-1　新、老准则下的资产负债表差异(忽略与保险合同计量无关的科目)

新准则下的资产负债表	
资产:	负债:
保险合同资产	保险合同负债
分出再保险合同资产	分出再保险合同负债
老准则下的资产负债表	
资产:	负债:
应收保费	预收保费
应收分保账款	应付手续费及佣金
应收分保未到期责任准备金	应付分保账款
应收分保未决赔款准备金	应付赔付款
应收分保寿险责任准备金	保户储金及投资款
应收分保长期健康险责任准备金	未到期责任准备金
独立账户资产	未决赔款准备金
	寿险责任准备金
	长期健康险责任准备金
	独立账户负债

从表 11-1 可以看出，与老准则下的资产负债表相比，新准则下的资产负债表主要发生了三个变化：一是保险合同负债和分出再保险合同资产不再详细列报，二是出现了保险合同资产和分出再保险合同负债，三是科目大幅减少，下面分别讨论。

一、变化 1：保险合同负债和分出再保险合同资产不再详细列报

老准则下：①保险合同负债分为保户储金及投资款、未到期责任准备金、未决赔款准备金、寿险责任准备金、长期健康险责任准备金和独立账户负债，且在负债表中分别列示。②分出再保险合同资产分为应收分保未到期责任准备金、应收分保未决赔款准备金、应收分保寿险责任准备金和应收分保长期健康险责任准备金，且在资产表中分别列示。

新准则下：①保险合同负债分为未到期责任负债和已发生赔款负债，但在负债表中总额列示，即只列示保险合同负债总额。②分出再保险合同资产分为分保摊回未到期责任资产和分保摊回已发生赔款资产，但在资产表中总额列示，即只列示分出再保险合同资产总额。

二、变化 2：新出现了保险合同资产和分出再保险合同负债

新准则第 84 条说："企业签发的保险合同组合账面价值为借方余额的，列示为保险合同资产；分出再保险合同组合账面价值为贷方余额的，列示为分出再保险合同负债。"

也就是说，保险公司签发的保险合同组合，通常会使保险公司的负债增加，其账面价值为贷方余额，列示为保险合同负债。但是，如果保险公司签发的某些保险合同组合，会使保险公司的负债减少，其账面价值为借方余额，就会形成或列示为保险合同资产。

类似地，保险公司的分出再保险合同组合，通常会使保险公司的资产增加，其账面价值为借方余额，列示为分出再保险资产。但是，如果有分出再保险合同组合，会使保险公司的资产减少，其账面价值为贷方余额，就会形成或列示为分出再保险合同负债。

下面以保险合同资产的形成为例来做一案例说明。

1. 老准则下可能出现"负准备金"进而使公司负债减少的情形

其实，在老准则下，对期交保费长期保障性保险或长期保障储蓄性保险而言，即便其剩余边际为正，只要首年保险获取成本超过首年保费，就会出现"负准备金"进而导致公司负债减少的情形。

例如，某终身重疾险保单，客户选择 20 年期交保费，年交保费 1 万元，首年的保单销售和订立费用为 2 万元。假定签单并交纳首期保费后的合理估计负债为 −4 万元，风险边际为 1 万元。则，

(1)该保单的首日利得=(1−2)−(−4+1)=−1−(−3)=2 万元；（被减项(1−2)代表签单首日保险公司到手的钱，减项(−4+1)代表签单首日保险公司欠客户的钱，前者减去后者，就得到首日利得。）

(2)剩余边际=首日利得=2 万元；

(3)首日长期健康险责任准备金=合理估计负债+风险边际+剩余边际=−4+1+2=−1 万元。

这就出现了−1 万元的准备金，估计要到第 3 期保费进来后，该保单的准备金才能转正。

可以想象，如果上述保单采用趸交保费，就不会出现负准备金的情况。

2. 新准则下也会出现保险合同负债为负进而形成保险合同资产的情形

（1）保险合同负债可能为负。

还是上面的案例情形，只是采用新准则下的术语对案例重新描述如下：某终身重疾险合同，20 年期交保费，年交保费 1 万元，保单签发后责任期立即开始，责任期开始的同时，收到首年保费 1 万元，并支出保险获取成本 2 万元。

假定保险公司在同一日签发了 1 万单这样的合同，组成一个合同组合。该合同组合收到首年保费 1 亿元、支出保险获取成本 2 亿元后，公司估计的未来现金流量为净流入 4 亿元，非金融风险调整为 1 亿元。

则，保单签发（但未收到首年保费 1 亿元和支出保险获取成本 2 亿元）时的保险合同负债初始计量结果为：

①合同服务边际＝所有现金净流入现值＝所有现金流入现值－所有现金流出现值＝（1＋4）－（2＋1）＝2（亿元）；（前面括号里的 1 亿元是指首年保费，后面括号里的 1 万元是指非金融风险调整。）

②保险合同负债＝未来现金流量现值（流出现值－流入现值）＋非金融风险调整＋合同服务边际＝（保险获取成本－首年保费－未来净流入现值）＋非金融风险调整＋合同服务边际＝（2－1－4）＋1＋2＝0 亿元；

收到首年保费 1 亿元并支出保险获取成本 2 亿元后，保险合同负债计量结果为：

保险合同负债＝未来现金流量现值＋非金融风险调整＋合同服务边际＝（－4）＋1＋2＝－1 亿元。

这就出现了－1 亿元的保险合同负债。同样地，估计要到第 3 期保费进来后，该保险合同组合的保险合同负债才能转正。

（2）形成保险合同资产。

可见，与老准则下的计量结果类似，新准则下也可能出现保险合同负债计量结果为负的情形，即，保险公司签发的某些保险合同组合，可能会使保险公司的负债减少，其账面价值为借方余额。

老准则下，保险公司可以将新单的负准备金与存量业务的正准备金在资产负债表右边"正负相抵"，除新公司外，很可能会导致报表使用者看不到负准备金的存在。但是，在新准则下，如上所述，如果保险公司签发的某些保险合同组合，会使保险公司的负债减少，其账面价值为借方余额，就要在资产负债表左侧列示为保险合同资产，对报表使用者而言清晰可见。

可以想见，对保险公司而言，直保业务组成的新单保险合同组合，若采取趸交保费方式，该保险合同组合通常会形成保险合同负债；若采用期交保费模式，该保险合同组合可能会形成保险合同负债，也可能会形成保险合同资产，具体结果取决于保费收取模式与赔付、费用支付模式之间的比较，以及盈利能力水平、保险获取现金流量等其他因素（毕马威，2020）。

三、变化 3：科目大幅减少

从表 11-1 可见，新准则下的资产负债表科目大幅缩水，科目大幅减少的原因：一是上面第一点提到的保险合同负债和分出再保险合同资产不再分类详细列报；二是不少科目被合并到了保险合同负债(或资产)和分出再保险合同资产(或负债)中。

例如,应收保费、应付赔付款等不再单独列报,而是体现在保险合同负债(或资产)余额中;应收分保账款、应付分保账款不再单独列报,如果与分出再保险合同有关,体现在分出再保险合同资产(或负债)余额中,如果与分入再保险合同有关,体现在保险合同负债(或资产)余额中;预收保费需判断其是否进入保险合同边界,进入边界则体现在保险合同负债(或资产)余额中,否则仍旧列示为预收保费或者其他合适的会计科目。(冯惠伟,2021)

不过,新准则下资产负债表中的保险合同负债,无论对于何种保险合同(非直接分红保险合同或直接分红保险合同),无论采用何种计量方法(通用模型法浮动收费法或保费分配法),均可分为未到期责任负债和已发生赔款负债,将在附注中详细展示其内部结构和变化过程。类似地,新准则下资产负债表中的分出再保险合同资产,无论对分出再保险合同采用何种计量方法(通用模型法或保费分配法),均可分为分保摊回未到期责任资产和分保摊回已发生赔款资产,将在附注中详细展示其内部结构和变化过程。

第二节 利润表的列示

一、新、老准则下利润表列示的差异

新准则带来的重大变化,绝大多数都会体现在利润表的变化中,因此,与老准则下的利润表相比,新准则下的利润表发生了翻天覆地的变化,如表 11 - 2 所示。

表 11 - 2 新老准则下的利润表差异(忽略非重要科目)

老准则下的利润表		新准则下的利润表	
已赚保费(保险业务收入－分出保费－提取未到期责任准备金)	X	保险服务收入	X
		保险服务费用	(X)
投资收益、资产公允价值变动损益	X	分出保费的分摊	(X)
营业收入	X	摊回保险服务费用	X
退保金、赔付、保单红利	(X)	**保险服务业绩(承保利润)**	X
手续费佣金、业务及管理费	(X)	投资收益、资产公允价值变动损益	X
摊回赔付、摊回分保费用	X	承保财务损益	(X)
提取保险责任准备金	(X)	分出再保险财务损益	X
摊回保险责任准备金	X	**投资业绩(净利息或利差收益)**	X
营业支出	(X)	其他损益、所得税等	(X)
其他损益、所得税等	(X)	**净利润**	X
净利润	X	计入其他综合收益的资产公允价值变动	X 或(X)
计入其他综合收益的资产公允价值变动	X 或(X)		
计入其他综合收益的负债变动(影子会计)	X 或(X)	计入其他综合收益的保险合同负债变动	X 或(X)
综合收益合计	X	**综合收益合计**	X

注:(1)投资收益、资产公允价值变动损益、计入其他综合收益的资产公允价值变动,这三项与投资资

计量有关,与保险合同计量无关。

(2)保险服务业绩=保险服务收入-保险服务费用+摊回保险服务费用-分出保费的分摊

(3)投资业绩=(投资收益+资产公允价值变动损益)-(承保财务损益-分出再保险财务损益)

二、对新利润表主要科目的解释

1.关于保险服务收入和保险服务费用

(1)通用模型法下:如第二章所述,保险服务收入=期初预计的当期会发生的保险服务费用+当期非金融风险调整释放额+当期合同服务边际摊销额+保险获取现金流量摊销额;保险服务费用=当期发生赔款及其他相关费用+保险获取现金流量的摊销+已发生赔款负债相关履约现金流量变动+亏损部分的确认和转回。

(2)采用浮动收费法计量直接分红保险合同时:如第五章所述,直接分红保险合同的保险服务业绩的计算方法与通用模型法下一致,只是因为"以投资为主"和"浮动收费"而具有如下特点:①直接分红保险合同的保险服务费用通常很低,主要包括扣除投资成分后的风险赔付额、其他相关费用和获取现金流量摊销。②直接分红保险合同亏损的可能性很低,因此,其保险服务收入主要包括预期的其他相关费用、合同服务边际摊销和保险获取现金流量摊销,其中,合同服务边际摊销占比很大。③综合来看,直接分红保险合同的保险服务业绩,主要就是合同服务边际摊销。

(3)采用保费分配法简化计量保险合同时:如第七章所述,①企业应当将已收和预计收取的保费,在扣除投资成分并根据准则第54条规定对重大融资成分进行调整后,分摊至当期的金额确认为保险服务收入。当合同组内各合同的责任期限均不超过一年时,可认定该合同组中不存在重大融资成分,直接将已收和预计收取的保费按某种方式在责任期内分摊,就可得到各期间的保险服务收入;②保险服务费用与通用模型法下的核算方法相同。

2.关于分出保费的分摊和摊回保险服务费用

如第九章所述,对分出再保险合同而言,分出保费的分摊=与当期取得分入人提供保险合同服务相关的分保摊回未到期责任资产账面价值减少额=期初预计的当期摊回赔款及其他相关费用+当期非金融风险调整释放额+当期合同服务边际摊销额;摊回保险服务费用=摊回当期发生赔款及其他相关费用+(当期确认的亏损摊回部分-亏损摊回部分的转回)+分保摊回已发生赔款资产相关履约现金流量变动。需要注意的是,分出保费的分摊中不应包含"亏损摊回部分的转回"。

3.关于承保财务损益和分出再保险财务损益

如第二章所述,所谓保险财务损益,是指计入当期及以后期间损益的保险合同金融变动额,包括企业签发的保险合同的承保财务损益和分出再保险合同的分出再保险财务损益。

对原保险合同组而言,如第二章所述,任一会计期内,保险合同金融变动额=保险负债的利息增值+期末折现率变动导致的保险负债变动。保险合同金融变动额会形成承保财务损益。

对分出再保险合同组而言,如第九章所述,任一会计期内,分出再保险合同金融变动额＝分出再保险资产的利息增值＋期末折现率变动导致的分出再保险资产变动。分出再保险合同金融变动额会形成分出再保险财务损益。

关于是否要将保险合同金融变动额（或分出再保险合同金融变动额）全额计入承保财务损益（或分出再保险财务损益），企业可以按照新准则34条进行选择性处理。

4. 关于计入其他综合收益的保险合同负债变动

对于上述的保险合同金融变动额，按照新准则第34条，企业可以在合同组合层面做出会计政策选择：一是将保险合同金融变动额全额计入当期保险财务损益；二是将保险合同金融变动额分解计入当期保险财务损益和其他综合收益，称为其他综合收益选择权。

"计入其他综合收益的保险合同负债变动"，就是指如行使第34条所说的其他综合收益选择权，将保险合同金融变动额分解计入其他综合收益的部分。

三、新准则下利润表的几点变化

相对于老准则，新准则下的利润表主要有如下三点变化：

1. 将保险业务和投资业务分开列示

如表11-2所示，新准则下的利润表中，分别核算了保险服务业绩和投资业绩。保险服务业绩＝保险服务收入－保险服务费用＋摊回保险服务费用－分出保费的分摊；投资业绩＝（投资收益＋资产公允价值变动损益）－（承保财务损益－分出再保险财务损益）。其中，承保财务损益－分出再保险财务损益＝保险财务损益。

保险服务业绩，是在假设保险合同负债和分出再保险资产均会计息增值的条件下，保险公司因提供当期保险服务而实现的当期利润。

投资业绩，是指保险公司所有的资产投资收益扣除保险财务损益后的余额。如果将保险财务损益视为保险负债（扣除分出再保险资产后）的资金成本，就可以将投资业绩视为保险公司的利差收益。

而在老准则下的利润表中，保险服务和投资服务是混在一起核算的，我们无法将其彻底分开，很难核算出保险负债的资金成本和公司的利差收益到底是多少。

2. 收入大幅变化，与其他行业具有了可比性

从保费收入与营业收入的关系看：老准则下，核算营业收入时，对一年期及以下的保险业务，从保费中扣除了提取未到期责任准备金，但却直接将一年期以上保险业务的当期保费收入计入了营业收入。因此，老准则下，一是没有扣除营业收入中的投资成分，二是对一年期以上保险业务的营业收入核算没有贯彻权责发生制。新准则下的营业收入核算中，一是贯彻了权责发生制，即，对于一年期以上保险业务的保费收入，也要根据其保单期限，在考虑利息增值的条件下逐期确认为收入；二是扣除了投资成分。

从投资收益与营业收入的关系看：老准则下，直接将投资收益（＋公允价值变动损益）计入了营业收入，未扣除保险业务的资金成本；新准则下，从投资收益（＋公允价值变动损益）中扣除保险财务损益（可视为保险业务的资金成本）后，得到了投资业绩。

这样，保险公司利润表中，保险公司的营业收入大致等于"保险服务收入＋投资业绩"，其中，经营保险业务带来的保险服务收入与一般企业（如工业企业）的营业收入具有一定的可比性，经营投资业务带来的投资业绩与商业银行业经营存贷款业务的利息净收

入具有一定的可比性。

3. 期末会计估计变更对当期利润的冲击减少

老准则下,在期末评估保险合同准备金时,无论是与保险风险相关的会计估计变更(如死亡率、发病率、退保率等),还是与货币时间价值和金融风险相关的折现率变更,都会影响期末保险合同准备金,进而影响营业支出中的提取保险责任准备金,进而影响公司利润的高低。(尽管不随任何会计估计变更而调整的剩余边际的摊销可能会抵消部分会计估计变更的影响,但任一年的抵消程度应该是有限的。)

但在新准则下,与保险风险相关的会计估计变更(如死亡率、发病率、退保率等)对未来履约现金流量的影响,通常会被合同服务边际吸收,期末保险合同负债不受影响;只有期末折现率的变动会影响保险合同负债金额,进而影响保险财务损益,对利润造成影响。但是,即便是期末折现率变动对利润的影响,保险公司也可以根据新准则第 34 条行使其他综合收益选择权,对其影响力进行削弱或平滑。

因此,在新准则下,会计估计变更对公司利润的冲击很可能变弱了。

第三节 资产负债表和利润表相关项目的披露

新准则要求保险公司财务报告披露三方面的内容:一是资产负债表和利润表相关项目的披露,主要是对报表主要项目(如保险合同负债、分出再保险合同资产、保险服务收入等)列示金额的进一步详细披露;二是与保险合同计量相关的披露,反映公司在保险合同计量中的重大判断及其变化(significant judgements and changes);三是与风险相关的披露,反映保险合同所产生的风险的性质和程度。本节讨论资产负债表和利润表相关项目的披露,第四节讨论其他信息披露。

一、保险合同负债(或分出再保险合同资产)三要素余额调节表(依第 87 条)

1. 准则规定

根据新准则第 87 条(或 IFRS17 第 101 条),对于未采用保费分配法的保险合同,企业应当在附注中,分别就签发的保险合同和分出再保险合同,单独披露履约现金流量余额调节表和合同服务边际余额调节表,以反映与保险合同账面价值变动有关的下列信息:

(1)保险合同负债和保险合同资产(或分出再保险合同资产和分出再保险合同负债)的期初和期末余额以及净额调节情况;

(2)未来现金流量现值当期变动情况;

(3)非金融风险调整当期变动情况:

(4)合同服务边际当期变动情况;

(5)与当期服务相关的变动情况,包括合同服务边际的摊销、非金融风险调整的变动、当期经验调整;

(6)与未来服务相关的变动情况,包括当期初始确认的保险合同影响金额、调整合同服务边际的估计变更、不调整合同服务边际的估计变更;

(7)与过去服务相关的变动情况,包括已发生赔款负债相关履约现金流量变动;

（8）与当期服务无关但影响保险合同账面价值的金额，包括当期现金流量、再保险分入人不履约风险变动额、保险合同金融变动额、其他与保险合同账面价值变动有关的金额。当期现金流量应分别披露收到保费（或支付分出保费）、支付保险获取现金流量、支付赔款及其他相关费用（或收到摊回赔款即其他相关费用）。

2. 具体披露：保险合同负债三要素余额调节表

根据上述要求，任一年度财务报告的附注中，保险公司需要展示保险合同负债的期初和期末余额以及净额调节情况，还需要展示其三要素余额调节表，即未来现金流量现值当期变动情况、非金融风险调整当期变动情况和合同服务边际当期变动情况。

在展示保险合同负债及其三要素的变动情况时，可将影响当期变动的因素分为四类：

（1）与当期服务相关的变化：包括合同服务边际摊销、非金融风险调整释放、当前经验调整。

（2）与未来服务相关的变化：包括当期初始确认的保险合同影响金额、调整合同服务边际的变更、不调整合同服务边际的变更。

（3）与过去服务相关的变化：主要指与已发生赔款负债相关的履约现金流量变动，未到期责任负债的变动基本与此无关。

（4）与当期服务无关但影响保险合同账面价值的金额：包括当期现金流量（收到保费、支付保险获取现金流量、支付赔款及其他相关费用）、保险合同金融变动额、其他与保险合同账面价值变动有关的金额。

保险公司将在附注中展示上述详细信息。在第三、五、六章中，不少案例都展示了上述披露信息。不过，所有案例都存在假设过多或过于简单导致科目不够全面的情形，相对全面和规范的保险合同负债三要素余额调节表披露方式如表 11‑3 所示。

表 11‑3 保险合同负债三要素余额调节表（按 87 条）

	预期的未来现金流量现值	非金融风险调整	合同服务边际	总额或保险合同负债
期初余额				
与当期服务相关的变化： 　合同服务边际摊销 　非金融风险调整释放 　当前经验调整				
与未来服务相关的变化： 　当期初始确认的保险合同影响金额 　调整合同服务边际的变更 　不调整合同服务边际的变更				
与过去服务相关的变化： 　与已发生赔款负债相关的履约现金流量变动				

（续表）

	预期的未来 现金流量现值	非金融风 险调整	合同服 务边际	总额或保险 合同负债
与当期服务无关但影响保险合同账面价值的 金额： 　当期现金流量 　　收到保费 　　支付保险获取现金流量 　　支付赔款（包括投资成分） 　　其他相关费用 　保险合同金融变动额 　其他与保险合同账面价值变动有关的金额				
期末余额				

3. 具体披露：分出再保险资产三要素余额调节表

类似地，任一年度财务报告的附注中，保险公司还需要展示分出再保险资产三要素余额调节表。不过，前面相关章节（第八、九、十章）中没有给出相关示例。相对全面和规范的分出再保险资产三要素余额调节表披露方式大致如表 11 - 4 所示。

表 11 - 4　分出再保险资产三要素余额调节表（按 87 条）

	预期的未来 现金流量现值	非金融 风险调整	合同服 务边际	总额或分出 再保险资产
期初余额				
与当期服务相关的变化： 　合同服务边际摊销 　非金融风险调整释放 　当前经验调整				
与未来服务相关的变化： 　当期初始确认的分出再保险合同影响金额 　调整合同服务边际的变更 　不调整合同服务边际的变更				
与过去服务相关的变化： 　与分保摊回已发生赔款资产相关的履约现 金流量变动				

（续表）

	预期的未来现金流量现值	非金融风险调整	合同服务边际	总额或分出再保险资产
与当期服务无关但影响保险合同账面价值的金额： 　当期现金流量 　　支付分出保费 　　收到分保费用 　　收到摊回赔款 　　其他相关费用 　再保险分入人不履约风险变动额 　分出再保险合同金融变动额 　其他与分出再保险合同账面价值变动有关的金额				
期末余额				

二、未到期责任负债（或分保摊回未到期责任资产）和已发生赔款负债（或分保摊回已发生赔款资产）余额调节表（依第86条）

1. 准则规定

根据新准则第 86 条（或 IFRS17 第 100 条），保险公司需要在附注中分别就签发的保险合同和分出再保险合同，单独披露未到期责任负债（或分保摊回未到期责任资产）和已发生赔款负债（或分保摊回已发生赔款资产）余额调节表，以反映与保险合同账面价值变动有关的下列信息：

（1）保险合同负债和保险合同资产（或分出再保险合同资产或分出再保险合同负债）的期初和期末余额及净额，及净额调节情况；

（2）未到期责任负债（或分保摊回未到期责任资产）当期变动情况，亏损部分（或亏损摊回部分）应单独披露；

（3）已发生赔款负债（或分保摊回已发生赔款资产）当期变动情况，采用保费分配法的保险合同应分别披露未来现金流量现值和非金融风险调整；

（4）当期保险服务收入；

（5）当期保险服务费用，包括当期发生赔款及其他相关费用、保险获取现金流量的摊销、亏损部分的确认及转回、已发生赔款负债相关履约现金流的变动；

（6）当期分出保费的分摊；

（7）当期摊回保险服务费用，包括摊回当期发生赔款及其他相关费用、亏损摊回部分的确认及转回、和分保摊回已发生赔款资产相关履约现金流量变动；

（8）不计入当期损益的投资成分，保费返还可在此项合并披露；

（9）与当期服务无关但影响保险合同账面价值的金额，包括当期现金流量、再保险分入人不履约风险变动额、保险合同金融变动额、其他与保险合同账面价值变动有关的金额。当期现金流量应分别披露收到保费(或支付分出保费)、支付保险获取现金流量、支付赔款及其他相关费用(或收到摊回赔款及其他相关费用)。

2. 具体披露:未到期责任负债和已发生赔款负债余额调节表

按照上述要求,任一年度的财务报告中,保险公司需要在附注中展示保险合同负债的期初和期末余额以及净额调节情况,包括未到期责任负债和已发生赔款负债的当期变动情况。

在第四、六章中,不少案例都展示了上述披露信息,不过,所有案例都存在假设过多或过于简单导致科目不够全面的情况,相对全面和规范的保险合同负债余额调节表披露方式如表 11-5 所示。

表 11-5 未到期责任负债和已发生赔款负债余额调节表(按 86 条)

	未到期责任负债		已发生赔款负债	总额或保险合同负债
	其他部分	亏损部分		
期初余额				
保险服务收入				
保险服务费用:				
当期发生赔款及其他相关费用				
保险获取现金流量的摊销				
亏损部分的确认及转回				
已发生赔款负债相关履约现金流的变动				
不计入当期损益的投资成分				
与当期服务无关但影响保险合同账面价值的金额:				
当期现金流量				
收到保费				
支付保险获取现金流量				
支付赔款(包括投资成分)				
其他相关费用				
保险合同金融变动额				
其他与保险合同账面价值变动有关的金额				
期末余额				

从表 11-5 可以看出:

(1)未到期责任负债分为"亏损部分"和"其他部分",满足新准则"亏损部分应单独披露"的要求。(如第四、六章所述,当履约现金流量大幅增长,吃掉合同服务边际余额后,就会通过计入损益的方式由股东出资形成未到期责任负债的"亏损部分"。)

(2)保险服务费用的构成和核算,就展示在未到期责任负债和已发生赔款负债余额调节表了;但保险服务收入的核算会在该表之外披露,如下面的第三部分所述。

（3）从该表可以看到"不计入损益的投资成分"有多少，即保险公司的赔付支出中，有多少是投资成分，有多少是风险赔付（或风险保额赔付），就可以看清楚了。

3. 具体披露：分保摊回未到期责任资产和分保摊回已发生赔款资产余额调节表

类似地，分保摊回未到期责任资产和分保摊回已发生赔款资产余额调节表披露方式如表 11-6 所示，第十章中有相关的案例展示。

表 11-6　分保摊回未到期责任资产和分保摊回已发生赔款资产余额调节表（按 86 条）

	分保摊回未到期责任资产		分保摊回已发生赔款资产	总额或再保险合同资产
	其他部分	亏损摊回部分		
期初余额				
分出保费的分摊				
摊回保险服务费用： 　摊回当期发生赔款及其他相关费用 　亏损摊回部分的确认及转回 　分保摊回已发生赔款资产相关履约现金流量变动				
不计入当期损益的投资成分				
与当期服务无关但影响分出再保险合同账面价值的金额： 　当期现金流量 　　支付分出保费 　　收到分保费用 　　收到摊回赔款 　　其他相关费用 　再保险分入人不履约风险变动额 　分出再保险合同金融变动额 　其他与分出再保险合同账面价值变动有关的金额				
期末余额				

三、保险服务收入构成的披露

根据新准则第 90 条，对于未采用保费分配法的签发的保险合同，企业应当在附注中披露与本期确认保险服务收入相关的下列定量信息：

（1）与未到期责任负债变动相关的保险服务收入，分别披露期初预计当期发生的保险服务费用、非金融风险调整的变动、合同服务边际的摊销、其他金额（如与当期服务或过去服务相关的保费经验调整）；

（2）保险获取现金流量的摊销。

根据新准则第 90 条披露的信息如表 11 - 7 所示，表中的相关数据，基本都可以从保险合同负债三要素余额调节表（如表 11 - 3）中找到。

表 11 - 7　保险服务收入的构成（按 90 条）

本期确认的保险服务收入	金额
与未到期责任负债变动相关的保险服务收入	
期初预计当期发生的保险服务费用	
非金融风险调整的变动	
合同服务边际的摊销	
其他金额	
保险获取现金流量的摊销	
合计	

四、保险获取现金流量资产的披露

根据新准则第 88 条，保险公司应当披露关于保险获取现金流量资产的下列定量信息：

（1）保险获取现金流量资产的期初和期末余额及其调节情况；

（2）保险获取现金流量资产减值准备当期计提和当期转回情况；

（3）期末保险获取现金流量资产预计在未来按适当的时间段终止确认的相关信息。

五、当期初始确认的保险合同对资产负债表的影响

根据新准则第 89 条，对于未采用保费分配法的保险合同，企业应当在附注中分别就签发的保险合同和分出再保险合同，披露当期初始确认的保险合同对资产负债表影响的下列信息：

（1）未来现金流出现值，保险获取现金流量的金额应单独披露；

（2）未来现金流入现值；

（3）非金融风险调整；

（4）合同服务边际。

而且，对于当期初始确认的亏损合同组，企业应当分别披露其对资产负债表影响的上述信息。

六、期末合同服务边际未来如何摊销的披露

根据新准则第 91 条，对于未采用保费分配法的合同，企业应当在附注中分别就签发的保险合同和分出再保险合同，披露期末合同服务边际在剩余期限内按照适当的时间段摊销计入利润表的定量信息。

这是对表 11-3 中期末合同服务边际未来如何摊销的披露,是附注的附注,有利于投资者深入了解企业的有效业务的未来利润贡献的分布。

表 11-8　期末合同服务边际的未来摊销情况(按 91 条)

期末合同服务边际	1 年末摊销额	2 年末摊销额	3 年末摊销额	……	合同终止前最后一个会计年度末的摊销额

七、当期保险合同金融变动额的披露

根据新准则第 92 条,企业应当披露当期保险合同金融变动额的定量信息及其解释性说明,包括对保险合同金融变动额与相关资产投资回报关系的说明。保险合同金融变动额包括原保险合同的金融变动额和分出再保险合同的金融变动额,其披露大致如表 11-9、表 11-10 所示。

表 11-9　原保险合同的金融变动额(按 92 条)

	金额
保险合同负债的利息增值	
未到期责任负债的利息增值	
履约现金流量的利息增值	
合同服务边际的利息增值	
已发生赔款负债的利息增值	
期末折现率变动导致的保险负债变动	
合计	

表 11-10　分出再保险合同的金融变动额(按 92 条)

	金额
分出再保险资产的利息增值	
分保摊回未到期责任资产的利息增值	
履约现金流量的利息增值	
合同服务边际的利息增值	
分保摊回已发生赔款资产的利息增值	
期末折现率变动导致的分出再保险资产变动	
合计	

保险合同金融变动额(和分出再保险合同金融变动额)反映了货币时间价值和金融

风险对保险合同(和分出再保险合同)账面价值的影响,自然与相关资产投资回报相关,所以需要说明二者之间的关系。

八、直接参与分红保险合同相关信息的披露

根据新准则第 93 条,企业应当披露具有直接参与分红特征的保险合同的基础项目及其公允价值,披露案例如表 5-4 所示,披露格式大致如表 11-11 所示。

表 11-11 基础项目公允价值余额调节表

基础项目公允价值	金额
期初余额	
现金流入	
公允价值变化额	
公司收费(流出)	
现金流出(如赔付支出)	
期末余额	

根据新准则第 93 条,企业还需要披露,根据新准则第 42、43 条的规定,将货币时间价值及金融风险的影响金额计入当期保险财务损益或其他综合收益对当期合同服务边际的影响。

第四节 保险公司财务报告的其他信息披露

如上一节开头所述,其他信息披露,包括与保险合同计量相关的披露和与风险相关的披露,前者反映公司在保险计量中的重大判断及其变化,后者反映保险合同所产生的风险的性质和程度。

一、与保险合同计量相关的披露(对重大判断的披露)

1. 企业应当披露其作出的重大判断及该等重大判断的变化

根据新准则第 95 条,企业应当披露与保险合同计量所采用的方法、输入值和假设等相关的下列信息:

(1)保险合同计量所采用的方法以及估计相关输入值的程序。企业应当披露相关输入值的定量信息,不切实可行的除外;

(2)当与保险合同计量相关的上述信息变化(该等重大判断发生变化)时,要披露变更及其原因,以及受影响的合同类型。

(3)与保险合同计量有关的下列信息:

①对于不具有直接参与分红特征的保险合同,区分相机抉择与其他因素导致未来现

金流量估计变更的方法；

②确定非金融风险调整的计量方法、计量结果所对应的置信水平，以及非金融风险调整变动额根据新准则第 33 条在利润表中的列示方法；

③确定折现率的方法，以及用于不随基础项目回报变动的现金流量折现的收益率曲线（或收益率曲线范围）；

④确定投资成分的方法；

⑤确定责任单元组成部分及其相对权重的方法。

2. 保险财务损益确定方法的披露

根据新准则第 96 条，企业选择将保险合同金融变动额分解计入当期保险财务损益和其他综合收益的，应当披露确定保险财务损益金额的方法及其说明。

3. 采用保费分配法时的披露

根据新准则第 97 条，对于采用保费分配法的保险合同组，企业应当披露下列信息：

(1)合同组适用保费分配法的判断依据；

(2)未到期责任负债（或分保摊回未到期责任资产）和已发生赔款负债（或分保摊回已发生赔款资产）的计量是否反映货币时间价值及金融风险的影响；

(3)是否在保险获取现金流量发生时将其确认为费用。

二、与风险相关的披露

根据新准则，企业应当披露与保险合同产生的保险风险和金融风险（包括市场风险、信用风险、流动性风险等）以及如何管理此类风险相关的定性和定量信息，以便报表使用者评估合同未来现金流量的性质、金额、时间和不确定性。

按照新准则第 99 条，对于各类风险，企业应当披露：

(1)风险敞口及其形成原因，以及在本期发生的变化；

(2)风险管理的目标、政策和程序以及计量风险的方法及其在本期发生的变化。

(3)期末风险敞口的汇总数据。该数据应当以向内部关键管理人员提供的相关信息为基础。

(4)风险集中度信息。包括企业确定风险集中度的说明和参考因素（如保险事项类型、行业特征、地理区域、货币种类等）。

此外，

(1)企业应当披露相关监管要求（如最低资本要求、保证利率等）对本准则适用范围内的合同的影响。

(2)企业应当对保险风险和市场风险进行敏感度分析；

(3)企业应当披露索赔进展情况，以反映已发生赔款的实际赔付金额与未经折现的预计赔付金额的比较信息；

(4)企业应当披露与保险合同所产生的信用风险相关的信息，包括签发的保险合同和分出再保险合同在资产负债表日的最大信用风险敞口；

(5)企业应当披露与保险合同所产生的流动性风险相关的信息，包括对资产负债表日保险合同负债和分出再保险合同负债的到期期限分析、保单持有人可随时要求偿还的金额。

第十二章　新财务报告的财务分析方法

老准则约束下,保险公司财务报告的分析方法可参看《保险公司经营分析:基于财务报告》(郭振华,2018),包括保险公司承保利润分析、保险公司投资收益率分析、非保险业务的盈利贡献、保险公司盈利水平分析、保险公司估值等。

新准则实施后,保险公司财务报告发生了巨大变化,尤其是利润表以及与负债相关的披露发生了重大变化,这将导致针对新财务报告的财务分析方法也会发生重大变化。

本章第一节讨论新财务报告揭示的更多重要经营信息,第二节讨论新财务报告解决了利源分析难题,第三节讨论分析保险公司新财务报告可能用到的业务质量指标和盈利指标。

第一节　新财务报告揭示了更多重要经营信息

大家已经看出来了,与老准则下的财务报告相比,新准则下的财务报告将会揭示更多有价值的财务信息,保险公司经营者、投资者和行研人士均可以通过研读财报获得更多。

一、可能会提供更多的信息披露汇总信息

1. 老准则下个别公司会给出一些分部信息

老准则并未对信息披露汇总给出明确的规定。从各公司的实际披露情况看,只有少数公司会(按企业会计准则第 35 号《分部报告》或相关国际会计准则)给出分部报告,且通常会做出类似如下的说明:"本集团以内部组织结构、管理要求、内部报告制度为依据确定经营分部,以经营分部为基础确定报告分部并披露分部信息。经营分部是指本集团内同时满足下列条件的组成部分:①该组成部分能够在日常活动中产生收入、发生费用;②本集团管理层能够定期评价该组成部分的经营成果,以决定向其配置资源、评价其业绩;③本集团能够取得该组成部分的财务状况、经营成果和现金流量等有关会计信息。如果两个或多个经营分部具有相似的经济特征,并且满足一定条件的,则合并为一个经营分部进行披露。"

例如,中国平安按产品及服务类型将经营分部分为:寿险及健康险业务分部、财产险业务分部、银行分部、信托分部、证券分部、其他资产管理业务分部、科技业务分部以及其他业务分部,进而形成相应的分部报告,包括各分部的利润表和资产负债表;中国人寿在其年报中按照不同的产品线(寿险业务、健康险业务、意外险业务和其他业务)给出分部

报告,在附注中给出了这四类业务的利润表和资产负债表;中信保诚人寿按经营区域确定经营分部,给出了广东分公司、北京分公司、湖北分公司、天津分公司、上海分公司、浙江分公司、江苏分公司、山东分公司、其他分公司、总公司的分部利润表。

2. 新准则下可能会看到更多的分部信息

在第二章讨论保险合同的计量单元时提到,保险公司通常会按产品线或其他标准(如经营区域)将自己签发的所有保险业务分为不同的合同组合,并对每一合同组合进一步分为亏损组、厚利组和薄利组进行核算。由此,新准则实施后,保险公司能够在更细分的层面上获得各保险合同组合即各保险合同组的收入、费用、经营成果等会计信息。

新准则第83条规定,企业可以按照合同类型、地理区域或报告分部等对保险合同的信息披露进行恰当汇总。而新准则实施后,保险公司确实可以获得更细层面的各类保险业务的保险合同负债、收入、支出、利润等信息,可以在更细层面上定期评价各类保险业务的经营成果。

因此,新准则实施后,在保险公司财务报告中,我们很可能会看到按主营保险产品线、按经营区域(国家或省市)等汇总的各种披露信息,而且,不是个别公司,而是所有公司都会有相关的汇总披露信息。

二、保险准备金或负债的"黑箱"将被打开

读者已经感受到了,新、老准则下,保险公司财务报告在保险合同负债的披露上有很大不同,新准则终于将保险合同负债或准备金这个"黑箱"打开了。

1. 老准则下:保险合同负债是个"黑箱"

《企业会计准则第25号:原保险合同》(财政部,2006)第二十二条规定:保险人应当在资产负债表中单独列示与原保险合同有关的下列项目:(一)未到期责任准备金;(二)未决赔款准备金;(三)寿险责任准备金;(四)长期健康险责任准备金。第二十四条规定:保险人应当在附注中披露与原保险合同有关的下列信息:……(三)各项准备金的增减变动情况;(四)提取各项准备金及进行准备金充足性测试的主要精算假设和方法。《保险合同相关会计处理规定》(财政部,2009)要求的披露程度与25号准则基本相同。

于是,在老准则下,投资者和其他利益相关者只能从财务报告中看到:第一,资产负债表中四项准备金的期初、期末余额;第二,附注中列示的当期准备金的增减变动情况,案例如表12-1所示;第三,准备金计量的主要精算假设和方法。

表 12-1 2020年中国人寿保险合同准备金增减变动表 单位:百万元

	2019年12月31日	本年增加额	本年减少额			2020年12月31日
			赔付款项	提前解除	其他注	
未到期责任准备金	13,001	14,701	–	–	(13,001)	14,701
未决赔款准备金	18,404	21,991	(18,404)	–	–	21,991
寿险责任准备金	2,386,130	458,884	(76,912)	(32,304)	32,786	2,768,584
长期健康险责任准备金	135,201	35,115	(6,942)	(971)	5,546	167,949
合计	2,552,736	530,691	(102,258)	(33,275)	25,331	2,973,225

表 12-1 这个准备金变动表真的太简化了,财报使用者翻来覆去看 100 遍,也得不到多少有用的信息,尤其是看不到准备金内部结构的变化情况,例如,看不到寿险责任准备金和长期健康险责任准备金中合理估计负债、风险边际和剩余边际的期初、期末余额和当期变化情况。

明明大部分寿险公司利润来自长险业务的剩余边际摊销,但老准则下的财务报告却不披露寿险责任准备金和长期健康险责任险准备金的三要素(合理估计负债、风险边际和剩余边际)结构,让人着急。保险合同负债计量结果处于"黑箱"状态。

2. 新准则:保险合同负债这个"黑箱"被打开了

新准则实施后,保险公司虽然只需在资产负债表中列示保险合同负债(或保险合同资产)总额,但在附注中会对保险合同负债的内部结构及其变动过程给出了详细描述。如新准则第 87 条规定所述,保险公司要披露当期的保险合同负债余额调节表,包括未来现金流量现值当期变动情况、非金融风险调整当期变动情况、合同服务边际当期变动情况,形式如表 11-3 所示。如新准则第 86 条规定所述,保险公司要在附注中披露未到期责任负债余额调节表和已发生赔款负债余额调节表,形式如表 11-5 所示。

于是,在新准则下,保险合同负债这个"黑箱"终于被打开了,投资者和其他利益相关者可以轻易地通过查阅财报相关附注,看到保险合同负债(未到期责任负债和已发生赔款负债)的分项结构数据和当期变动情况,还可以看到非金融风险调整的当期释放情况和合同服务边际的当期摊销情况,看到保险合同负债是如何把利润释放出来的。保险公司实际经营情况终于真相大白于利益相关者了。

三、资产负债表与利润表之间的关系清晰了

我们可以体会到,资产负债表和利润表有很强的联结关系,例如,利润表中的保险服务收入主要是从保险合同负债的变动中释放出来的,而投资收益是从投资资产的变动中释放出来的。对保险公司而言,保险合同负债本身的变动或释放就会产生保险服务业绩,而投资资产的投资收益超过保险合同负债资金成本的部分则会产生投资业绩。

上述资产负债表与利润表之间的关系,在老准则下很难看的出来,原因是,老准则下的财务报告没有揭示真正的当期保险服务收入,也没有揭示保险合同负债资金成本。

但在新准则下,资产负债表与利润表之间的上述关系,通过按照新准则第 87、86 条披露的两个保险合同负债余额调节表,可以清晰地展示给大家了。

四、直接揭示出保险合同负债的资金成本

对金融机构(主要指银行和保险公司)进行财务分析,财务分析者总是想知道金融机构吸纳资金的资金成本率是多少,这样,通过评估(吸纳资金后进行投资的)投资收益率与资金成本率之间的"利差",就可以大致知道金融机构的经营绩效如何。

1. 老准则下:保险合同负债的资金成本非常模糊

老准则下,想根据保险公司财务报告核算保险合同负债的资金成本,要经历一个痛苦的计算过程。

在《保险公司经营分析:基于财务报告》(郭振华,2018)中,我提出通过核算不考虑投资收益条件下的承保利润来计算保险负债的资金成本。当承保利润为正时,保险合同负

债的资金成本为负；当承保利润为负时，保险合同负债的资金成本为正。保险负债的资金成本率＝（－承保利润）/保险合同负债。

这个计算方法和过程比较复杂，在学校的学生作业中经常使用，但在实务界使用的人并不多。实务界通常只能以更简捷的指标如"税前利润/资产投资收益"来反映保险负债的资金成本率高低。该指标越高，说明资产投资收益转化成利润的部分越多，需要覆盖的保险合同负债资金成本越少，保险负债的资金成本率因此就越低。

说实话，保险行业分析者总想搞清楚保险负债的资金成本率到底是多少？但有时连保险公司（主要指寿险公司）的财务总监也未必能搞清楚。

2. 新准则下：保险合同负债的资金成本清晰可见

新准则下，首先，如上一章所述，在附注中，保险公司会按新准则第 92 条，披露当期保险合同金融变动额的定量信息及其解释性说明，这样，我们就可以知道当期保险合同金融变动额及其内部结构信息，包括保险合同负债的利息增值金额和期末折现率变动导致的保险负债变动金额，以及分出再保险资产的利息增值金额和期末折现率导致的分出再保险资产变动金额。其次，在利润表中，保险公司会列报保险财务损益，包括承保财务损益和分出再保险财务损益，而保险财务损益是计入当期损益的保险合同金融变动额。

这样，我们自然就有了保险合同负债的资金成本，再结合保险合同负债和分出再保险资产的信息，就可以计算保险合同负债（扣除分出再保险资产）的资金成本率。

五、亏损合同和亏损额清晰可见

其实无论新准则还是老准则，保险公司都要将保险合同的预期亏损计入当期损益。但是，老准则并不要求保险公司单独披露这些亏损，新准则则要求保险公司单独披露这些亏损。

具体而言，老准则约束下：①在资产负债表及其附注里，我们看不到当期有多少数量的业务是初始确认亏损的，也看不到有多少业务是后续亏损的；②在利润表里，亏损合同的预期亏损和所有合同的准备金混合体现在"提取保险责任准备金（或保险责任准备金提转差）"这个大筐里，看不到亏损有多少，从利润表附注也无法看出有多少亏损合同，到底产生了多少亏损。

新准则约束下：①新准则第 89 条要求，对于当期初始确认的亏损合同组，保险公司应当在附注中单独披露其对资产负债表影响的信息，包括未来现金流出现值、未来现金流入现值、非金融风险调整和合同服务边际，我们可由此推测初始确认就亏损的保险合同的规模；②新准则第 46 条要求，合同组在初始确认时发生的首日亏损，保险公司应当确认亏损并将其计入当期保险服务费用，于是，我们可以在利润表附注中看到"保险服务费用：亏损部分的确认"这样的科目；③如果保险合同在后续计量时出现亏损、亏损增加或减少，都会在负债计量和损益确认中留下相关信息，在负债中体现为未到期责任负债的亏损部分的变动，在利润表中体现为"保险服务费用：亏损部分的确认"的变动。

显然，上述列示和披露要求会对保险公司经营亏损业务形成一定的心理压力。

第二节　新准则解决了利源分析难题

在老准则下的利润表中,财险公司的利润来源可以通过简单计算得到,计算结果的含义是清晰的,但寿险公司的利润来源是模糊不清的,寿险公司利润到底来自哪里甚至成了一个谜团。在新准则下的利润表中,保险公司的利润来源清晰无比,分析起来不需要什么计算,利润表本身就像是利源分析表。

一、老准则下的利源分析难题

1. 财险公司利源分析容易

在老准则下,财险公司的利润表基本贯彻了权责发生制,财险公司利润来源可简单分为承保利润、投资收益和其他业务损益。

所谓承保利润,是指不考虑投资收益的条件下,承保业务本身形成的盈利,大致等于已赚保费扣除赔付支出和其他费用支出之后的余额。

2. 寿险公司利源分析困难重重

如前所述,在老准则下,寿险公司的利润表有如下几个缺陷:一是未彻底贯彻权责发生制,二是保险业务收入(或原保费收入)未扣除投资成分,三是保险责任准备金这个黑箱未被打开。这三个缺陷不仅导致利润表中的营业收入和营业支出都泡沫严重,还导致对其进行利源分析非常困难。

于是,在《保险公司经营分析:基于财务报告》第八章中,我参考财险公司利源分析方式,将不考虑投资收益时的人身险业务盈利界定为寿险公司承保利润,这样,人身险公司的盈利也来自承保利润和投资收益(更重要的是,可用核算出的承保利润推算保险负债资金成本率)。经过核算,不少寿险公司在不少年份居然真能赚到正的承保利润,其人身险业务质量好得令人吃惊。不过,我自己知道,这个承保利润计算方法虽然没有错误,但理解起来却有些困难。

经过长期思索,可能是受到中国平安年报披露的寿险及健康险业务经营分析相关内容(中国平安特别披露了寿险及健康险业务的营运利润和利源分析,其中展示了剩余边际摊销、息差收入、净资产投资收益、营运偏差以及剩余边际的当期调整情况等数据)的影响,也可能是受到 IFRS17 相关资料的影响,我在《保险公司财务分析 30 讲》①中提出,忽略短险,寿险公司的主要利润来源有两个:一是期初准备金变到期末准备金所产生的利润:包括剩余边际释放、营运偏差、精算假设变动导致的期末合理估计负债调整;二是准备金变化(负债表)之外的利润,包括准备金息差、保户储金息差和净资产投资收益。当然,寿险公司还会因其他业务而产生一些损益。

上述思路其实已经与新准则下的寿险公司利源分析基本一致,可惜的是,在老准则的披露要求下,除个别上市公司外,绝大多数公司披露的相关数据都难以支撑上述分析,例如,剩余边际释放、营运偏差、准备金息差等都很难精确计算。

---

①　《保险公司财务分析 30 讲》是作者在 2020 年录制的网课,有兴趣的读者可从保险神谭微信公众号文章中找到网课链接。

给大家的感觉是,明明感觉寿险公司的主要利润是从其营业支出中的提取保险责任准备金中释放出来的,是寿险公司在核算准备金提转差的过程中从剩余边际和风险边际中释放出来的,但又看不到相关的披露数据,令人着急。

二、新准则解决了利源分析难题

1. 新准则下的利源分析

新准则下,利润表中将清晰列示保险服务业绩、投资业绩和其他损益。

保险服务业绩或保险服务利润,是在考虑保险合同负债计息增值条件下,因提供当期保险服务而实现的当期利润。部分 IFRS17 相关资料将保险服务业绩称为"承保利润"。

投资业绩或投资利润,是指保险公司所有的资产投资收益扣除当期保险负债资金成本(保险财务损益)后的余额。因此,投资利润,可以视为投资资产与"保险合同负债和可投资净资产"的利差,是保险公司的利差收益。

此外,保险公司还会经营投资业务和一些其他非保险业务,这些其他业务也会产生收入和费用,进而产生其他业务损益。

于是,在新准则下,保险公司的税前利润有三个来源,即,税前利润＝承保利润(保险服务业绩)＋投资利润(投资业绩)＋其他损益

2. 此承保利润非彼承保利润

部分 IFRS17 相关资料将保险服务业绩称为"承保利润",但是,此承保利润非彼承保利润。

这里的承保利润(或保险服务业绩),是指考虑保险合同负债计息增值(具体而言,履约现金流量按上期末计量用折现率计息增值,合同服务边际按初始计量用折现率计息增值)条件下,当期从保险合同负债的变动(期初变到期末)中释放出来的,保险公司通过保险业务获得的利润。

而老准则下的承保利润,是指假设保险准备金投资收益为零、或不考虑保险准备金计息增值的条件下,保险业务在当期所产生的利润。即

老准则下的承保利润＝新准则下的承保利润(保险服务业绩)－保险合同负债的利息增值。

因此,新准则实施后,保险公司的"承保利润"水平将会增加,寿险公司和产险公司均是如此。

3. 保险负债的资金成本

上面提到,投资利润,是指保险公司所有的资产投资收益扣除当期保险负债资金成本后的余额,其中,保险负债资金成本＝保险财务损益。

如前所述,保险财务损益是计入当期损益的保险合同金融变动额,保险合同金融变动额＝保险负债的利息增值＋折现率变动导致的保险负债变动。而且,保险公司可以选择将保险合同金融变动额全部计入当期损益,也可以实施其他综合收益选择权,对保险合同金融变动额的损益确认进行平滑处理。

因此,保险负债的资金成本其实包含两部分:一是保险合同负债在当期的计息增值,二是折现率变动导致的对应未来保险责任的履约现金流量的变动,前者是明显的当期保

险负债成本,后者其实是折现率变动引发的未来保险负债成本变动的现值。这里将二者全部计入当期保险合同负债的资金成本中。

4. 新准则解决了利源分析难题

可以看到,新准则实施后,寿险公司利源分析的问题就被直接解决掉了,投资者和其他利益相关者可以从每家公司的财务报告中清晰地看到其利润来源,包括承保利润、投资利润和其他损益。

尽管利润表只是披露了这几个结果性数据,但从附注中,可以看到详细的计算过程和查到各种相关数据。

第三节 新财务报告下可能的业务质量指标和盈利指标

虽然在本书终稿时尚未看到任何保险公司按新准则出具的新财务报告,但是,有了前面的 IFRS17 内在原理和新财务报告的知识,就可以大致预测一下未来可能使用的财务分析指标。

本节重点讨论对保险合同采用通用模型法(包括对通用模型法中的合同服务边际调整方法进行修订后的浮动收费法)计量时,可能会使用哪些财务指标来评价保险公司业绩,包括当期业务质量指标和盈利指标,以及寿险公司特有的长期盈利指标。

当采用保费分配法计量时,其实只是保险服务收入的核算办法简化了,保险服务费用的核算与通用模型法一致,因此,其当期业务质量指标和盈利性指标与通用模型法其实是类似的。此外,将保费分配法用于短期保险计量时,自然也就不需要长期盈利指标了。因此,无需单独讨论保费分配法下的财务指标。

一、当期业务质量指标和盈利指标

1. 指标构造思路

新准则实施后的财务报告中,利润表会严格贯彻权责发生制,因此,无论是以经营短险业务为主的财险公司,还是以经营长险业务为主的寿险公司,对其进行盈利分析的思路与老准则下对财险公司的分析思路是类似的,即,可通过计算赔付率、费用率、综合成本率、投资收益率的方法进行业务质量分析和盈利水平分析。

与老准则不同的是,新准则的如下两个特点会引出两个新指标:①由于新准则要求保险公司对保险业务的预期损失进行显性确认,在利润表中的保险服务费用中确认亏损,并对预期亏损在后面逐期转回。因此,在上述指标基础上,可能需要增加一个"亏损率"指标。②由于新财务报告会在附注中披露当期营运偏差,还可计算"营运偏差率"指标。

2. 与保险服务业绩相关的盈利指标

保险服务业绩=保险服务收入-保险服务费用,其中,

保险服务收入=期初预计的当期会发生的保险服务费用+当期非金融风险调整释放额+当期合同服务边际摊销额+保险获取现金流量摊销额;

保险服务费用=当期发生赔款及其他相关费用+保险获取现金流量的摊销额+已

发生赔款负债相关履约现金流量变动额＋亏损部分的确认和转回。

因此,可用如下几个指标来评价与保险服务相关的盈利状况。

$$赔付率＝\frac{当期发生赔款(扣除投资成分)＋已发生赔款负债相关履约现金流量变动额}{保险服务收入}$$

$$费用率＝\frac{其他相关费用＋保险获取现金流量摊销额}{保险服务收入}$$

$$亏损率＝\frac{亏损部分的确认和转回}{保险服务收入}$$

$$综合成本率＝\frac{保险服务费用}{保险服务收入}$$

$$营运偏差率＝\frac{当期营运偏差}{保险服务收入}$$

显然:①赔付率越低、费用率越低、综合成本率越低,保险业务质量越好,保险服务利润水平越高;②亏损率可正可负,反映预期亏损(和亏损转回)对当期保险服务业绩的影响;③营运偏差率可正可负,代表"实际发生的赔付和其他保险服务费用－期初预计的赔付和其他保险服务费用"对保险服务业绩的影响。

3. 当期业务保障程度指标

$$投资成分占比＝\frac{当期剔除的投资成分}{当期剔除的投资成分＋保险服务收入}$$

$$保障成分占比＝\frac{保险服务收入}{当期剔除的投资成分＋保险服务收入}$$

显然,投资成分占比越低,或保障成分占比越高,当期业务的保障程度越高。

4. 与投资业绩相关的盈利指标

$$资产投资收益率＝\frac{投资收益(－投资资产减值损失)＋资产公允价值变动损益}{投资资产}$$

$$保险负债资金成本率＝\frac{保险财务损益}{保险合同负债－分出再保险资产}$$

$$利率差＝资产投资收益率－保险负债资金成本率$$

显然,资产投资收益率越高、保险负债资金成本率越低,则,利率差越高、投资业绩越好。

二、寿险业务的长期盈利指标

寿险业务以长期险为主,在老准则下,寿险公司可根据《精算实践标准:人身险内含价值评估标准》(中国精算师协会,2016)计算长期人身险业务或寿险公司的有效业务价值、新业务价值等长期盈利指标。

新准则下,寿险公司可直接根据财务报告中披露的数据直接计算如下寿险业务的长期盈利指标。

1. 新单的长期盈利指标

新单合同服务边际＝当期新单初始计量合同服务边际之和－当期新单亏损之和

$$新单合同服务边际率＝\frac{新单合同服务边际}{新单标准保费}$$

207

$$新单亏损率 = \frac{当期新单亏损之和}{当期新单合同服务边际}$$

$$新单合同服务边际增长率 = \frac{本期新单合同服务边际 - 上期新单合同服务边际}{上期新单合同服务边际}$$

上面这四个指标是关于新单盈利状况的。显然：①新单合同服务边际率越高，新单亏损率越低，说明新单业务质量越好，或新单盈利能力越强；②新单合同服务边际增长率越高，说明公司盈利能力的增长越旺盛。

2. 存量业务的长期盈利指标

$$合同服务边际率 = \frac{期末合同服务边际}{期末保险合同负债}$$

$$合同服务边际增长率 = \frac{期末合同服务边际 - 期初合同服务边际}{期初合同服务边际}$$

$$精算假设变更影响率 = \frac{调整合同服务边际的变更}{期初合同服务边际}$$

上述三个指标是关于存量业务盈利状况的。显然：①合同服务边际率越高，说明存量业务质量越高；②合同服务边际增长率越高，说明公司潜在盈利能力增长率越高；③精算假设变更影响率度量精算假设变更这一短期因素对存量利润的影响，精算假设变更对合同服务边际的影响可正可负，当影响为正时，精算假设变更影响率越大，说明当期假设变更对存量盈利水平的正向影响越大，反之则负向影响越大。

参考文献

1. 彭雪梅等. 保险会计学(第二版),西南财经大学出版社,2019

2. 侯旭华. 保险公司会计(第六版)(卓越·保险系列),复旦大学出版社,2019

3. 毕马威. 国际财务报告准则的最新发展:2020 年版《国际财务报告准则第 17 号——保险合同》(报告),2020 年 7 月

4. 郭航翔,安永《新保险合同准则重点难点简析》(PPT),2021 年 6 月

5. 杨征. 新保险合同准则的理解与执行(PPT),2021 年 6 月

6. 郑永强. 基于新保险合同准则的成本管理实务:新会计准则实施对财产保险公司成本管理的影响(PPT),2021 年 6 月

7. 冯惠伟,财险公司对新保险合同准则的理解与执行(PPT),2021 年 6 月

8. 杨庆昭. 以会计驱动的 IFRS17 计量核算一致性体系建设(PPT),2021 年 6 月

9. 中国保险行业协会. 新保险合同会计准则实验室模拟测试报告(寿险部分)(研究报告),2021 年 11 月

10. 中国保险行业协会. 新保险合同会计准则实验室模拟测试报告(财险部分)(研究报告),2021 年 11 月

11. 普华永道. IFRS 17 保险合同——核算、披露主要变化及影响(PPT),2017 年 10 月

12. 普华永道. IFRS 17 保险合同对准备金核算的变化和主要原理(PPT),2017 年 10 月

13. IASB. IFRS 17 Insurance Contracts,2017 年 5 月

14. IASB. Amendments to IFRS 17,2020 年 6 月

15. 财政部. 企业会计准则第 25 号——保险合同,2020 年 12 月

16. 财政部. 企业会计准则第 25 号——原保险合同,2006 年 2 月

17. 财政部. 企业会计准则第 26 号——再保险合同,2006 年 2 月

18. 财政部. 保险合同相关会计处理规定,2009 年 12 月

19. 中国精算师协会. 精算实践标准:人身保险内含价值评估标准,2016

20. 朱南军. 保险会计,北京大学出版社,2017

21. 周国端. 保险财务管理:理论·实务·案例,中信出版社,2015

22. 许闲. 国际保险会计准则的最新发展及对我国的影响——基于 IFRS 17 和 IFRS 9,会计研究. 2019,(01)

23. 王晴. 保险负债评估的基本公式及其在 IFRS17 中的应用,保险研究. 2021,(07)

24. 黄向阳. 从寿险精算视角解读 IFRS 17 准则,上海保险. 2019,(08)

25. 李晓翾. 国际保险新会计准则 IFRS 17 中的再保险问题探讨,保险理论与实践. 2019,(02)

26. 孙火秀,曾诚,王煦楠. 新保险合同会计准则 IFRS 17 对保险公司收入的影响分析,保险理论与实践,2022,(01)

致　谢

本书的写作得到了 2021 年度上海对外经贸大学学位点建设项目"保险公司高级财务分析教材建设"经费的资助。

在这里,我首先要感谢上海对外经贸大学研究生院副院长王磊教授,正是王磊教授鼓励我在研究生教材写作方面下功夫和出优质成果。

我要感谢我的同事朱少杰老师、倪红霞老师、初立苹老师和王云老师,我们一起去听 IFRS17 的培训课程,并在保险系微信群里一起讨论其中的各种问题,给我去除了不少困惑。

我要对 2021、2022 年上海对外经贸大学选修《保险公司经营管理研究》课程的两届保险学专业研究生道谢。我在课堂上"挂羊头、卖狗肉",对前一届同学们直接讲起了英文版的《IFRS17 Insurance Contracts》,还常因自己理解不到位而耽误课程进度;对后一届同学,我直接讲了尚未定稿的《IFRS17 内在原理及新财务报告》,有些章节的内容确实有些晦涩难懂,我当时尚未想清楚到底如何讲才算合适。这两学期课程中同学们的陪伴和课程对备课上课的强约束,是本书按时保质完成的关键。

我要感谢我带的研究生朱文靖同学,文靖的硕士论文研究方向也是 IFRS17,她钻研了大量的 IFRS17 资料,帮我通读了书稿,找出了不少错误的词句,并添加了部分专有名词的英文翻译。

非常感谢上海交通大学出版社吴芸茜女士以及其他编辑对该书的"挑剔"以及对读者和作者高度负责的敬业精神,尤其是那位既懂数学又懂会计的资深编辑的审校,为本书避免了许多可能出现的失误,保证了出版质量。

最后要特别感谢我的爱人刘敏女士,除上班时间外,我经常利用下班时间写作,挤占了大量的家庭时间,刘敏女士的宽容和承担是本书得以顺利完成的基础。

郭振华

2022 年 8 月 23 日